"十四五"职业教育国家规划教材

"十四五"卫生高等职业教育专科校院合作"双元"规划教材

供护理、助产及相关专业用

社区护理学

第 2 版

主　编

乌建平　秦素霞

副主编

吴春凤　邱雪珍　洪　燕

编　者（按姓名汉语拼音排序）

曹　俊（四川护理职业学院）　　　　　王　硕（山东中医药高等专科学校）
刁文华（山东中医药高等专科学校）　　乌建平（江西医学高等专科学校）
洪　燕（湖南环境生物职业技术学院）　吴春凤（江西医学高等专科学校）
秦素霞（黔南民族医学高等专科学校）　吴　俊（湖南环境生物职业技术学院）
邱雪珍（广西卫生职业技术学院）　　　吴羽楠（福建卫生职业技术学院）
任　崇（南阳医学高等专科学校）　　　杨先芬（青海大学附属医院）
王海芳（临汾职业技术学院）　　　　　尹雅娟（广西科技大学）
王慧敏（洛阳职业技术学院）　　　　　邹银婷（广东茂名健康职业学院）

北京大学医学出版社

SHEQU HULIXUE

图书在版编目（CIP）数据

社区护理学 / 乌建平, 秦素霞主编 . — 2 版 . —北京：北京大学医学出版社，2024.10（2025.8 重印）

ISBN 978-7-5659-3141-3

Ⅰ.①社… Ⅱ.①乌…②秦… Ⅲ.①社区－护理学－高等职业教育－教材 Ⅳ.① R473.2

中国国家版本馆 CIP 数据核字（2024）第 081568 号

社区护理学（第 2 版）

主　　编：乌建平　秦素霞
出版发行：北京大学医学出版社
地　　址：（100191）北京市海淀区学院路 38 号　北京大学医学部院内
电　　话：发行部 010-82802230；图书邮购 010-82802495
网　　址：http: //www.pumpress.com.cn
E - m a i l：booksale@bjmu.edu.cn
印　　刷：北京瑞达方舟印务有限公司
经　　销：新华书店
责任编辑：杨　杰　　**责任校对：**靳新强　　**责任印制：**李　啸
开　　本：850 mm×1168 mm　1/16　**印张：**12.5　**字数：**352 千字
版　　次：2019 年 8 月第 1 版　2024 年 10 月第 2 版　2025 年 8 月第 2 次印刷
书　　号：ISBN 978-7-5659-3141-3
定　　价：32.00 元

版权所有，违者必究
（凡属质量问题请与本社发行部联系退换）

第 2 轮修订说明

党和国家高度重视职业教育发展，《国家职业教育改革实施方案》《职业院校教材管理办法》《高等学校课程思政建设指导纲要》《习近平新时代中国特色社会主义思想进课程教材指南》《关于推动现代职业教育高质量发展的意见》《全国护理事业发展规划（2021—2025年）》等重要文件陆续发布，对卫生健康职业教育、高职专科护理人才培养及教材建设提出了更高的要求。

本套高职专科护理专业教材第 1 轮于 2018 年启动，北京大学医学出版社组织全国具有代表性的骨干院校共同建设。在教育部、国家卫生健康委员会相关机构和职业教育教学指导委员会的指导下，共编写出版教材 28 种，其中入选教育部"十三五"职业教育国家规划教材 11 种（教职成厅函〔2020〕20 号文）、"十四五"职业教育国家规划教材 15 种（教职成厅函〔2023〕19 号文）。

高质量的教材是实施教育改革、提升人才培养质量的重要支撑。为全面贯彻党的教育方针，深入贯彻党的二十大精神，落实立德树人的根本任务，更好地支持新时代卫生健康职业教育事业发展、服务于我国高职专科护理专业人才培养，北京大学医学出版社启动了高职专科护理专业教材第 2 轮修订编写工作。本轮教材共包含 27 种。全套教材均为北京大学医学出版社"十四五"规划教材。

第 2 轮教材修订编写工作"以学生为中心"，对标教育部高职专科护理专业教学标准、护士执业资格考试大纲，以技术技能教育为根本，满足 3 个需要（学科需要、教学需要、行业需要），注重基本理论、基本知识和基本技能，内容以"必需、够用"为度，遵循学生认知规律，注重教学适用性，优化编写体例，深化产教融合，优化数字融合，强化思政融合，围绕"岗课赛证"综合育人机制建设，力争打造一套既满足多数院校教学实际，又适度引领教学，培根铸魂、启智增慧，适应新时代要求的精品高职专科护理专业教材。

本轮教材的修订编写得到了多方面的大力支持，参编院校教学管理部门提出了宝贵建议，职教专家精心指导、把关，临床护理学专家认真编写、审稿。他们为锤炼精品教材、服务教学改革、提高人才培养质量做出了贡献，在此一并表示感谢！

最后，希望广大师生多提宝贵意见，反馈使用信息，以使教材内容日臻完善。让我们共同为新时代高职专科护理教育发展和人才培养做出贡献！

前　言

　　社区护理学是将公共卫生学及护理学理论相结合，用以促进和维护社区人群健康的一门综合学科。社区护理以健康为中心，以社区人群为对象，以促进和维护社区人群健康为目标。随着社会的进步、医学模式的转变及人类疾病谱的变化，社区卫生服务已逐步成为我国卫生工作的重要组成部分。而社区护理又是社区卫生服务的重要组成部分，是护理学领域一门新兴的应用型学科，是护理学专业的一门必修课程。

　　基于历史赋予21世纪护理人员的重要任务，本教材结合社区护理学课程理念与学生特点，将经济、政治、文化、社会和生态文明建设的思政元素融入专业课学习内容，使知识学习、能力培养及价值观塑造三者紧密融合，使课程思政落到实处。本教材综合医学、护理学、预防医学、流行病学、心理学和社会学等多学科教学需要，立足社区改革和功能转化，对现有的社区护理学教材内容进行整合、扩充、更新，并且有序编排。

　　本教材的编写工作力求符合应用型社区护理人才培养目标，满足我国社区护理服务的重点内容，力争与职业岗位标准接轨，与用人单位需求接轨，与国家护士执业资格认证接轨；力求做到科学性、先进性、创新性和实用性相结合；始终把握"必需"和"够用"的原则；在观点上力争做到"新颖"，在形式上体现"独特"，在学习上做到"灵活"，在使用上能够"实用"，在内容上做到"精练"。

　　本教材包括理论教学和实训两部分内容。理论教学中的"学习目标"是针对国家护士执业资格考试大纲要求列出的护理学专业学生必须掌握的知识点。"案例导入"以生活或临床实例为引导，促使学生带着问题学习，在学习中寻找答案。"知识链接"注重科学性、启发性、趣味性和新颖性，有助于扩展学生知识面。"自测题"用于学生检验学习效果。此外，本教材还将纸质教材与二维码技术相结合，实现了以纸质教材为核心、配套数字教学资源的融媒体教材建设。

　　本书在编写过程中参考了部分院校相关教材，得到了北京大学医学出版社和编者单位领导的大力支持及帮助，在此一并表示衷心的感谢！

　　由于编者学识水平有限，书中难免有不足之处，敬请广大师生指正。

主　编

目 录

第一章 绪论 1
第一节 社区和社区卫生服务 1
一、社区 1
二、社区卫生服务 3
第二节 社区护理与社区护士 4
一、社区护理 4
二、社区护士 6
第三节 流行病学在社区护理中的应用 8
一、概述 8
二、研究方法 9
三、应用 9

第二章 以社区为中心的护理 15
第一节 社区护理评估 15
一、社区护理评估的内容 15
二、社区护理评估的方法 17
三、社区健康资料的整理与分析 17
第二节 社区护理诊断 18
一、社区护理诊断的确定 18
二、社区护理诊断优先顺序的确定 19
三、OMAHA 系统的应用 20
第三节 社区护理计划及其实施与评价 21
一、社区护理计划 22
二、社区护理的实施 23
三、社区护理评价 23
第四节 健康档案的建立与应用 25
一、建立健康档案的目的和意义 26
二、健康档案的内容 26
三、健康档案的管理 28

第三章 社区健康教育与健康促进 32
第一节 概述 33
一、健康教育与健康促进 33
二、健康教育与健康促进相关理论 35

第二节 社区健康教育 … 41
一、社区健康教育的对象、策略和形式 … 41
二、社区健康教育的程序 … 43
三、社区健康教育的特点和意义 … 48
第三节 社区健康促进 … 49
一、社区健康促进的概念和内涵 … 49
二、社区健康促进的程序 … 50
三、社区健康促进的常用方法 … 52

第四章 以家庭为中心的护理 … 56
第一节 家庭与家庭健康 … 56
一、概述 … 56
二、家庭生活周期及其护理要点 … 60
第二节 家庭护理程序 … 61
一、家庭护理评估 … 61
二、家庭护理诊断 … 63
三、家庭护理计划 … 63
四、家庭护理计划的实施 … 64
五、家庭护理评价 … 64
第三节 家庭护理的方法 … 64
一、家庭访视 … 65
二、居家护理 … 67

第五章 社区儿童、妇女与老年人保健 … 71
第一节 社区儿童保健 … 71
一、概述 … 71
二、学龄前儿童保健指导 … 72
三、学龄儿童保健指导 … 75
四、预防接种 … 76
第二节 社区妇女保健 … 80
一、概述 … 80
二、妇女不同时期的保健指导 … 80
三、妇女常见的健康问题及保健指导 … 86
第三节 社区老年人保健 … 88
一、概述 … 88
二、老年人与人口老龄化 … 89
三、养老及养老模式 … 91
四、老年人常见的健康问题与保健指导 … 93

第六章 社区慢性病患者的护理与管理 … 103
第一节 概述 … 104
一、慢性病的概念及其特点 … 104

二、慢性病流行病学特点 ………………………………………………………… 105
　　三、慢性病社区管理的意义和原则 ……………………………………………… 106
 第二节　常见慢性病患者的社区护理与管理 …………………………………………… 108
　　一、高血压患者的社区护理与管理 ……………………………………………… 108
　　二、糖尿病患者的社区护理与管理 ……………………………………………… 115
 第三节　临终关怀 ………………………………………………………………………… 119
　　一、临终关怀的目的与服务理念 ………………………………………………… 120
　　二、临终患者的生理和心理特点 ………………………………………………… 120
　　三、临终关怀的具体内容及措施 ………………………………………………… 121

第七章　社区传染病患者的护理与管理 …………………………………………… 129
 第一节　概述 ……………………………………………………………………………… 129
　　一、传染病的概念、流行条件及分类 …………………………………………… 130
　　二、传染病的预防原则 …………………………………………………………… 131
　　三、传染病的社区访视管理 ……………………………………………………… 132
 第二节　社区常见传染病患者的护理与管理 …………………………………………… 133
　　一、病毒性肝炎患者的社区护理与管理 ………………………………………… 133
　　二、肺结核患者的社区护理与管理 ……………………………………………… 135
　　三、艾滋病患者的社区护理与管理 ……………………………………………… 136

第八章　社区康复护理 ……………………………………………………………… 142
 第一节　概述 ……………………………………………………………………………… 142
　　一、相关概念 ……………………………………………………………………… 142
　　二、社区康复体系 ………………………………………………………………… 143
 第二节　社区康复护理的内容和方法 …………………………………………………… 145
　　一、社区康复护理的内容 ………………………………………………………… 145
　　二、社区常用的康复护理技术与方法 …………………………………………… 145
 第三节　社区常见病、伤、残者的康复护理 …………………………………………… 149
　　一、脑血管意外患者的社区康复护理 …………………………………………… 150
　　二、脊髓损伤患者的社区康复护理 ……………………………………………… 155
　　三、重性精神病患者的社区康复护理 …………………………………………… 157

第九章　社区灾害事件的应急管理与护理 ………………………………………… 163
 第一节　概述 ……………………………………………………………………………… 164
　　一、灾害 …………………………………………………………………………… 164
　　二、灾害医学及护理人员应具备的能力 ………………………………………… 165
 第二节　社区灾害的风险管理与应急管理 ……………………………………………… 167
　　一、社区灾害风险管理 …………………………………………………………… 167
　　二、社区灾害应急管理 …………………………………………………………… 168
　　三、社区突发公共卫生事件预警处置机制 ……………………………………… 169
 第三节　社区灾害的救护 ………………………………………………………………… 170
　　一、社区灾害的预检分诊 ………………………………………………………… 170

二、社区灾害的现场救护 …………………………………………………… 172
　第四节　社区灾害后的常见心理问题与干预 ………………………………… 173
　　一、社区灾害后的常见心理问题 …………………………………………… 173
　　二、社区灾害后的心理干预 ………………………………………………… 174

实训一　参观社区卫生服务中心、走访社区 ……………………………………… **179**
实训二　社区健康教育 ………………………………………………………………… **180**
实训三　社区慢性病患者的管理与护理 …………………………………………… **181**
实训四　社区偏瘫患者的康复训练 ………………………………………………… **182**
实训五　社区灾害的救护 ……………………………………………………………… **185**
主要参考文献 …………………………………………………………………………… **186**
中英文专业词汇索引 …………………………………………………………………… **187**

第一章 绪 论

学习目标

1. 准确说出社区、社区卫生服务、社区护理和流行病学的定义。
2. 能归纳社区构成的基本要素和功能。
3. 能说出社区卫生服务、社区护理的内容和特点。
4. 能描述社区护士在社区护理中的角色和应具备的能力。
5. 树立"敬畏生命、救死扶伤、甘于奉献、大爱无疆"的职业精神。

案例导入 1-1

小王，女，20岁，毕业后打算到社区卫生服务机构工作。面试专家提出以下几个问题，请思考其应如何回答。

问题与思考：

1. 构成社区的要素有哪些？社区有什么功能？
2. 社区护理的工作内容有哪些？社区护士与临床护士有什么不同？
3. 社区护士在社区护理过程中充当哪些角色？应具备怎样的能力？

随着现代医学模式的转变和人们对健康需求的不断提高，社区卫生服务已在全国各地不同程度地开展起来。作为社区卫生服务的重要组成部分，社区护理也逐步深入开展起来，并为社区居民提供了方便、及时、经济、综合性的卫生保健护理服务。社区护理不仅将护理场所由医疗机构延伸至社区，将护理对象由患者扩展至健康人群，还将护理工作内涵从医疗性护理拓宽至预防保健性护理，因此它是一种新的护理形式。

第一节 社区和社区卫生服务

一、社区

（一）社区的概念

社区是由若干社会群体或社会组织聚集在某一个领域里所形成的一个生活上相互关联的大集体，是社会有机体最基本的内容，是宏观社会的缩影。社会学家对社区的定义有140多种。社区是具有某种互动关系和共同文化维系力的，是在一定领域内由相互关联的人群形成的共同体及其活动区域。尽管社会学家对社区的定义各不相同，但其对构成社区的基本要素的认识是基本一致的，即普遍认为一个社区应该包括一定数量的人口、一定范围的地域、一定规模的设施、一定特征的文化，以及一定类型的组织。社区就是这样一个"由聚居在一定地域范围内的人们所组成的社会生活共同体"。

（二）社区构成的基本要素

一般来说，社区应该包括5个基本要素：

1. 人口　社区由居住在一起的、有相似风俗习惯和生活方式的人组成。一定素质（文化程度、健康状况）、数量和密度的人口是社区生活的必要前提，人口过多或过少都不利于社区的正常分工和协作。

2. 空间　社区位于一定的地理位置，社区范围大小不定，可按行政区域来划分界限或按其地理范围来划分。地域面积的大小无统一的标准，如我国社区范围可以指街道、乡镇或自然村。

3. 设施　社区生活的需要是多方面的，因而要求有各种相应的设施，包括学校、医疗机构、商业网点、娱乐场所、交通和通信等。这些生活服务设施可以满足社区居民的物质需要和精神需要。社区设施的分布会对社区居民的生活产生影响，合理的结构可提高社区的生产效益，方便居民生活，美化社区环境，促进居民健康。

4. 社区文化　各具特色的社区文化是社区居民在长期的共同生活中积淀而成的，是许多社区相对独立又相互区别的一个主要标志。社区文化是社区认同感、归属感和社区凝聚力、影响力的重要基础。

5. 社区组织　作为具有多重功能的地域性生活共同体，社区是一个有组织、有秩序的实体。每个社区都要有相对独立的组织机构来管理社区的公共事务，调解人际关系和民间纠纷，维护社区的共同利益，保证社区生活的正常进行。

上述社区的5个基本要素中，一定数量的人口和相对固定的地域是构成社区的最基本要素，是社区存在的基础；在此基础之上，满足居民生活需要的服务设施、特有的社区文化和一定的社区组织是社区人群相互联系的纽带，是形成一个"生活上相互关联的大集体"的基础，是社区发展的保障。

> **知识链接**
>
> **社区卫生服务机构的设置**
>
> 社区卫生服务机构的设置以社区卫生服务中心为主体。社区卫生服务中心一般根据街道办事处所辖范围设置，服务人口为3万～5万。对社区卫生服务中心难以覆盖的区域，以社区卫生服务站作为补充。社区卫生服务机构应充分利用社区资源，避免重复建设，择优鼓励现有基层医疗机构通过结构和功能双重改造成为社区卫生服务机构。
>
> 社区卫生服务中心的命名原则是：区名+所在街道名+识别名（可选）+社区卫生服务中心；社区卫生服务站的命名原则是：所在街道名+所在居民小区名+社区卫生服务站。

（三）社区的功能

社区具有很多功能，但其主要功能有以下5种：

1. 空间功能　社区为人们的生存和发展提供了空间。没有这个空间，人们就无法生存和繁衍，更无法发展。因此，空间功能是社区最基本、最主要的功能之一。

2. 连接功能　社区在为人们提供空间的基础上，将具有不同文化背景、生活方式、人生观和价值观的个人、家庭、团体聚集在一起，提供彼此沟通和交流的机会，提倡共同参与社区活动、相互援助，从而将居民密切连接起来，构成一个小社会。

3. 传播功能　社区拥有密集的人口，从而成为文化源、知识源、技术源和信息源，为传播提供了条件。各种信息在社区内外以各种方式迅速传播、辐射，为人们及社区自身的发展奠定了基础。

4. **管理功能** 社区通过各种规章制度、道德规范有效地维持其内部秩序，从而保护社区居民的安全。

5. **社会化功能** 社区不仅将具有不同文化背景、生活方式的居民连接在一起，而且通过不断的社会化过程相互影响，逐步形成社区的风土人情、人生观和价值观。

二、社区卫生服务

（一）社区卫生服务的概念

社区卫生服务（community health service，CHS）是社区建设的重要组成部分，是在政府领导、社区参与和上级卫生机构的指导下，以基层卫生机构为主体、全科医师为骨干，合理使用社区资源和适宜技术；以人的健康为中心、家庭为单位、社区为范围、需求为导向；以妇女、儿童、老年人、慢性病患者、残疾人、贫困居民等为服务重点；以解决社区主要卫生问题、满足基本卫生服务需求为目的，融预防、医疗、保健、康复、健康教育、计划生育技术服务等为一体的，有效、经济、方便、综合、连续的基层卫生服务。

社区卫生服务强调服务的场所必须是社区，并且是社区建设的一部分；服务的目标必须以社区居民的需求为导向；服务的内容是集预防、医疗、保健、康复、健康教育、计划生育技术服务等为一体的全方位服务；服务必须是居民在经济上能够承担的，并且能够方便地接受。

 考点

三级预防措施。

知识链接

社区卫生服务的特点

受人口老龄化、环境污染、疾病谱改变，以及医疗费用上涨等因素的影响，原有卫生服务体系的弊端逐渐显现，单纯的专科医疗保健服务已不能满足人们日益增长的健康需求。社区卫生服务可提供"六位一体"的服务，并以其医疗照顾的完整性、连续性、低廉的医疗费用和就医方便等特点，为解决当代医学在社会发展中的突出矛盾提供了新的途径，已逐渐成为理想的初级卫生保健模式。

（二）社区卫生服务的内容

1. **社区预防** 社区预防是社区卫生服务的重要组成部分，主要包括：①传染病和多发病的预防；②卫生监督和管理；③慢性病控制。

2. **社区医疗** 社区医疗是全科医生向社区内的居民及其家庭提供的以门诊和出诊为主要形式的基层医疗服务，是社区卫生服务工作中主要的服务项目，也是社区卫生服务工作的基础。与传统的基层医疗服务相比，社区医疗最显著的特点在于它是以社区为范围、以家庭为单位的连续性和人性化的医疗服务。

3. **社区保健** 社区保健的服务范围包括从儿童到老年人，重点是脆弱人群保健（儿童保健、妇女保健和老年人保健）。

4. **社区突发事件的预防** 是指对隐藏在"健康人群"中的可能突发严重卫生问题的监测预防。

5. **社区健康教育** 社区健康教育是以社区为基本单位，以社区人群为教育对象，以促进居民健康为目标，有计划、有组织、有评价的健康教育活动。社区健康教育的对象包括健康人群、高危人群、患病人群、患者家属及照顾者。

6. 社区康复　社区康复是在社区范围内，依靠社区的领导和行政组织，依靠社区的人力、财力、物力、信息和技术等资源，在基层条件下，以简便、实用的方式向患者或残疾人提供必要的医疗、教育、职业和社会等方面的康复服务。

（三）社区卫生服务的特点

1. 基层性服务　社区卫生服务的对象是社区全体居民，包括各类人群，即健康人群、亚健康人群、高危人群、患病人群及患者家属等。

2. 综合性服务　针对不同人群，社区卫生服务的内容包括预防、医疗、保健、康复、健康教育、计划生育技术服务等，并涉及生理、心理、社会各个层面，故具有综合性。

3. 可及性服务　社区卫生服务必须从各方面满足服务对象的各种需求，如社区卫生服务的内容和价格、开设的时间和地点等，以确保社区居民充分享受社区卫生服务，从而真正达到促进和维护社区居民健康的目的。

4. 连续性服务　社区卫生服务始于生命的准备阶段，直至生命结束，覆盖生命周期的各个阶段以及疾病发生、发展的全过程。社区卫生服务不会因某一健康问题的解决而终止，而是根据生命各周期及疾病各阶段的特点和需求，提供有针对性的服务，故具有连续性。

（四）社区卫生服务的建设

1. 重视完善以社区卫生服务为基础的城市医疗卫生服务体系建设　努力建成机构设置合理、服务功能健全、人员素质较高、运行机制科学、监督管理规范的社区卫生服务体系。建议因地制宜地调整建设标准，对患者多、业务量大的社区卫生服务中心提高建设标准。对地处中心位置的社区卫生服务中心，建设标准应根据实际需要进行规划，杜绝新建"豪华"空置社区卫生服务中心。建议二级、三级医疗机构尝试参与当地经营和管理不善的社区卫生服务中心的建设和管理，促进医者、患者管理一体化，形成自然、合理、科学的人员流动机制，以确保居民方便、安全地就医。

2. 逐步实现以硬件投入为主向以政府购买服务为主的转变　对社区卫生服务中心的基本医疗和国家基本公共卫生服务的成本以及人员成本进行全面测算，根据各地经济发展水平，确定合理的政府投入水平，并形成制度。转变以硬件投入为主的方式，更加重视对人员经费和运行成本的投入。通过增加对基层公共医疗卫生的人力资源投入和运行机制投入来继续推进"强基层"。

3. 实行激励性薪酬制度，完善全科医师队伍的近期和远期建设　对绩效工资总量进行动态管理，合理确定基础性绩效工资和奖励性绩效工资的比例，建立分级分层的绩效考核机制，通过按绩取酬的分配激励机制，激发医务人员工作和学习的积极性，提升服务水平和能力。加快全科医师培养，对全科医师的培训及职能重新进行规范设计和定位。加强人才队伍与强化绩效考核齐头并进，着力建立长效发展机制。

第二节　社区护理与社区护士

一、社区护理

（一）社区护理与社区护理学的概念

社区护理可称为社区卫生护理或社区保健护理。根据美国护理协会的定义，社区护理学是将公共卫生学与护理学理论相结合，用以促进和维护社区人群健康的一门综合学科。社区护理以健康为中心，以社区人群为对象，以促进和维护社区人群健康为目标。

社区护理学是综合应用护理学和公共卫生学的理论与技术，以社区为基础、以人群为对象、以服务为中心，将医疗、预防、保健、康复、健康教育、计划生育等融于护理学中，并以促进和维护社区人群健康为最终目的，提供连续性的、动态的和综合的护理服务。社区护理学是社区卫生服务的重要组成部分。

知识链接

目前发达国家的主要社区卫生机构

1. 附属于医院的社区服务部门　主要服务对象是医院所处地域内的社区人群，并对本院出院后患者进行家庭访视等。

2. 独立的社区服务诊所　提供家庭访视、安宁疗护、上门注射或换药服务，为老年人定期进行健康检查，提供本地区儿童免疫接种及孕产妇咨询等。

（二）社区护理的特点

社区护理将公共卫生学与护理学有机地结合在一起，既强调疾病的预防，又强调疾病的护理，最终达到促进健康、维护健康的目的。因此，社区护理既具有公共卫生学的某些特点，又具有护理学的某些特点，但与公共卫生学和护理学相比较，社区护理具有以下5个方面更为突出的特点：

1. 以健康为中心　社区护理的主要目标是促进和维护人群健康，所以预防性服务是社区护理的工作重点。

2. 以人群为对象　护理的对象是社区全体人群，即包括健康人群和患病人群。

3. 自主性　在社区护理过程中，社区护士往往独自深入家庭进行各种护理，故要求社区护士具备较强的独立工作能力和高度的自主性。

4. 团队协作　社区护理的内容及对象决定了社区护士在工作中不仅要与卫生保健人员密切合作，还要与社区居民、社区管理人员等相关人员紧密协调。

5. 长期性与连续性服务　社区中的慢性病患者、残疾人、老年人等特定服务对象对护理的需求具有长期性。另外，社区护理服务不会因服务对象某一健康问题的解决中断，而是需要在不同的时间、空间范围内提供连续的、全面的整体护理。

（三）社区护理工作的主要内容

1. 社区预防性卫生服务　社区预防性卫生服务是指针对社区的环境、饮食、学校及职业卫生等方面提供相应的预防性服务，如废气、废水和废渣（三废）的处理，居民环境的改善，饮用水及饮食行业的卫生监督，学生健康状况监测，生产环境监测及从业人员安全与劳动保护指导。

2. 社区保健服务　社区保健服务是指向社区各类人群提供不同年龄阶段的身心保健服务。其重点人群为儿童、妇女和老年人，服务内容包括计划免疫、计划生育、合理营养、体育锻炼、健康体检等。

3. 社区健康教育　社区健康教育是指以社区为基本单位，以社区人群为教育对象，以促进居民健康为目标，有计划、有组织、有评价的健康教育活动。其主要目的是促使社区居民自觉地接受有益于健康的生活方式和行为。

4. 家庭访视和家庭护理　家庭访视是指为了促进和维护个人及家庭的健康，在服务对象家中进行有目的的交往活动。其主要目的是预防疾病和促进健康。家庭护理是在有医嘱的前提下，社区护士直接到患者家中，应用护理程序，向社区中有疾病的个人即出院患者或长期需要家庭疗养的慢性病患者、残障人、精神障碍者，提供连续的、系统的基本医疗护理服务。在我国，多数以家庭病床的形式进行家庭护理。

5. 社区急危重症患者的转诊服务　社区急危重症患者的转诊服务是指帮助那些在社区无法进行适当护理或管理的患者和急危重症患者转入适当的医疗机构，以使其得到及时、必要的救治。

6. 社区临终服务　社区临终服务是指向社区临终患者及其家属提供他们所需要的各类身心服务，以帮助患者走完人生的最后一段，同时尽量减少对家庭其他成员的影响。

7. 社区康复服务　社区康复服务是指向社区内因急、慢性疾病，创伤及残疾所致的身心功能障碍者提供的康复护理服务，以帮助他们改善健康状况，恢复功能。在向社区居民提供护理服务时，社区护士可采用不同的工作方式和方法。其中，健康教育、家庭访视及护理程序等是主要工作方法。无论是提供预防保健服务，还是慢性病患者的护理和管理服务，或是康复护理服务，社区护士都应通过健康教育取得服务对象的理解、支持和配合；通过家庭访视突出以家庭为单位的社区护理的特色；通过应用护理程序，使社区护理服务更加科学化、规范化。

课堂互动

开展社区护理工作的主要方法有哪几种？

二、社区护士

案例导入 1-2

某患者住院第 2 天，需要做肝功能检查和 X 线钡剂造影检查。

问题与思考：

护士在这个案例中的角色功能有哪些？

（一）社区护士的角色

由于社区护理工作的范围非常广泛，因此需要社区护士在不同场合、不同情况及不同时间扮演不同的角色。其主要角色包括以下几种：

1. 护理照顾者　社区护士应向社区居民提供各种照顾，包括生活照顾及医疗照顾。

2. 教育者与咨询者　社区护士应向社区居民提供相关卫生保健及疾病防治咨询服务，并解答社区居民的相关疑问，同时应向社区居民提供各种健康教育和健康指导服务，包括患者教育、高危人群教育、患者家属及其照顾者的健康指导等。

3. 健康代言人　社区护士需熟悉国际及国内相关的卫生政策及法规，并对威胁社区居民健康的环境等问题（如空气污染、水污染），采取积极措施加以解决，或上报有关部门，以维护社区居民的健康。

4. 协调者与合作者　社区护士的工作是在社区的家庭、卫生机构（如医院、门诊、保健所）、社会机构（如学校、幼儿园、厂矿）及行政机构（如街道办事处、居民委员会）中穿梭进行的。因此，社区护士必须具备较强的人际沟通能力和协调能力，协调好各方人员的关系，团结各方力量，发扬团队精神，相互配合，才能顺利解决问题，实现工作目标。

5. 组织者与管理者　根据社区的具体情况及居民的需求，安排好人力、物力、财力，组织开展各种促进和维护社区居民健康的活动。

6. 观察者与研究者　社区护士不仅应向社区居民提供各种卫生保健服务，而且应注意观察、探讨、研究与护理及社区护理相关的问题，为护理学科的发展及社区护理的不断完善贡献自己的力量。

社区护士在社区护理工作中能把角色扮演到什么程度，起到什么效果，取决于社区护士的知识储备、技巧和应用能力。

（二）社区护士必备的能力

社区护理的工作范围和社区护士的角色对社区护士的能力提出了较高的要求。社区护士除应具备一般护士所应具备的基本护理能力外，还需特别注意以下几种能力的培养。

1. 人际交往和沟通能力　在社区护理工作中，社区护士需要通过人际交往获得各种信息，并得到社区各方面的支持和帮助，从而达到社区人人参与卫生保健的目的，这就要求社区护士掌握一定的沟通技巧。社区中的人际沟通主要包括社区护士与护理对象、其他卫生工作人员和社区有关部门的沟通。有效的人际沟通与团队协作是实现护理目标的前提。

2. 综合护理能力　社区护士的主要工作场所是社区，服务对象不仅是患者，还包括健康人群，服务的内容不仅是疾病的护理，还包括全面负责社区卫生保健，这就要求社区护士必须具备综合护理能力。这种能力源于对社区的充分了解、敏锐的思维和准确的判断。因此，社区护士在社区护理工作中要应用科学的工作方法了解社区，找出社区中存在的复杂性的卫生问题，并对这些问题进行综合分析，以采取正确的护理保健措施。

3. 独立判断和解决问题的能力　社区护士在工作中通常处于独立工作状态，即独立地进行各种护理操作、独立地运用护理程序、独立地开展健康教育、独立地进行咨询或指导。此外，无论是社区服务站还是患者家中，其护理条件及设备均不如医疗机构，这就要求社区护士具备较高的独立判断、解决问题和应变能力。

4. 预见能力　预见能力主要应用于预防性服务，而预防性服务是社区护士的主要职责之一。社区护士有责任向患者、残疾人、健康人或家庭提供预防性指导和服务，即在问题发生之前，找出可能导致问题发生的潜在因素，从而提前采取措施，避免或减少问题的发生。因此，预见能力也是社区护士应具备的能力之一。

5. 组织与管理能力　社区护士在向社区居民提供直接护理服务的同时，还要调动社区的一切积极因素，开展各种形式的健康促进活动。社区护士有时需要负责人员、物资和各种活动的安排；有时需要组织本社区有同类兴趣或问题的人员学习，如对老人院服务员进行培训或对餐厅人员消毒餐具进行指导，这就要求社区护士具备一定的组织与管理能力。

6. 健康教育能力　健康教育是社区护理的一项重要内容。社区护士应向社区居民介绍必要的知识，改变他们对健康的不合理认知和态度，帮助人们形成健康的生活方式和行为。同时，社区中的老年人和慢性病患者逐渐增多，需要有越来越多的非专业护理人员，因此，社区护士不仅需要教会社区护理人员相关护理知识和技术，而且需要使非护理人员（患者及其家属、社区服务人员）掌握必要的护理技术，如教育高血压患者如何自行测量血压，教会糖尿病患者如何自行注射胰岛素等。

7. 调研与科研能力　社区护士不仅担负着向社区居民提供社区护理服务的职责，同时还肩负着发展社区护理、完善护理学科的重任。因此，社区护士应掌握科研相关基本知识，能独立或与他人共同进行社区护理科研活动，在社区护理实践中善于总结经验，提出新观点，探索适合我国国情的社区护理模式，推动我国社区护理事业的发展。

8. 自我防护能力　社区护士通常在非医疗机构或场所提供有风险的医疗护理服务，所以需要注意增强法律意识，不仅要完整、准确地记录患者的病情及护理内容，还要在提供某些医疗护理服务前与患者或家属签订有关协议，以作为法律依据。此外，社区护士在非医疗机构或场所提供护理服务时，还应避免携带贵重物品，并注意自我防护。

总之，社区护士在社区护理工作中应当具备以上能力，这样既可以有效地保护自身，又可以为社区、家庭和个人提供优质的护理服务。

  课堂互动

健康教育的主要目的是什么？

第三节 流行病学在社区护理中的应用

随着环境与防病工作实际需要的不断变化，以及对疾病认识的不断深入，流行病学的原理与方法也不断完善、精确和系统化，其应用范围逐渐扩大。流行病学已不仅仅是一门预防和控制疾病、促进健康的实用学科，而且是一门方法学，其原理和方法已渗透到医学甚至非医学的各个研究领域。

随着我国卫生改革的不断深化，社区卫生服务水平日益提高，社区护理的重要性也越来越突出。社区医护人员在开展社区卫生保健服务的过程中，首先要通过调查了解社区的基本情况，如社区卫生资源、居民健康状况及卫生保健需求，以便进行工作规划与实施计划；开展工作之后要进行研究，总结经验，并进一步确定新的护理目标。所有这些调查研究工作都需要运用正确的方法，而流行病学正是一门从群体水平研究环境与健康关系的方法学。应用流行病学方法在社区人群中进行调查研究，便是流行病学研究。因此，在社区护理工作中需要应用流行病学的原理及方法。

一、概述

流行病学是研究人群中疾病与健康状况的分布及其影响因素，并研究防治疾病及促进健康的策略和措施的学科。流行病学是预防医学的一个重要组成部分，是预防医学的基础。流行病学具有以下几个特征：从群体的角度研究疾病与健康；研究各种疾病及健康相关问题；描述疾病发生的频率和三间分布（时间分布、地区分布和人群分布）情况；探索病因和影响疾病流行的因素；预防与控制疾病，促进人群健康。

> **知识链接**
>
> **流行病学的应用**
>
> 流行病学是人们在不断地与危害人类健康的疾病作斗争的过程中发展起来的。传染病曾在人群中广泛流行，给人类带来了极大的灾难。人们针对传染病深入地进行了流行病学调查研究，并采取了相应的防治措施。随着主要传染病逐渐得到控制，流行病学又逐渐应用于非传染性疾病特别是慢性病（如心、脑血管疾病，恶性肿瘤，糖尿病）及伤残的研究。此外，流行病学还可应用于促进人群健康的研究。

案例导入 1-3

某社区卫生服务中心为了解社区居民高血压患病情况，以指导社区护理工作，首先查阅了居民户籍资料，显示全社区 35 岁以上常住人口数量为 4220 人，然后随机抽取了 1500 人（其中男性 560 人，女性 940 人）进行调查，以获得该社区常住人口的一般状况、生活方式与行为习惯、家族史等资料，并进行相关的体格检查和实验室检查。

问题与思考：
1. 以上调查采用了何种流行病学研究方法？
2. 两次调查方法有何不同？
3. 根据调查资料可以计算什么指标？
4. 根据调查结果可以得出什么结论？

二、研究方法

流行病学是一门应用型学科，主要运用逻辑性很强的科学研究方法。按照设计特点可将流行病学研究方法分为四类：描述性研究、分析性研究、实验性研究和理论性研究。

（一）描述性研究

描述性研究是将常规记录或专门调查所获得的资料，按不同时间、地区和人群特征分组，以描述人群中疾病或健康状况的分布特征。描述性研究主要有以下几种方法：

1. **横断面研究** 又称现况研究，是在某一时点或短时间内调查某一特定人群中的疾病或健康状况，以及人群的某些特征与疾病之间的关系。横断面研究可以采用普查、抽样调查等方法。

2. **疾病筛检** 是通过快速简便的试验、检查和其他方法，从大量表面上无病的人群中发现那些未被识别的、可疑的患者或者有缺陷的个体。其目的是早期发现、早期诊断和早期治疗患者。例如，对育龄期妇女进行宫颈癌筛查，采用以巴氏涂片宫颈细胞学检查为主的方法，可使宫颈癌的诊断提前到临床前阶段。

3. **生态学研究** 是以群体为研究单位，描述某因素的暴露情况与疾病之间的关系，主要用于研究与疾病有关的病因线索和评价社区护理干预的效果。例如，可以通过收集各地食盐人均消耗量及高血压患病率来分析、比较食盐消耗量与高血压患病率之间的关系。

（二）分析性研究

分析性研究又称分析流行病学，是在描述性研究的基础上，进一步观察可疑病因与疾病健康状况之间的关系，主要有病例对照研究和队列研究两种方法，其目的在于检验病因假设，估计危险因素的作用程度。

1. **病例对照研究** 是以某人群中一组患有所研究疾病的人群和未患该疾病的人群作为研究对象，调查并比较他们过去是否暴露于某种或某些可疑因素和（或）其暴露程度，从而推断该暴露因素与该疾病是否有关联及其关联程度。

2. **队列研究** 根据是否暴露于所研究的可疑因素或暴露程度将研究对象进行分组，然后观察并比较暴露组和非暴露组某种或多种疾病的发病率或死亡率。

（三）实验性研究

实验性研究是将研究人群随机分为实验组与对照组，对实验组人群施加或去除某种干预因素，同时不给予对照组该因素，随访并比较两组人群发生疾病或健康方面的情况，以判断干预因素的效果。实验性研究可分为临床试验、现场试验和社区干预试验三种。

（四）理论性研究

理论性研究又称理论流行病学研究、数学模型研究，主要运用数学模型或公式反映病因和环境之间构成的疾病流行规律，同时从理论上探讨不同防治措施的效果。

三、应用

社区护理的特点要求社区护士提供的服务从个体扩大到人群，服务范围从治疗性护理延伸到预防疾病与促进健康。社区护理以群体服务为主体，关心社区人群的健康状况，并拟订促进全民健康的卫生服务计划，故与流行病学的应用关系密切。

社区护理日常工作记录是常规性资料的重要组成部分，如家庭健康档案、家庭护理记录、定期体格检查记录、妇幼服务记录以及预防接种记录等。同时，社区护士也需要进行相应的流行病学专题调查，以弥补常规性资料的不足。与社区护理相关的流行病学应用可归纳为以下几个方面。

（一）进行社区诊断

社区诊断是通过一定的方式和手段，收集必要的资料，通过科学、客观的方法确定，并得到社区人群认可的该社区主要的公共卫生问题及其影响因素的一种调查研究方法。社区诊断是社区卫生服务工作的重要环节，也是制订预防保健计划的基础。

例如，通过流行病学调查，可以得知哪些是危害健康的主要疾病，这些疾病与哪些行为和生活方式有关、与哪些因素有关，人群中存在哪些主要卫生问题等。除可以了解人群的疾病状况外，还可以将社区居民的卫生服务需求、卫生习惯、生活方式和健康知识掌握程度等作为调查内容。在了解具体情况的基础上，才能确定社区卫生服务工作的重点，科学地制订社区卫生服务计划、措施并实施。

（二）发现高危人群

通过观察到的疾病分布现象，可以从中发现与疾病有关的高危人群（易患某病的人群）。例如，孕妇在哪一时期最容易出现健康问题，不同年龄、性别和职业的人群容易患哪种疾病等。

通常，不同的疾病都有特征性的高危易感人群，对高危人群进行识别、保护和定期监测是一级预防和二级预防的重要任务。

（三）识别疾病的危险因素

流行病学通过疾病在不同人群中的分布差异，提出病因假设，并结合各种研究手段进行推理、论证。流行病学的病因学研究往往不能证实疾病发生的确切原因，例如，Snow 发现霍乱流行与饮水有关，Doll 和 Hill 证实吸烟是肺癌的危险因素。虽然水与烟草并非致病菌和致癌物，但上述研究结论的重要性在于：①为之后进一步运用实验技术证实确切病因指出了方向；②在病因尚未明确时，人类至少可以有效地预防与控制疾病。

作为社区卫生服务工作者，社区护士主动进行病因学研究的机会并不多，因为与疾病有关的病因大多已经明确。但社区护士应具备在实践中善于运用病因学研究成果的能力，以便有效地开展疾病预防与控制工作。

（四）探究导致疾病流行的原因

对社区卫生服务而言，探究导致疾病流行的原因或环节通常比识别病因更切合实际，是有针对性地预防及控制疾病的前提。

疾病的发生取决于三类因素：①致病因素；②环境因素；③机体抵抗力。其中，病因能否侵袭人体取决于多种环境因素的影响，故导致疾病每次流行的原因或环节可能不同。当病因明确时，就可以制止疾病流行，也有助于采取对策预防疾病的再次流行。以 1988 年上海甲型病毒性肝炎大流行为例，经流行病学调查发现一系列相关的病因，如上海市民有生食毛蚶的习惯，人群对甲型病毒性肝炎缺乏抵抗力，毛蚶产地水源受到污染而使毛蚶携带了甲型肝炎病毒等。为此，采取的对策是研制和推广接种甲型病毒性肝炎疫苗，严禁输入、销售和食用可疑水产品。实践证明了该对策的有效性。

在社区卫生服务中，探究导致疾病流行的原因除经常用于研究传染病、食物中毒、职业病等疾病外，对心脑血管疾病、恶性肿瘤和糖尿病等慢性病的作用也日益受到重视。

（五）评价干预措施的效果

在社区卫生服务实践中，各种健康促进和疾病防治措施层出不穷，只有被证实有效时，才具有推广应用的价值。例如，纠正人群高盐饮食的习惯能否采用向居民发放食盐量勺的方法；针对脑卒中（中风）偏瘫患者的康复护理措施中，哪一种效果最好。无论是在专科医院护理还是在社区护理领域，这都是很常见的流行病学应用。

当然，各种流行病学方法的应用只有结合到具体的社区护理程序之中，才能使社区护士更准确地认识并解决人群的健康问题，从而提高社区护理服务的质量。

以社区高血压防治为例，首先可以对本社区居民进行抽样做现况研究，通过测量血压以了解高血压的患病率，然后进一步调查本社区居民的饮食喜好等生活习惯及其与各种危险因素的接触频率，分析该频率在患者与健康人中的分布有无差异及其产生原因。同时，应明确本社区高血压高危人群的主要特征，患者定期就医及按时服药的情况，以及患者是否知晓不控制血压的后果。

综合上述资料进行评估，即可作出社区诊断，找出社区主要健康问题，制订干预计划。例如，高血压患者不能定期就医及按时服药的原因可能是：①不了解定期就医及按时服药的重要性，也不知晓血压控制不佳的后果；②就医难，如就医不方便、承受医疗费用的能力有限等；③患者自我保健意识薄弱，认为是否服药都无所谓等。

干预计划的内容包括对患者采取哪些措施，对高危人群采取哪些措施，对环境采取哪些措施，并将前期调查的统计指标作为人群干预的"本底"数据，作为评价干预措施效果的依据。以上述患者不能定期就医及按时服药的问题为例，根据其原因制订的相应干预方法包括：①健康教育，向患者讲解有关高血压防治的知识，使其了解遵医嘱治疗的重要性；②提供适宜服务，考虑就近开设医疗服务点或加强家庭访视，避免不必要的检查，提供有效、价廉的药物等。考虑实施的干预措施应该是可行和可操作的，并且可以有机地结合，形成社区整体护理。

实施一段时间的干预措施后，再通过调查收集资料，以相同的统计指标与"本底"数据相比较，或采用实验流行病学研究来反馈评价干预措施，如高危人群的高血压发生率是否低于对照人群、高血压患者的血压控制率是否提高、人群中的不良行为是否改善等，以便改进与完善干预措施，从而获得最佳的社会效益和经济效益。

自 测 题

单项选择题

A1 型题

1. 社区护理起源于
   A. 康复医学　　　　　　B. 公共卫生护理　　　　　C. 替代护理
   D. 临床医学护理　　　　E. 中医护理学
2. 社区护理的特点不包括
   A. 预防保健为主　　　　　　　　　　B. 强调群体健康
   C. 有较高的自主权和独立性　　　　　D. 控制、传播功能
   E. 个体以疾病为中心的治疗
3. 社区卫生服务的中心是
   A. 家庭健康　　　　　　B. 个体健康　　　　　　　C. 人群健康
   D. 妇婴健康　　　　　　E. 老年人健康
4. 社区卫生服务的导向是
   A. 慢性病　　　　　　　B. 传染病　　　　　　　　C. 残疾人

D. 需求　　　　　　　　　E. 家庭

5. 不属于社区卫生服务"六位一体"的内容是
   A. 保健和预防　　　　B. 医疗和康复　　　　C. 健康教育
   D. 基因疗法的探索　　E. 计划生育技术指导

6. 不属于社区卫生服务特点的内容是
   A. 间断性服务　　　　B. 广泛性服务　　　　C. 综合性服务
   D. 可及性服务　　　　E. 连续性服务

7. 社区卫生护理的主要目标是
   A. 降低慢性病发病率　　　　　　　　B. 预防传染病的发生
   C. 促进和维护人群健康　　　　　　　D. 维护儿童、妇女和老年人健康
   E. 恢复残疾人的自理能力

8. 关于社区护士的角色描述错误的是
   A. 代言者　　　　　　B. 管理者　　　　　　C. 咨询者
   D. 协调者　　　　　　E. 领导者

9. 病例对照研究的优点是
   A. 可同时研究一种可疑因素与多种疾病的关联
   B. 适用于罕见病的病因研究
   C. 样本量小，节省人力、物力，获得结果快
   D. 偏倚少，结果可靠
   E. 可计算发病率

10. 流行病学调查方法中的疾病筛检的目的是
    A. 筛选可疑危险因素　　B. 探究病因　　　　　C. 描述疾病三间分布
    D. 早期发现可疑患者　　E. 确诊患者

11. 由果到因的研究方法是
    A. 现况研究　　　　　　B. 队列研究　　　　　C. 病例对照研究
    D. 临床试验　　　　　　E. 社区干预试验

A2 型题

12. 护士与一名糖尿病患者及家属共同研究和讨论患者出院后的饮食问题，此时其最主要的角色是
    A. 管理者　　　　　　B. 照顾者　　　　　　C. 教导者
    D. 协调者　　　　　　E. 咨询者

13. 王某，女性，45 岁，现确诊为乳腺癌晚期，护士与患者交谈时的正确方法是
    A. 将病情如实告知患者　　　　　　B. 说明该病的危险后果
    C. 不与患者谈论病情　　　　　　　D. 向患者承诺康复出院日期
    E. 婉转说明并安慰患者

14. 患儿，张某，4 岁，因肺炎入院接受治疗，时常哭闹不安，此时护士应采取的沟通技巧是
    A. 仔细倾听　　　　　　B. 细语安慰　　　　　C. 亲切抚摸
    D. 沉默不语　　　　　　E. 不予理睬

15. 陈某，男性，40 岁，主诉头晕。测收缩压 158 mmHg，舒张压 90 mmHg，应考虑为
    A. 高血压　　　　　　　B. 低血压　　　　　　C. 舒张压偏低
    D. 收缩压偏低　　　　　E. 临界高血压

A3 型/A4 型题

（16～19 题共用题干）

患者，男性，75 岁，因前列腺增生而导致尿潴留，医嘱予以行导尿术。

16. 关于护士为患者行导尿术前的解释内容，下列描述不正确的是
    A. 导尿的目的　　　　B. 导尿的方法　　　　C. 患者应做的准备
    D. 操作后的注意事项　E. 适当的承诺

17. 护士为该患者进行前列腺增生相关知识健康教育时应采取的沟通距离是
    A. 0～4.6 m　　　　　B. 0.46～1.2 m　　　　C. 1.2～3.6 m
    D. 3.6～4 m　　　　　E. 大于 4 m

18. 与患者交流时，护士不规范的坐姿是
    A. 头正，颈直　　　　B. 捋平护士服下缘　　C. 平稳地坐于椅面的前 2/3
    D. 双膝分开，足后收　E. 双手轻握置于腹部前

19. 护士为患者行导尿术，此时护士与患者的人际距离是
    A. 亲密距离　　　　　B. 个人距离　　　　　C. 社会距离
    D. 公众距离　　　　　E. 心理距离

（20～22 题共用题干）

某县的人口数量为 10 万，2007 年因各种疾病死亡 1000 人。当年共有 300 人患结核病，原有结核病患者 400 人，2007 年共有 60 人因结核病而死亡。

20. 该县人口的总死亡率是
    A. 300/10 万　　　　B. 60/1000　　　　　　C. 60/10 万
    D. 1000/10 万　　　E. 资料不足，不能计算

21. 该县结核病的病死率是
    A. 60/300　　　　　B. 60/400　　　　　　C. 60/700
    D. 60/100　　　　　E. 60/10 万

22. 该县结核病的发病率是
    A. 300/10 万　　　　B. 400/10 万　　　　　C. 700/10 万
    D. 300/1000　　　　E. 400/1000

（23～26 题共用题干）

某地 2007 年有 20 万人口，原有肝硬化患者 1000 人，当年有 600 人发生肝硬化，其中男性 400 人，女性 200 人。

23. 欲了解该地 2007 年肝硬化的患病率，计算结果是
    A. 1000/20 万　　　　B. 600/20 万　　　　　C. 1600/20 万
    D. 120/1600　　　　　E. 120/600

24. 肝硬化患者经过治疗，300 人因严重并发症而死亡。欲了解肝硬化的治疗效果，计算病死率是
    A. 300/20 万　　　　B. 600/20 万　　　　　C. 300/1600
    D. 300/1000　　　　E. 300/600

25. 该地疾病预防控制中心采取了一系列社区干预措施，如进行社区乙型病毒性肝炎筛查、乙型病毒性肝炎防治知识宣传教育、肝硬化患者的早期诊断及治疗等，取得了较好的效果，2008 年该地肝硬化指标中有所下降的是

A. 死亡率 B. 患病率 C. 病死率
D. 发病率 E. 感染率

26. 2010年该地肝硬化病死率较2007年明显下降，说明该地肝硬化流行病学情况有变化的是
A. 疾病预防效果显著 B. 治疗效果显著 C. 发病人数显著减少
D. 患病人数显著减少 E. 死亡人数显著减少

B型题

（27～28题共用备选答案）
A. 表情 B. 姿态 C. 沉默
D. 触摸 E. 倾听

27. 在交流刚开始时不宜应用的是
28. 护士的非语言行为中最需谨慎应用的是

（29～30题共用备选答案）
A. 精力充沛 B. 仪表整洁、大方 C. 护理操作规范
D. 情绪稳定 E. 修养较高

29. 属于护士的思想品德素质的是
30. 属于护士的专业素质的是

（31～34题共用备选答案）
A. 县级医院 B. 市级医院 C. 省级医院
D. 社区卫生服务中心 E. 专科医院

31. 能提供"六位一体"服务的是
32. 为居民建立健康档案的机构是
33. 以全科医师为主要形式提供医疗服务的机构是
34. 为居民定期进行体格检查的机构是

（乌建平）

第二章 以社区为中心的护理

第二章数字资源

学习目标

1. 准确说出社区护理评估、诊断、计划、实施、评价和社区健康档案的定义。
2. 能说出社区护理问题的优先顺序的依据。
3. 归纳社区资料的分析和社区护理诊断形成的过程。
4. 能描述社区健康档案的内容和管理方法。
5. 能说出社区护理评估和评价的内容和方法。
6. 能正确制订社区护理计划中的护理目标和干预措施。
7. 能运用社区健康档案的建立方法进行健康档案的管理。
8. 通过为社区居民的服务,培养尊重服务对象、保护服务对象隐私的意识。

护理的宗旨是满足人们的健康需求,社区护理的目标是提高整个社区的健康水平。社区护理是综合应用护理学和公共卫生学的理论与技术,在人际关系基础上,以社区健康需求为导向,以人群健康为中心的护理。社区护理以社区群体为服务对象,对个人、家庭及社区提供促进健康、预防疾病、维护健康等服务,从而提高社区人群的健康水平。与医院临床护理相比,社区护理更加重视社区的群体健康。因此,社区护士应当运用护理程序的方法,以社区健康评估和社区康复需求分析为基础,发现社区居民的健康问题,提出护理诊断,制订护理计划,采取护理措施并评价护理效果。

第一节 社区护理评估

一、社区护理评估的内容

社区护理评估作为确定社区卫生服务需求及制订社区护理计划的依据,是社区护理程序的第一步,是指立足于社区,收集、记录、核实、分析和整理社区内个人、家庭、群体及其社区的健康状况资料的过程。社区护理评估的内容主要包括以下3个方面。

(一)社区人群

人是社区的核心,不同人群的健康需求不同。满足社区人群的健康需求是社区护理的目标,群体的健康状况可能影响整个社会的健康水平。因此,只有了解社区人群的特征,才能提供适合社区人群健康需求的护理服务。社区人群的特征主要包括以下4个方面。

1. **人口数量及分布** 人口数量及分布可影响社区所需医疗保健服务的数量及类型。如果社区人口数量多且分布密集,不仅会带来生活上的不便,还容易造成环境污染、传染病流行,影响社区人群健康。如果社区人口数量过少且居住分散,则不利于卫生服务的供方向需方提供社区卫生保健资源和服务。

2. **人口构成** 社区中不同的人口构成会产生不同的医疗保健需求,如一个退休者比例较高的社区，居民的兴趣爱好和医疗保健需求等会有很大的差异。因此，在社区护理评估过程中，应评估社区人群的年龄、性别、婚姻、文化程度、职业和经济情况等内容。

3. 人口变动情况　由于某些因素的影响，社区人口可能会出现大量增长或流失，从而增加或减少对社区卫生服务的需求。因此，应注意评估所在社区人口的变动情况。

4. 健康水平　社区护士应评估社区人群的死亡指标和疾病指标，如死亡率、发病率、患病率和健康相关行为等情况，以掌握社区人群的健康水平。

 课堂互动

社区护士要收集社区人群的哪些资料才能够反映人群的健康水平？

（二）社区环境

每个社区都有其独特的地理环境，这与社区居民的健康密切相关。社区环境既能为社区提供得天独厚的自然资源，又可能对社区产生健康威胁；健康的社区既能合理利用资源，又能做好应对威胁的准备。因此，在社区护理评估过程中，不仅需要收集地理环境的相关资料，而且需要发现其与社区居民健康的关系，例如社区护士可以调查社区居民对环境威胁的认识，了解社区居民应对自然灾害的准备程度，向社区居民提供相关资源和危险因素的相关资料等。社区环境主要包括地理环境和人为环境。

1. 地理环境　包括社区的地理位置、范围与面积大小等，是位于城市、农村还是城乡结合处；相邻区域的特点，是否邻近商业区、重工业区或交通枢纽，是否靠近山川河流等；是否有可利用的健身及娱乐等资源，气候是寒冷还是炎热等。

2. 人为环境　与健康有关的人类活动所造成的污染有垃圾、噪声、废气、污水以及农业施撒的农药等，这些污染可直接或间接地影响社区居民的健康。

（三）社会系统

社会系统由人构成，每个人在社会系统中承担着多种角色。某些角色之间的联系比较密切，如教师与学生，护士与患者，这种角色之间的联系模式和相互作用即构成了组织。具有相似功能的组织联系在一起，即形成了社区的社会系统。社区的社会系统各个部分之间相互作用、相互影响，即构成整体并决定整体的健康状况。因此，社区护士应评估以下九大社会系统。

1. 保健系统　医疗卫生保健系统是社区社会系统中最重要的内容。社区护士应评估医疗卫生服务机构的种类和数量。卫生服务机构的种类通常包括治疗性卫生服务机构（如各级医院、急救中心），预防性卫生服务机构（如疾病控制中心、妇幼保健院），社区卫生服务机构（如社区卫生服务中心/站、诊所），疗养型卫生服务机构（如老年公寓、老人院）。此外，社区护士还应评估社区卫生服务资源利用率、人力资源配备情况以及卫生经费的主要来源等。

2. 教育系统　通过教育可提高居民的整体素质，提高居民对健康的认知，因此，社区护士应评估社区居民的受教育程度，教育基础设施是否完善，学校层次是否健全，学校数量及其能否满足社区居民的教育需求等。

3. 政治系统　通常，政府部门对卫生政策的制定和社区问题的解决有重大影响，社区持续而稳定的发展需要有稳定的政治环境和健全的法律制度保障。社区护士应评估居民对医疗、卫生、保健政策颁布情况和卫生计划执行情况的了解程度，以及居民对政府组织的满意度等。

4. 经济系统　相关研究表明，经济状况与居民的健康状况密切相关。社区护士应评估社区居民的经济水平（包括家庭收入和个人收入）及其所从事的职业，并根据社区居民的失业率、未就业情况和贫困人口基本情况等信息，制订社区居民卫生保健计划。

5. 福利系统　社区护士应评估居民对社区目前的福利机构（如养老院、托育机构）的接受程度和利用率。

6. 娱乐系统　社区的娱乐设施关系到居民的生活质量，故应评估社区娱乐场所的类型、数量、分布情况和利用率，尤其应注意是否存在火灾、触电等人身安全隐患。

7. 安全与交通系统　应评估社区保护性服务机构（如派出所）的数量和分布，该机构是否对居民进行过安全意识方面的教育，以及安全设施（如灭火器等）的配备情况。此外，还应评估基本交通设施的种类及分布，是否方便社区居民及时乘坐交通工具就近就医。

8. 通讯系统　应评估社区的通讯设施是否完善、发达，大众媒体（如电视、广播、报纸、杂志等）的利用情况，以及电话、信件、网络的分布及其通讯效果。

9. 宗教信仰系统　应评估社区内有无宗教组织及其组织形式和活动场所等。

二、社区护理评估的方法

社区资料的收集与临床资料的收集不同，如何在短时间内收集到较为全面的社区资料，取决于收集方法的正确性。完整的社区评估资料应包括主观资料和客观资料两部分。主观资料是评估者凭借自身的感官（如视、触、听、嗅、味等感觉）获得的社区资料。客观资料来自社区统计报表和社区调查。

1. 社区实地调查　又称挡风玻璃式调查法，是指社区护士利用自身感官主动收集社区的资料，以了解社区的特征，如社区居民生活状态、社区周围的自然环境和社会环境、公共基础设施的建设和利用情况，以及是否存在交通拥堵、噪声污染和水污染等。

2. 重要人物访谈　重要人物访谈是指通过访问重要人物了解社区情况，以达到准确评估社区的目的。社区重要人物必须来自社区各个阶层，他们非常了解社区，能够从不同的角度反映社区的基本情况和问题，他们可以是社区居民、社区工作人员，也可以是社区中具有影响力的人。

3. 观察　即参与式观察，是指有目的地参与社区活动，在活动中有意识地对社区进行观察，以了解社区居民的认知水平、信念、态度、健康相关行为和健康状况、疾病流行分布特点等。

4. 问卷调查　问卷的设计和质量控制是调查取得成功的基础，可采用开放式问卷，也可采用封闭式问卷。无论采用哪种问卷形式，设计时均应注意以下事项：①一个问题只能询问一件事，避免一题多问，以便于调查对象作出明确的答复；②避免提出诱导性问题；③慎重处理敏感与隐私问题；④研究问卷的信度和效度应处于可接受范围；⑤认真考虑问题的排列顺序。

问卷调查最好采用随机抽样的方法，以使结果具有代表性。资料收集的方法主要有信访和访谈两种方式。信访方式是通过邮寄将问卷发送给调查对象，由调查对象自行填写后寄回，具有高效、经济、调查范围广泛等优点；其主要缺点是回收率低。访谈方式是由受过培训的调查员与调查对象进行访谈来收集资料。其优点是回收率高、灵活性强；缺点是可能存在调查员方面的偏倚，并且受到时间和经费的限制。

5. 查阅文献　查阅文献所获得的资料虽然大多数为二手资料，但它仍是收集资料的重要途径。社区护士可以查阅社区卫生服务中心的居民健康档案，也可以通过国家统计局网站、国家医疗和卫生系统等查阅国家正式的人口普查资料、卫生统计年鉴、医院出入院记录、门诊人数及类别统计、流行病学调查资料、社区户籍资料、地方简报和地图等。通过以上资料可以在短时间内获得大量的信息，这就要求社区护士具备较强的阅读、归纳、分析和提炼信息的能力。

三、社区健康资料的整理与分析

根据社区护理评估方法获得社区健康相关资料后，对资料进行整理与分析是社区护理程序的重要环节，其具体步骤包括：

1. 资料的整理与复核　复核资料是指判断资料的有效性和准确性，通常由社区评估小组或其他人员检查与核对收集到的各种主观资料与客观资料的有效性、真实性和可信性。

2. 资料的分类　是指将收集的资料按特定的方式进行分类，一般根据社区人群、社区环境和社会系统3个特征进行分类。

3. 分析资料　是指对分类后的资料进行系统整理。通常，如果二手资料的数据是均数、率、构成比等，则可直接使用；如果是实际的原始数据或问卷调查结果，则可以运用计算机分析软件进行统计分析。资料可分为定量资料和定性资料。如果是定量资料，则可用统计数据（均数、率、构成比）等；如果是定性资料，则按其内容进行分类，根据问题的频率确定问题的严重程度。

4. 报告评估结果　是将最终分析结果及时向社区评估小组成员、领导及社区居民等报告，并记录反馈情况。

> **知识链接**
>
> **国外社区护理模式**
>
> 怀特的"公共卫生护理概念"模式强调，社区护士在进行社区护理时首先必须了解影响个体或群体健康的因素；其次，护理人员在制订计划时应分清优先次序；最后，即执行护理措施。
>
> 斯坦诺普与兰开斯特的"以社区为焦点的护理程序"模式强调，社区护士必须与个体建立"契约式的合作关系"，使居民了解社区护士的角色功能与护理目标。其余5个阶段与护理程序基本对应。
>
> 安德逊根据纽曼的系统模式，提出了"与社区为伙伴"的护理模式。该模式将压力、压力源所引起的反应、护理措施以及三级预防的概念纳入护理程序中，强调在社区护理过程中应注意社区压力源的评估。

第二节　社区护理诊断

通过各种方法收集的原始资料必须经过整理、分析，才能发现社区的健康问题，从而作出护理诊断。社区护理诊断是社区护士对收集到的资料进行分析所得到的结果。20世纪70年代，美国护理协会（American Nurse Association，ANA）将"诊断"列为护理程序的第二步；20世纪80年代，北美护理诊断协会成立，并开始发展护理诊断；1999年，该协会又增加了家庭诊断分类，使护理诊断的范围从以患者的问题为主，扩大到家庭。20世纪70年代中期，美国奥马哈家访护士协会提出了适合社会卫生服务的OMAHA系统。

1994年，Neufeld和Harrison将Jayron提出的护理诊断运用于社区护理，"患者"一词被"个人、家庭、群体或集合体"所取代，因此将社区护理诊断定义为"对个人、家庭、群体或社区现存或潜在的健康问题的反应及其相关因素的陈述，并且这些反应可以通过护理干预得以改变，从而导向健康的方向"。

一、社区护理诊断的确定

通过记录、整理、分析和综合收集到与社区健康相关的资料，即可发现社区存在的健康问题，继而作出社区护理诊断。社区护理诊断的重点是社区健康，而不是个人健康。提出社区护理诊断时，应考虑以下几个方面的问题：公共设施；死亡率、发病率和传染病发生率；社区人群中的危险问题、健康需求、社区功能和环境危险。护理诊断必须符合以下标准：①能反映目前的健康状况，从而找到与社区健康需求有关的各种原因；②每个诊断均合乎逻辑且描述确切；③诊断必须依据现有的各项资料得出。

 课堂互动

社区护理诊断与护理诊断的重点是否相同？

（一）社区护理诊断的陈述

社区护理诊断包括三个要素：①P（problem）问题，即护理诊断的名称；②E（etiology）病因，即相关因素；③S（symptom/sign）症状和（或）体征，包括实验室检查结果。社区护理诊断的陈述方式主要包括以下3种：

1. 三部分陈述　即PES公式，是指对社区现存的健康问题进行陈述。例如，儿童超重或肥胖检出率偏高（P），与家长过度喂养有关（E），儿童期血压值高于同龄儿童（S）。

2. 两部分陈述　即PE公式。例如，老年人皮肤完整性受损（P），与长期卧床有关（E）。PS公式可用于现存和高危问题的护理诊断。

3. 一部分陈述　即只有P，主要用于健康人的护理诊断。例如，社区老年人血糖控制情况良好（P）。

 考点

护理诊断PES公式中的E代表的是
A. 患者的现状　　　　B. 患者的既往史　　　　C. 症状和体征
D. 健康问题　　　　　E. 病因
答案：E

（二）社区护理诊断的类型

1. 现存的健康问题　即对社区、家庭或护理对象进行评估时，健康相关资料显示目前存在的健康问题。

2. 潜在的健康问题　即资料显示健康相关问题尚未发生，有危害护理对象的因素存在，不采取护理措施将会发生的问题。陈述形式为："有……危险"。

3. 可能的健康问题　是指有可疑因素存在，但缺乏有力的资料支持，或有关原因不明。陈述形式为："有……可能"。

4. 良好的健康状态　是对个体、家庭或社区具有向更高健康水平发展的潜能的描述。陈述形式为："潜在的……增强""执行……有效"。

陈述社区护理诊断时，必须写出导致社区健康问题的原因，这对于有的放矢地选择护理措施，进而达到预期的护理效果至关重要。由于社区护理的目的是最大限度地提高整个社区的健康水平，因此护士不应仅仅关注个体的健康问题，而是应将社区作为一个整体，关注影响社区健康水平的各种因素和反应。无论是积极的还是消极的因素，凡是影响从健康到疾病整个连续过程的因素，都是社区护理诊断的内容。

二、社区护理诊断优先顺序的确定

（一）确定优先顺序的原则

1. 重要性　即该诊断能反映社区存在的最重要的健康问题，反映居民最关心的健康需求。

2. **可控性** 即已有有效控制干预对象或危险因素的方法。

3. **有效性** 是指通过护理干预能改善健康状况或控制危险因素，如降低发病率、死亡率。此外，还应考虑社会效益，可直接或间接地提高效益。

4. **可行性** 是指所采取的措施已有可供利用的人力和物力资源。

（二）确定社区护理诊断优先顺序的方法

确定社区护理诊断后，社区护士应判断哪个问题最重要，以确定问题解决的优先顺序和护理重点。通常以 Muecke 于 1984 年提出的优先顺序和量化原则为依据：①社区对问题的了解；②社区对解决护理问题的动机；③问题的严重程度；④可利用资源；⑤预防的效果；⑥社区护士解决问题的能力；⑦健康政策与目标；⑧解决问题的迅速性与持续的效果。每个社区护理诊断以 0～2 分为标准（0 分表示不太重要，不需要优先处理；1 分表示重要，可以处理；2 分表示非常重要，必须优先处理）。另外，还可采用 1996 年 Stannope 和 Lancaster 提出的 1～10 分标准评定每个护理诊断的总分数，得分越高，表示该问题越急需解决。

课堂互动

社区护士通常都会面临这样一个困惑：经过全面的社区护理评估，同时存在多个护理诊断，应该优先解决哪个问题？有何依据？

三、OMAHA 系统的应用

OMAHA 系统是被美国护理协会（ANA）认可的一个标准化护理语言体系，于 20 世纪 70 年代由美国奥马哈家访护士协会研发提出。OMAHA 系统在早期主要用于美国的社区护理实践。随着该系统的不断成熟和完善，其应用范围已拓展至其他领域。该系统主要由护理诊断（问题）分类系统、护理干预分类系统和护理结果评定系统三部分组成。

（一）护理诊断（问题）分类系统

护理诊断（问题）分类系统常用于环境、心理社会、生理、健康相关行为四个领域，共有 44 个诊断（问题），见表 2-1。

表 2-1 护理诊断（问题）分类系统

领域	护理诊断（问题）分类
环境	收入、卫生、住宅、邻居/公共场所、其他
心理社会	与社区资源的联系、社会接触、角色改变、人际关系、精神压力、哀伤、情绪稳定性、照顾、忽略儿童/成人、虐待儿童/成人、生长发育、其他
生理	听觉、视觉、语言、咀嚼、认知、疼痛、意识、皮肤、神经、运动（肌肉、骨骼）系统与功能、呼吸、循环、消化、排便功能、泌尿和生殖功能、产前及产后、其他
健康相关行为	营养、睡眠与休息、身体活动、个人卫生、物质（酒精或药品）滥用、家庭计划、健康指导、处方用药、特殊护理技术、其他

（二）护理干预分类系统

护理干预分类系统由类别、目标及有关信息组成，护理诊断（问题）分类系统和护理干预分类系统应配合使用。通过社区服务团队成员间的沟通与协助，可以为社区护士提供一个系统化的工具，见表 2-2。

> **考点链接**
>
> 下列类别中不属于护理干预分类系统的是
> A. 个案管理　　　B. 监督管理　　　C. 处理和程序　　　D. 评价
> 答案：D

表 2-2　护理干预分类系统

项目	内容
类别	指导、指引和咨询，处理和程序，个案管理，监督管理
目标	解剖/生理，行为纠正，膀胱功能护理，肠道功能护理，维持呼吸道通畅，心脏功能护理，照顾患者/父母，长期卧床的护理，沟通，应对技巧，日间护理，管教，医疗设备，教育，职业，环境，家庭运动计划，喂养方式，财务，饮食，行走，训练及康复，生长/发育，家务管理/居住环境，人际关系，检查结果，相关法律，医疗照顾，药物作用及不良反应，用药管理，协助用药安排，身体活动，辅助性护理活动，营养，营养咨询，造瘘口的护理，其他资源，个体照护，体位，康复，放松/呼吸训练技巧，休息/睡眠，安全，伤口的护理，精神及情绪症状、体征，皮肤护理，社会福利与咨询，实验室检查标本的收集，精神护理，促进身心发展的活动，压力管理，物质滥用，医疗器材，支持团体，交通运送，促进健康，其他

（三）护理结果评定系统

护理结果评定系统以 5 分计分法评价个体在护理过程中的表现，可引导护理人员制订计划，为采取护理措施提供参考。护理结果评定系统包括认知、行为以及症状和体征 3 个方面的内容，见表 2-3。

表 2-3　护理结果评定系统

项目	含义	1分	2分	3分	4分	5分
认知	个体记忆与理解信息的能力	完全没有认知	具有一定的认知	具有基本的认知	认知适当	认知良好
行为	个体表现出的可被观察的反应和行为	完全不适当的行为	有一些适当的行为	不是很一致的行为	通常是合适的行为	一致且合适的行为
症状和体征	个体表现出的症状和体征	非常严重	严重	一般	很少	没有

第三节　社区护理计划及其实施与评价

> **案例导入 2-1**
>
> 国家卫生健康委员会的相关数据显示，2022 年全国儿童青少年总体近视率为 53.6%，其中 6 岁儿童为 14.5%，小学生为 36%，初中生为 71.6%，高中生为 81%。近视已成为目前比较普遍的眼健康问题。为防控青少年近视，《综合防控儿童青少年近视实施方案》提出，到 2030 年，实现儿童青少年新发近视率明显下降，视力健康整体水平显著提升，6 岁儿童近视率控制在 3% 左右，小学生近视率下降到 38% 以下，初中生近视率下降到 60% 以下，高中生近视率下降到

70%以下，国家学生体质健康标准达标优秀率达到25%以上。

问题与思考：

作为一名社区护士，应如何针对所在社区儿童现存的近视问题制订社区护理计划？怎样对实施后的计划进行评价？

社区护理计划（community nursing plan）是社区护士经过社区护理评估、资料整理和分析、确立护理诊断后制定的社区健康促进计划。社区护理服务的对象是个人、家庭或群体，他们的行为和价值观体系可能与评估者有很大的差异。为了避免这种差异所产生的影响，社区护士在制订护理计划的过程中应鼓励社区居民积极参与，使整个社区护理计划能够针对社区居民的健康需求，以确保为社区居民提供连续的高质量护理。

一、社区护理计划

（一）制订护理目标

护理目标是指通过各种护理干预，期望个人、家庭、群体的健康状况所能达到的结果，包括宏观目标和具体行为目标。宏观目标是期望达到的最终结果。例如，改善社区居民的不良饮食习惯这一宏观目标，其具体的行为目标可由多个目标组成，每个护理目标的设定均应遵循SMART原则，即明确性（specific）、可衡量性（measurable）、可达成性（attainable）、相关性（relevant）和时限性（time-based），以便执行护理计划和进行护理评价。

1. 明确性　即一个社区护理目标只能针对一个社区护理诊断（问题）。

2. 可衡量性　制订的护理目标应该是可观察、可测量的。例如，提高社区妇女宫颈癌筛查率，可测量的指标就是妇女宫颈癌筛查行为，妇女宫颈癌筛查率的改变也是可以量化的。

3. 可达成性　制订的目标应该是利用可及的资源能够解决的健康问题。例如，提高社区妇女宫颈癌筛查率是可以实现的护理目标。

4. 相关性　制订的目标应与社区护理有关。例如，增强社区内青少年预防近视的意识，就是社区护理工作的内容之一，与社区护理有关；而提高社区内青少年的学科成绩，则不属于社区护理的范畴。

5. 时限性　制订的目标是有时间限制的。例如，提高社区妇女宫颈癌筛查率的健康检查活动，时限为1年，社区护理目标设定为1年内宫颈癌筛查参与率达到50%以上。

 考点提示

制订护理目标时应遵循的原则。

（二）选择护理干预措施

社区护理干预措施的选择应针对社区护理诊断的形成原因，为预期达到的社区护理目标而进行。因此，社区护士应与个人、家庭或群体协商，选择合适的、具体的干预措施。其具体步骤为：①确定目标人群；②组成干预计划小组；③落实可利用的资源，如人力、财力、物力等；④选择达到目标的干预策略，包括时间、地点及具体措施等。护理干预措施可以是一级预防、二级预防、三级预防或综合性措施，以达到预防疾病、疾病和促进康复的目的。

社区护士可以参照社区护理诊断（问题）的排序标准或马斯洛需要层次论对社区护理措施进行排序。通过排序可以及早执行有效且重要的措施，尽早控制社区健康问题。对每一项社区护理措施，都需要确定实施者及合作者、实施的场所以及所需要的设备和经费，并分析相关资源的可能来源与获取途径。

（三）形成书面护理计划

确定社区护理措施后，应将社区护理诊断/问题、护理目标和具体护理措施等完整记录下来。社区护理计划的内容应包括收集到的主观和客观资料、社区健康诊断、预期目标、具体护理措施和测量方法等。将社区护理计划记录成书面形式后，社区护士应当与护理对象共同探讨，及时发现问题并加以修正和完善，以便更顺利地实施社区护理计划。

（四）评价护理计划

对于社区护理计划，一般根据 RUMBA 准则或 4W1H 原则进行评价。

1. RUMBA 准则　即真实的（realistic）、可理解的（understandable）、可测量的（measurable）、行为目标（behavioral）、可达到的（achievable）5 个准则。

2. 4W1H 原则　是指确定参与者（who）、描述参与者完成的服务（what）、参与者完成目标的期限（when）、地点（where）以及方法（how）。

二、社区护理的实施

（一）定义

社区护理的实施是指社区护士制订社区护理计划后，根据计划的要求和具体措施开展护理实践活动。社区护士通常需要进行健康教育、发现危险因素、设置和运行服务设施、建立支持系统等护理活动。在这些护理活动中，社区护士大多数情况下需要与社区居民和其他专业人员合作，从而更好地帮助社区居民维护健康。需要注意的是，社区居民不仅仅是护理服务的被动接受者，更是护理计划实施过程中的主动参与者。

（二）社区护理的实施步骤

1. 明确任务　在实施社区护理计划前，社区护士和护理对象都应当明确：每个人所进行的活动，服务的参与者，服务的时间、地点、方法、预期结果及各自的责任。

2. 营造氛围　社区护士应当为护理对象营造安全、舒适的氛围，社区护理计划的实施地点、环境、室温和设备等均应考虑在内。

3. 完成计划　社区护士应当与其他人员分工合作，共同完成社区护理计划。

4. 记录护理计划的实施情况　社区护士应当及时、如实、准确地记录护理计划的实施情况和服务对象的反应，以及是否解决了目前存在的问题等。

（三）影响社区护理实施的因素

1. 参与意识　社区护理计划能否顺利执行，与社区居民的参与程度关系密切。在实施社区护理计划之前，社区护士应当做好现场调研和护理评估工作，优先选择社区居民共同存在的健康相关问题，同时做好宣传教育和动员工作，进行统一部署和全面协调。

2. 沟通与交流方式　社区护士应根据社区护理计划的实施对象，恰当地选择护理的具体实施方式，如形象生动的讲座、丰富多彩的宣传材料、灵活多样的现场演示等，以满足护理对象的实际需求。

3. 质量控制　在实施社区护理计划之前，应对社区护士等相关人员进行培训；在实施过程中进行现场督导，发现问题应及时纠正。

三、社区护理评价

社区护理评价（community nursing evaluation）是社区护理程序的最后一个步骤。社区护理评价主要是测量和判断护理目标实现的程度及护理措施的有效性。实际上，评价并不意味着护理程序的终止，如果达到护理目标，则表明通过实施护理措施解决了护理问题；如果未达到护理目标，则需要对原因进行分析并重新评估，从而形成护理程序的新循环。

（一）评价目的

社区护理评价的最终目的是确定护理干预是否满足社区的健康需求。如果健康需求已经得到满足，则应评价满足的程度；如果健康需求没有得到满足，则应评价尚未满足的原因。例如，对于低收入老年妇女进行健康促进的社区护理计划，评价标准主要包括四个方面，分别是躯体健康状况、心理健康状况、社会适应状况及道德修养状况。

（二）评价标准

评价标准在多数情况下是计划阶段已设立的目标（包括个人和集体的目标与标准）。目标是期望达到的结果，评价标准是实现目标所必需的具体要求。例如，社区中有几位中年男士存在超重、肥胖问题，社区护士组织他们成立减肥互助小组。对每个成员均设定1年内减肥应达到的目标，并根据其实际的超重、肥胖情况，为每个成员设定相应的评价标准，如控制每日膳食的热量、每周锻炼的次数、每次锻炼时间和运动方式等，通过判断是否达到相应标准来评价个人目标的实现程度。为了促进小组成员之间相互支持，鼓励其在减肥过程中采取健康行为，社区护士可以通过确定小组目标的方式来衡量小组计划是否成功。由此可见，周密的计划对于进行评价十分重要。

（三）评价内容

评价是通过判断，将社区实际健康状况与预期目标进行比较并找出二者之间的差距。当社区人群的实际行为与预期行为相符时，即表明已达到目标。如果没有达到目标，则需要找出原因。原因可能是在评估阶段资料收集不全面，在社区护理诊断中诊断结果不正确，社区护理计划不符合实际情况或未能有效实施等，也可能是环境和（或）社区发生了变化，还可能是社区服务对象在程序的一个或多个环节中未能充分参与。确定目标没有达到的原因后，社区护士可以重新进行护理评估、作出护理诊断、制订护理计划，并采取正确的护理干预措施，即开始社区护理程序的下一个循环。

（四）评价类型

为确定社区护理计划和社区干预是否成功，社区护士可进行两种类型的评价，即过程评价（process evaluation）和结果评价（effectiveness evaluation）。

1. 过程评价 是根据护理程序中各个阶段的质量标准加以评价，贯穿于社区护理的全过程。过程评价的标准是所有专业人员执业上岗并具有相应的职业资格证书，实施符合当地卫生部门的标准，社区拥有足够的可利用资源来满足服务对象的需求。过程是指如何进行护理，重点是实现健康目标的社区服务过程：社区护理服务符合政策与程序，照顾者具备服务对象所需的最新技术和实践技能，护理人员有充足的时间进行医疗文件书写并符合书写规范。

2. 结果评价 是对实施护理活动后的近期和远期效果进行的评价，即评价护理干预是否达到了预期目标。

在社区护理中，可任选一种方法进行评价，亦可将两种方法相结合，既有过程评价，又有结果评价。评价与其他阶段的流程一样，应当先计划，再系统地执行，评价后进行小结并做好记录。

（五）社区护理质量评价

在社区护理中，评价也包括服务质量的评价。护理质量评价包括以下几个步骤：

1. 组织质量评价活动 回顾目标，确定评价人员，制订评价方案（包括内容、程序、时间和地点）。

2. 建立质量评价目标 质量评价目标的制订可以参照国家、省级或市级相关行政部门制定的具体目标。

3. 收集评价资料　可以采用观察、交谈、问卷调查以及对照质量标准检查等方法。

4. 分析资料　检查、核对所有资料，并确保资料来源于服务对象总体或具有代表性的样本，对资料进行分析和解释，并总结经验和教训。

5. 形成评价报告及结论　确定报告人员、报告形式及报告内容，对护理效果、效率、资源利用等情况做出全面的评价。同时，还应对社区改变后的健康状况进行重新评估，为制订下一步的护理计划提供信息资源，根据评价时目标达到的程度、结果是否满意，最终决定对当前的护理计划继续实施、加以修改，或停止实施。

 考点提示

社区护理质量评价的类型。

（六）社区护理程序的特征

1. 决策性　社区护理程序要求社区护士依据充足的信息进行合理的判断，即要求社区护士在实践中独立思考、对疑难问题做出决策，同时与社区团队合作，对社区人群的需求和存在的问题进行审议和解决。

2. 适应性　社区护理程序有很强的适应性。社区护士可以在各种情况下适当调整护理活动，灵活运用社区护理程序满足社区人群的健康需求。另外，社区护理程序的灵活性还有助于社区护士满足个人、集体和社区独特的健康需求。

3. 循环性　社区护理程序是一个循环的、螺旋式上升的过程。护士可以在任何情况下与护理对象沟通，进行资料收集与分析，以及实施护理干预和评价。通过社区护士与服务对象的不断沟通，护理程序的各个步骤在实际应用过程中会出现交叉重叠或同时进行不同步骤的现象，即护士可以在护理程序的各个步骤进行资料收集和经验总结，及时了解服务对象的健康状况，并采取适当的护理干预措施。这是提高护理服务质量的有效途径，也是改善护理对象健康状况的最佳方法。

4. 互动性　社区护理程序是社区护士与服务对象进行人际沟通时的一种互动过程，发出和接收准确的信息可促进社区护士与服务对象之间相互理解。另外，随着人们对服务对象的权利和自我护理观念的重视，护士与社区人群之间的关系更加密切，二者共同为社区健康负责，促进健康。护士与社区人群之间的关系是伙伴关系，护士与社区人群的互动过程也是专业人员与服务对象共享经验的过程。

5. 服务对象中心性　社区护理程序以服务对象的健康为中心，并强调护理对象应参与护理过程。社区护士运用护理程序直接或间接帮助社区人群保持健康。无论是社区人群还是整个社区，都作为一个整体的系统，是护士运用护理程序进行社区护理服务的对象。

6. 社区健康需求导向性　社区护理程序以社区健康需求为导向。护士主要应用护理程序解决患病人群的健康问题，因此，护理人员倾向于应用护理程序解决现存问题。此外，社区护士还可应用护理程序预测社区健康需求，并予以满足。要实现维护、促进和恢复社区人群健康的目标，就必须重视社区健康需求。

第四节　健康档案的建立与应用

案例导入 2-2

患者张大爷，78岁，患高血压13年，平时口服抗高血压药治疗，血压控制效果不佳。近日，张大爷主诉经常头晕、心悸、视物模糊，伴双下肢轻度水肿。在家属的陪同下，张大爷到社区医院就诊，护士小李接待了张大爷。

问题与思考：

护士小李应如何为张大爷建立个人健康档案？

一、建立健康档案的目的和意义

健康档案是记录一个人从出生到死亡的过程中所经历的与健康相关的一切行为与事件。其主要内容包括个人的既往病史、家族疾病史、诊疗记录、体格检查结果、行为和生活习惯等。

健康档案是居民享有均等化公共卫生服务的重要体现，是医疗卫生机构为社区居民提供医疗卫生服务过程的规范记录，是以居民健康为核心、贯穿整个生命过程、涵盖各种健康相关因素的系统化文件记录。

（一）建立健康档案的目的

1. 规范化管理　对社区居民个人的健康状况、社区居民的家庭健康状况和社区的医疗卫生服务状况进行有序、规范化的管理，可以保证社区健康档案的真实性，以便正常使用。

2. 掌握本社区已存在的或潜在的健康问题　通过收集健康档案的相关资料，可以对社区居民的基本健康状况和社区卫生资源的需求与利用情况有初步的了解，为今后开展有针对性的社区卫生服务活动提供客观依据。

3. 提高社区卫生工作的质量和水平　根据对社区健康档案进行规范化的管理，社区医疗卫生服务人员可以有效地开展工作，提高社区卫生服务的满意度，提升社区卫生工作的质量和整体水平。

（二）建立健康档案的意义

1. 有利于持续追踪社区居民的健康状况　居民健康档案详细记录了社区居民各个阶段的健康信息。社区医务人员可以通过整理和分析相关资料，掌握本社区居民的主要健康问题，及时总结规律和变化情况，有利于社区护士及时对所在社区居民的主要健康问题进行评估和社区诊断。

2. 有利于采取个体化干预措施　居民健康档案不仅详细记录了居民个人的健康问题，还记录了居民所患疾病及影响其健康的危险因素，有助于开展个体化的社区护理服务，如某社区针对糖尿病患者定期进行社区中医护理、日常生活指导和健康教育，指导患者配合相关治疗，掌握自我管理的方法及预防并发症的技巧。

3. 有利于合理配置社区卫生资源　社区居民健康档案可以反映居民的主要健康问题、社区卫生资源分布情况及卫生资源利用情况。通过合理配置本区域的卫生资源，可以最大限度地满足社区居民的基本卫生服务需求，推进社区卫生服务的可持续发展。

4. 为教学和科研工作提供重要的参考资料　规范、完整的健康档案是教师、科研人员及医务人员非常重要的教学和科研资料，不仅可用于全科医学和社区护理教学过程，培养学生的临床思维能力，而且可以根据这些丰富的健康信息数据，运用统计学等方法进行科研工作。

5. 有利于评价社区卫生服务效果　健康档案的设计遵循程序化、格式化原则，定期更新所收集的居民健康档案信息，可以真实地反映社区卫生服务的实施过程，为评价社区卫生服务效果提供客观、连续的信息支持。

二、健康档案的内容

健康档案主要包括居民健康档案、家庭健康档案和社区健康档案。

（一）居民健康档案

居民健康档案内容包括个人基本信息、健康体检记录、重点人群健康管理记录和其他医疗卫生服务记录。对象为辖区内常住居民（即居住半年以上的户籍及非户籍居民），其中以0～6岁儿童、孕产妇、老年人、慢性病患者和严重精神障碍患者等人群为重点。

1. 个人基本情况　主要包括姓名、性别、文化程度、职业等基本人口学信息，以及医疗费用支付方式、药物过敏史、既往史、家族史、生活环境等健康相关信息。

2. 健康体检记录　主要包括一般健康检查（包括体温、血压、身高、体重和腰围等指标的测量）、生活方式（包括体育锻炼、饮食习惯、吸烟情况、饮酒情况和职业病危险因素五个方面）、健康状况及其疾病用药情况、健康评价和健康指导等。

3. 重点人群健康管理记录　主要包括国家基本公共卫生服务项目要求的0～6岁儿童、孕产妇、老年人、慢性病以及严重精神障碍等各类重点人群的健康管理记录。

4. 其他医疗卫生服务记录　主要包括上述记录以外的其他接诊、转诊和会诊记录等。

（二）**家庭健康档案**

家庭健康档案是以家庭为单位，记录家庭及其各成员的相关健康状况、疾病动态、预防保健服务利用情况等信息的系统化文件记录。家庭健康档案的内容包括以下3个方面。

1. 家庭基本情况记录　主要包括家庭成员的性别、年龄、职业等人口学信息和家庭住址、联系方式、经济收入等基本信息。

2. 家庭评估情况　包括家庭类型、家庭功能、家庭危机、家庭重大事件、家庭生活周期所处的阶段等。其中，家庭生活周期包括新婚期、有婴幼儿期、有学龄前孩子期、有学龄孩子期、有青少年子女期、子女离家创业期、空巢期和老年期这八个主要阶段。评估工具可使用APGAR家庭功能评估表，即对家庭适应性（adaptability）、合作度（partnership）、成熟度（growth）、情感度（affection）和亲密度（resolve）5项内容进行评定。另外，还可使用家系图进行家庭评估，这是一种客观的、结构性的家族树状图谱，可用于简单地描述家庭结构、家庭成员之间的关系、家庭成员的疾病和健康史，以及家庭重大事件等。

3. 家庭主要健康问题　即家庭成员遇到的重大生活事件、压力事件等，如失业导致情绪低落和抑郁。

（三）**社区健康档案**

社区健康档案是以社区为单位，收集和记录的反映社区主要健康特征、主要危险因素、环境特征、卫生资源供给、卫生服务提供和利用状况等信息。社区健康档案的内容主要包括以下4个方面。

1. 社区基本资料

（1）社区自然环境状况：包括地理位置、范围、自然气候条件及环境状况、卫生设施和卫生条件、水源、交通情况、宗教及传统习俗等。

（2）社区经济和组织状况：包括社区收入水平和消费水平，以及街道办事处、居民委员会、志愿者协会等组织机构。

（3）社会动员潜力：即参与和支持社区活动的人力、物力和财力资源等。

2. 社区卫生资源

（1）社区卫生服务机构：包括医院、社区卫生服务中心、私人诊所、妇幼保健院等。

（2）社区卫生人力资源：包括各类医疗、护理人员及卫生相关人员的数量、年龄结构、学历层次、职称结构和专业背景等。

3. 社区卫生服务状况　是指一定时期（通常为1年）内的门诊服务量、就诊病因分类及转诊率等。

4. 社区居民健康状况　包括社区居民的疾病分布情况、人口出生和死亡情况及社区居民主要的健康危险因素等，如不良的生活习惯、生活压力事件等都会影响居民的身心健康。

三、健康档案的管理

（一）健康档案的建立

1. 健康档案的建立应该由专人负责，在使用居民健康档案的过程中应注意保护居民的个人隐私，特别是对电子健康档案要注意保护信息系统的数据库安全。

2. 乡镇卫生院、村卫生室、社区卫生服务中心（站）应通过多种信息采集方式建立居民健康档案，及时更新健康档案信息。将居民的纸质版档案和电子版档案同步更新，保持资料的连续性和一致性。

3. 以国家统一的行政区划编码为基础，以村（居）民委员会为单位，统一采用17位编码制为居民健康档案进行编码，编制居民健康档案唯一编码。同时，将建档居民的身份证号作为身份识别码，为在信息平台上实现资源共享奠定基础。

4. 保证记录内容的真实性、准确性、完整性和规范性，各类检查报告单据和转诊、会诊的相关记录应粘贴留存归档。

5. 健康档案管理要具有必需的档案保管设施、设备，选择合适的环境妥善保管健康档案，指定负责人管理健康档案，维护电子健康档案（图2-1）。

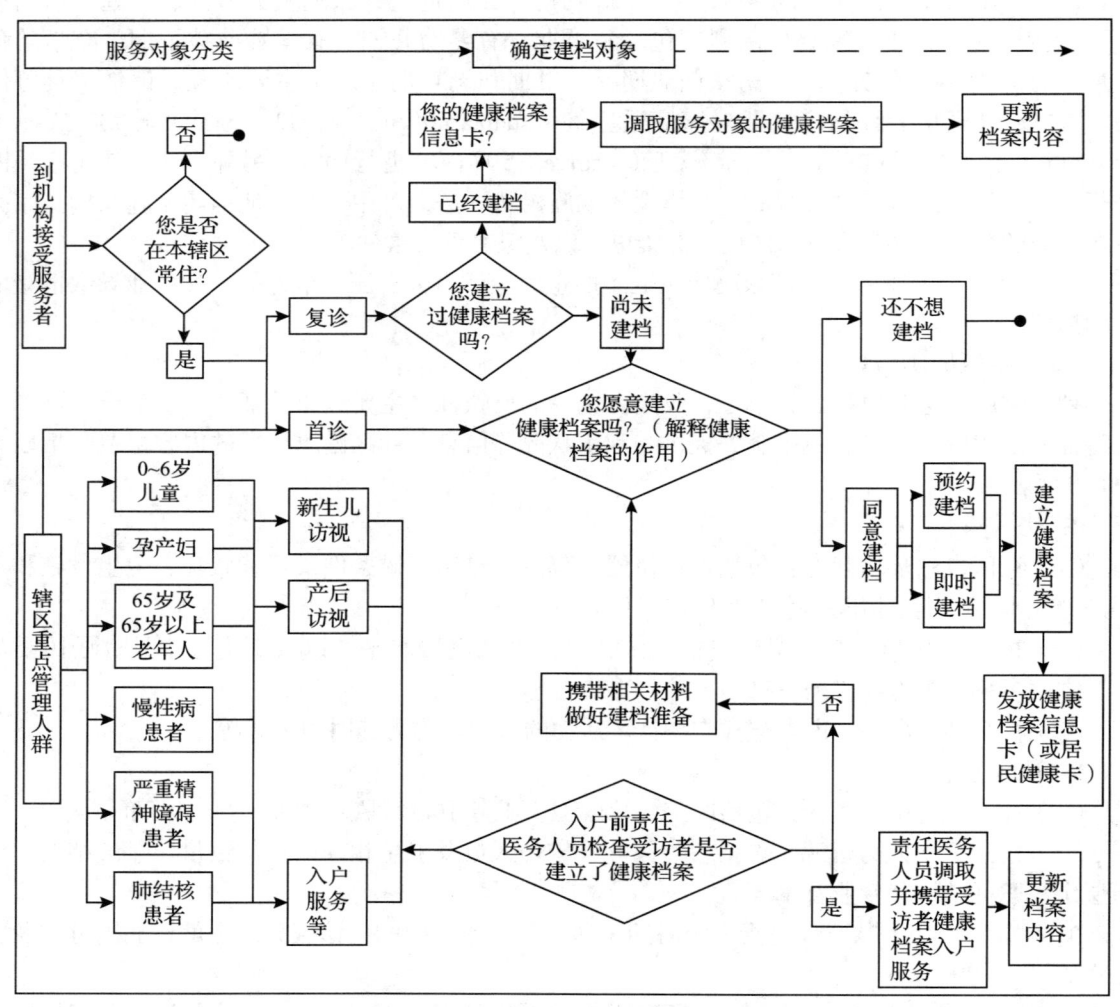

图 2-1　确定建档对象流程图

（摘自《国家基本公共卫生服务规范（2017）》）

(二)居民健康档案的使用与管理

1. 乡镇卫生院、村卫生室、社区卫生服务中心（站）的医务人员为辖区居民建档后，可在复诊时调取其健康档案。医务人员可根据复诊的实际情况，对档案内容进行更新。如果居民需要转诊，接诊医生应及时填写转诊记录，并为其转诊。

2. 医务人员可以通过入户服务（调查）、疾病筛查、健康体检等多种方式为居民建立健康档案，对已建档的可以在服务过程中进行记录，并补充相关信息。

3. 已建立居民电子健康档案信息系统的地区应及时为居民建立电子健康档案，及时上传区域人口健康卫生信息平台，规范上报电子健康档案数据。

4. 填写的健康档案相关记录表单由责任人员统一进行汇总和存放（图2-2）。

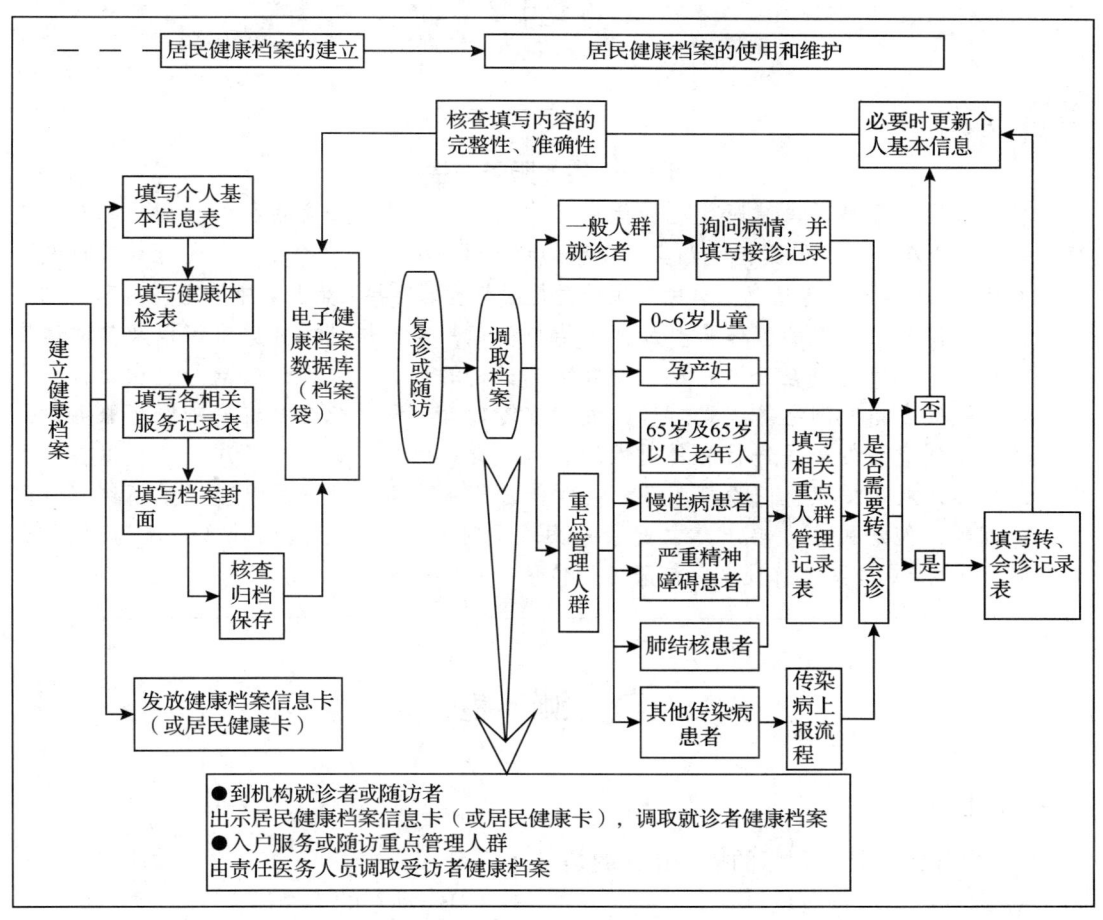

图2-2 居民健康档案管理流程

（摘自《国家基本公共卫生服务规范（2017）》）

(三)居民健康档案的终止和保存

1. 居民健康档案的终止　原因包括死亡、迁出、失访等，均需记录日期。对于迁出辖区的居民，还应记录其迁往地点的基本情况，并做好档案交接记录等。

2. 居民健康档案的保存　纸质健康档案应逐步过渡为电子健康档案。纸质和电子健康档案由健康档案管理单位（即居民死亡或失访前负责管理其健康档案的单位）参照现有规定中病历的保存年限和方式负责保存。

> **知识链接**
>
> **国家基本公共卫生服务**
>
> 实施国家基本公共卫生服务项目是促进基本公共卫生服务逐步均等化的重要内容，建立居民健康档案是该项目的重要内容。基本公共卫生服务项目所规定的服务内容由国家为城乡居民免费提供，所需经费由政府承担，居民接受服务项目内的服务不需要再缴纳费用。各级政府基本公共卫生服务经费补助标准逐年提高。2011—2016年，人均基本公共卫生服务经费补助标准从25元提高至45元，并先后增加了中医药健康管理服务和结核病患者健康管理服务。截止到2023年，基本公共卫生服务经费人均财政补助标准已提高至89元，新增的经费重点支持地方加强对老年人和儿童的基本公共卫生服务。

> **思政园地**
>
> **记录一生，服务一生**
>
> 居民健康档案是居民健康状况的信息库，是陪伴居民生命全过程的全面、综合、连续性的健康资料。居民健康档案翔实、完整地记录了居民人生各个阶段的健康状况以及预防、医疗、保健、康复等信息。居民健康档案是国家基本公共卫生服务中的重要内容之一。
>
> 做好社区健康档案的管理需要加强宣传与教育，提升居民的健康意识以及建立健康档案的意识。可以通过在社区粘贴、发放宣传材料的形式，或通过公众号、微信群、微博、社交媒体、新闻网络等方式对居民进行宣传教育。同时配合社区基础医疗服务，针对社区内不同类型的居民进行有针对性的宣传教育。例如，针对老年居民，可以在小区内组织义诊，或者提供上门诊疗服务。在宣传过程中应避免使居民产生抵触情绪，做到耐心、细致，使居民主动要求建立健康档案。同时应提倡"小病到社区，大病到医院，康复到社区"，使居民了解社区医疗服务的价值。

自 测 题

一、选择题

1. 以下关于社区护理程序的描述错误的是
   A. 以社区为服务对象　　　　　　　　B. 动态的工作过程
   C. 强调个人参与　　　　　　　　　　D. 解决问题有先后顺序
   E. 流行病学是社区护理评估的重要方法
2. 以下不属于社区护理评估方法的是
   A. 观察　　　　　　　　　　　　　　B. 个案研究
   C. 现状调查　　　　　　　　　　　　D. 监测
   E. 分析二手资料
3. 关于社区护理过程评价的描述错误的是
   A. 干预活动是否按计划进行　　　　　B. 经济效益比
   C. 干预活动是否可行　　　　　　　　D. 目标人群对活动的态度
   E. 检查计划执行的情况

4. 制订社区护理计划时需要考虑的内容不包括
   A. 干预措施改善社区人群不良健康行为的有效性
   B. 能否得到政府部门或管理机构的支持
   C. 干预措施控制健康危险因素的有效性
   D. 社区居民的参与程度
   E. 目标人群对活动的态度和满意度
5. 以下不属于社区评估内容的是
   A. 社区基本状况　　　　　　　　B. 社区健康状况
   C. 社区卫生服务情况　　　　　　D. 社区疾病状况
   E. 社区人群认知、态度与行为的改变情况
6. 过程评价的重点是
   A. 评价社区护士是否按照社区护理标准实施社区护理计划
   B. 能及时获得反馈信息
   C. 评价发生在护理活动过程之中
   D. 对计划实施情况所达到的目标的总体评价
   E. 对计划实施情况所达到的指标的总体评价

（7～9题共用备选答案）
   A. 开放式　　　　　　　　　　　B. 探索式
   C. 偏向式　　　　　　　　　　　D. 在一次提问中提出几个问题
   E. 封闭式
7. 护士在所设计的问卷中提问："您对社区控烟计划有什么看法？"采用的提问方式是
8. 护士在所设计的问卷中提问："您为什么不赞成这个控烟计划？"采用的提问方式是
9. 护士在所设计的问卷中提问："您支持控烟计划和控制体重计划吗？"采用的提问方式是

二、简答题
1. 简述健康问题优先排序的原则。
2. 社区护士应如何开展社区护理质量评价？

（刁文华　王海芳）

第三章数字资源

第三章 社区健康教育与健康促进

📖 学习目标

1. 说出健康教育、健康促进的概念。
2. 描述健康相关行为及分类。
3. 能辨识健康教育与健康促进的关系。
4. 能运用健康教育相关理论并将其作为健康教育的行动指南。
5. 能制订健康教育计划，对社区人群进行健康教育活动。
6. 通过在社区健康教育工作中树立疾病健康教育的意识，提升自我健康素养，形成"从我做起"的理念。

社区护理的核心目标是预防疾病、维护和促进社区健康，健康教育和健康促进是达成这一目标的基本途径和措施。通过健康教育和健康促进，可以增强人们的健康意识，帮助个体和群体改变不健康行为和建立健康行为，从而改善健康状况，提高生活质量。因此，健康教育和健康促进对于提高全民健康水平和民族强盛具有重要意义。

知识链接

加强健康教育，提升健康素养

2016—2019年，国家陆续发布了《中国公民健康素养——基本知识与技能（2015年版）》《"健康中国2030"规划纲要》和《健康中国行动（2019—2030年）》等文件，提出了公民需掌握的66条健康知识和理念、健康生活方式与行为及健康基本技能，并将居民健康素养水平纳入健康中国建设的主要指标。健康教育与健康促进是提高全民健康水平的有效途径，是实现健康中国建设目标的重要策略。

📝 案例导入 3-1

某社区卫生服务中心为了提高社区居民的健康素养，开展了一系列健康教育活动，包括为社区居民开设健康讲座、提供健康咨询并开展健康检查等。但是，在实施过程中，也遇到了一些问题。

问题与思考：
1. 如何评估这些健康教育活动的有效性？
2. 如何根据评估结果对健康教育活动加以改进？

第一节 概 述

一、健康教育与健康促进

（一）健康教育的概念

健康教育（health education）是指通过信息传播和行为干预，帮助个体和群体掌握卫生保健知识，树立健康观念，合理利用资源，采纳有利于健康行为和生活方式的教育活动与过程。健康教育的目的是消除或减轻影响健康的危险因素，预防疾病，促进健康，提高生活质量。

健康教育是有计划、有组织、有系统的教育活动。对于健康教育能否消除和减轻行为危险因素，进而降低发病率、伤残率和死亡率，提高生活质量的教育效果，必须进行科学的评价。因此，健康教育又是有评价的教育活动，这就与传统意义上的卫生宣传有着较大的差异。卫生宣传通常仅仅是指卫生知识的单向传播，其特点是：宣传对象比较泛化；不注重信息反馈和行为改变效果；实际效果侧重于改变人们的知识结构和态度。而社区健康教育具有对象明确、以双向传播为主、注重反馈和行为改变效果等优点，是卫生宣传在内容上的深化、范围上的拓展和功能上的扩充。

社区健康教育（community health education）的实质是一种干预，它向社区人群提供行为改变所必需的知识、技术与服务等，使人们在面对健康促进以及疾病预防、治疗和康复等各个层次的健康问题时，在知情同意的前提下，有能力做出行为抉择。卫生宣传是健康教育的重要措施，而健康教育是整个卫生事业的组成部分，也是创造社区健康环境的"大卫生"系统工程的一部分。社区健康教育是以社区人群为教育对象，以促进社区全面健康为目标，有组织、有计划、有评价的健康教育活动。其目的是帮助社区居民树立健康意识，及时发现自身、家庭和社区的健康问题，形成促进健康的行为和生活方式，提高个体、家庭及群体的保健能力和健康水平。社区健康教育作为初级卫生保健的第一要素，是社区护理工作的重点。

（二）健康教育的任务

健康教育需要在卫生行政部门和社区、政府的领导及健康教育专门机构的指导下，在街道办事处、乡镇党政等有关部门的组织协调下开展。健康教育的任务包括以下几方面。

1. **建立或增强个体、社会对预防疾病和维护自身健康状况的责任感** 健康教育者需要帮助人们确定哪些行为有利于健康，哪些行为有害于健康。他们最主要的责任是促进人们自愿采纳健康行为，帮助人们确立对自身和社会健康状况的责任感，以及对预防疾病和维护健康的自我责任感。

2. **促进个体和社会作出明智的决策或选择有利于健康的行为** 健康教育者的目的在于创造一个健康、良好的社会环境，以利于改变某种不健康行为，并尽力提倡自觉、自愿，而不是强制改变。

3. **促进全社会关注健康和疾病预防的问题** 社会决策对人们的健康影响很大，应特别关注社会在维护、促进和改善健康方面的作用。

4. **创造健康的外部环境** 人类的健康与自然和社会环境息息相关，因此，健康教育者必须与通过有关部门相互协调，共同创造一个安全、舒适、愉悦和良好的生活和工作环境。

5. **促进社会主义精神文明建设** 健康教育的重要任务之一是促进社会的文明建设。通过提高全社会文明程度，提倡文明、健康、科学的生活方式，改变不良的社会风俗习惯。

（三）健康促进的概念

健康促进（health promotion）近年来受到广泛重视，其内涵也在不断地完善。1986年，

WHO在加拿大渥太华召开的第一届国际健康促进大会上发表的《渥太华宪章》中指出："健康促进是促使人们提高、维护和改善其自身健康的过程"。健康促进的目的是增强个人和社区控制影响健康的因素的能力，从而改善健康。1995年，WHO西太平洋区域办事处发布的《健康新地平线》中指出："健康促进是指个人与家庭、社区和国家一起采取措施，鼓励健康行为，增强人们改善自身健康能力的过程"。美国学者Lawrence Green对健康促进的定义得到了公认，即健康促进是指一切能促使行为和生活条件向有益于健康的方向改变的教育与环境支持的综合体。其中，环境包括社会环境、政治环境、经济环境和自然环境；而支持是指政治、立法、财政、组织、社会开发等各个系统的支持。

（四）健康促进的任务

《渥太华宪章》中提出了健康促进的五项策略，又称5项行动领域，它们是健康促进的核心。

1. 制定健康公共政策（building health public policy） 健康公共政策是指所有政策领域都必须考虑到健康、和平，并对人们的健康负责，包括法令、条例、制度、规章和规范等，以保护个人、家庭和社区消除或避免各种危险因素，使他们尽早做出有利于健康的选择。

2. 创造支持性环境（creating supportive environment） 是指改善社会生活环境、改善政治生活环境、提供经济保障，营造安全、舒适、满意、愉悦的生活和工作环境，并持续评估不断变化的环境对人们健康的影响，以确保环境向积极、有利的健康方向改善。

3. 强化社区行动（strengthening community action） 健康促进的重点是社区，没有个人和社区居民的参与，就不可能创建和谐、健康的环境。通过具体、有效的社区行动，如确立优先问题、做出决策、制订及实施保健计划等，充分挖掘社区资源和潜能，发挥社区的作用，帮助社区人群认识自身的健康问题，提高社区人群对健康权利和健康责任的认知及意识，从而改善自身健康能力，形成健康的生活方式，提高生活质量和健康水平。

4. 发展个人技能（developing personal skill） 通过学校、家庭、工作单位、社区以及各种团体机构进行健康教育，提供健康信息，增强个人的健康意识，提高个人的生活技能，从而有准备地应对人生发展各个阶段可能出现的健康问题，掌握处理各种慢性病和意外伤害的方法和技能，使人们更有效地控制自身的健康问题及其生存的环境，以支持个人和社会的发展。

5. 调整卫生服务方向（reorienting health service） 调整卫生服务方向是根据新的健康需求，从一种全新的视角调整卫生服务结构和职能的过程。这需要个人、社区组织、卫生专业人员、卫生服务机构、工商机构和政府共同负责，更合理地解决资源配置问题，改进服务的质量和内容，建立一个有利于健康的卫生保健体系，以提高人们的健康水平。

总之，健康促进是新的公共卫生方法的精髓，涉及整体人群的健康和生活的各个方面，而不仅仅局限于疾病预防。因此，健康促进工作的主体不仅仅是卫生部门，而是社会的各个领域和部门，其中既有政府部门，又有非政府组织。健康促进需要个体、家庭、社区和各种群体有组织地积极参与。健康促进需要通过多学科、多部门、多手段来维护和促进健康，这些手段包括传播、教育、立法、财政投入、组织改变、社区开发以及群众自发地维护自身健康的活动。健康促进直接作用于影响健康的各种因素，包括社会行为、生态环境、生物因素和卫生服务等。健康促进是建立在全面健康的基础上，强调健康—环境—发展三者的整合。

（五）健康促进与健康教育的关系

1. 健康促进的含义比健康教育更为广泛 健康促进涉及整体人群和人们社会生活的各个方面，与广泛的、多样性的活动有关，包括消除或减轻影响健康的因素（如体重控制、压力调适、戒烟等）、健康风险评估和健康检查等。

2. 健康促进将客观支持与主观参与融为一体 客观支持包括政策和环境支持，主观参与则强调个人与社会的参与意识和参与程度。健康促进不仅包括健康教育的行为干预内容，同时还强调行为改变所需要的组织支持、政策支持、经费支持等各项策略。

3. 健康教育与健康促进是不可分割的整体　它们共同构成了推动全球卫生事业发展的强大动力。两者可以产生协同效应，当人们通过健康教育获得知识，并且处于一个通过健康促进建立的支持性环境中时，他们就会更有可能采取健康行为。

 考点

健康促进与健康教育的关系。

二、健康教育与健康促进相关理论

（一）行为

行为（behavior）是指具有认知、思维能力并有情感、意志等心理活动的人对内外环境因素刺激所做出的能动反应。行为可能是外显的，也可能是内隐的。外显行为可以被他人直接观察到，如言谈举止；内隐行为则是不能被直接观察到的行为，如情绪、意识等；通过观察人们的外显行为可以间接了解其内隐行为。外显行为和内隐行为均可对人们的健康产生影响。

行为由以下 5 个基本要素构成：

1. 行为主体　即做出行为的人。
2. 行为客体　即人的行为所指向的目标。
3. 行为环境　即行为主体与行为客体发生联系的客观环境。
4. 行为手段　即行为主体作用于行为客体时的方式、方法及所应用的工具。
5. 行为结果　即行为对行为客体所产生的影响。

（二）健康相关行为

健康相关行为（health-related behavior）是指个体或群体与健康相关的行为。健康相关行为可分为促进健康行为和危害健康行为两大类。

1. 促进健康行为　促进健康行为（health promoted behavior）是指个体或群体表现出的、客观上有益于自身和他人健康的行为。促进健康行为具有以下几种特点。

（1）有利性：行为有利于自身和他人健康。

（2）规律性：行为表现规律，而非偶然行为。

（3）和谐性：个体的行为表现具有个性，同时又能与其所处的环境保持和谐。

（4）一致性：个体外在的行为表现与其内在的心理活动和情绪一致，两者没有冲突。

（5）适宜性：个体能理性控制自身的行为，且行为强度适宜。

2. 促进健康行为的分类

（1）日常健康行为：是指日常生活中有益于健康的基本行为，如合理营养、规律作息、进行适当的身体活动等。

（2）避开环境危害行为：是指避免暴露于自然环境和社会环境中有害健康的危险因素。例如，脱离被二手烟污染的环境、在有污染的环境中工作时穿戴防护用具、积极应对引发心理应激的紧张生活事件等。

（3）戒除不良嗜好行为：不良嗜好是指对健康有危害的个人偏好，如吸烟、酗酒及滥用药品等。戒烟，戒毒，戒除酗酒、滥用药品、网络成瘾等行为均属于戒除不良嗜好行为。

（4）预警行为：是指对可能发生危害健康的事件采取预防措施（如驾车时系好安全带），从而预防事故的发生，以及能在事故发生后及时采取正确的处置行为，如溺水、车祸、火灾等意外事故发生后的自救和他人救援行为。

（5）合理利用卫生服务：是指有效、合理地利用现有卫生保健服务，以实现三级预防，维护自身健康的行为，包括定期体检、预防接种、患病后及时就诊、遵从医嘱、配合治疗和积极康复等。其中，求医行为（health-seeking behavior）是指人们感到不适，或察觉到自己患有疾病时，主动寻求科学的医疗帮助的行为。遵医行为（compliance behavior）是指个体在确诊患有疾病后，积极遵从医嘱进行检查、用药并配合治疗的一系列行为。

> **考点**
>
> 促进健康行为的分类及特点。

3. 危害健康行为　危害健康行为（health-risky behavior）是指偏离个人、他人甚至社会的健康期望，客观上不利于健康的一组行为。危害健康行为具有以下几种特点。

（1）潜伏期长：不良生活行为方式形成以后，一般要经过相当长的时间才会对健康产生影响，进而致病。这一特点使得人们不易发现并理解不良生活行为方式与疾病的关系，加之行为具有习惯性，改变难度较大。但从另一个角度来看，这也使人们有充足的时间采取干预措施，以阻断不良生活行为方式对健康的危害。

（2）特异性低：与致病行为模式的特异性不同，不良生活行为方式与疾病之间没有明确的对应关系，表现为一种不良生活行为方式与多种疾病和健康问题有关，而一种疾病或健康问题也可能与多种不良生活行为方式有关。例如，吸烟与肺癌、冠心病、高血压等多种疾病有关；而高血压与吸烟、高盐饮食、缺乏锻炼等多种不良生活行为方式有关。

（3）变异性强：不良生活行为方式对健康的危害大小、发生时间早晚存在着明显的个体差异。例如，有的人吸烟会导致肺癌，而有的人也同样有此不良生活行为方式，但没有罹患肺癌。此外，即使是同时开始某种不良生活行为方式，并以同样的量进行相同的时间，不同个体的结果也不尽相同。

（4）协同作用强：当多种不良生活行为方式同时存在时，各行为因素之间可以协同作用、相互加强，这种协同作用最终产生的危害将超过单个因素作用之和。

（5）习得性：危害健康行为都是在个体后天的生活经历中通过学习形成的，故又称为自我制造的危险行为。

4. 危害健康行为的分类

（1）不良生活方式与习惯：持续的定势化的行为方式称为习惯，日常生活和职业活动中的行为习惯及其特征称为生活方式（life style）。不良生活方式则是一组习以为常的、对健康有害的行为模式，包括可导致各种成年期慢性退行性病变的生活方式，如吸烟、酗酒或缺乏运动锻炼等。不良生活方式与肥胖、心血管系统疾病、癌症等疾病的发生密切相关。其对健康的影响具有潜伏期长、特异性低、协同作用强、个体差异大、广泛存在等特点。

（2）致病行为模式：致病行为模式是导致特异性疾病发生的行为模式，国内外研究得较多的是 A 型行为模式和 C 型行为模式。

A 型行为模式是一种与冠心病密切相关的行为模式，表现为争强好胜，工作节奏快，有时间紧迫感；警戒性和敌对意识较强，勇于接受挑战并主动出击，然而一旦受挫，就容易缺乏耐心。A 型行为模式又称为冠心病易发性行为模式。研究表明，具有 A 型行为模式的个体冠心病发生率、复发率和死亡率均显著高于其他行为模式的个体。

C 型行为模式是一种与肿瘤发生有关的行为模式，其核心行为表现是过分压抑情绪和自我克制，怒而不发，表面隐忍而内在情绪起伏大。C 型行为模式又称为肿瘤易发性行为模式。研究表明，具有 C 型行为模式的个体宫颈癌、胃癌、结肠癌、肝癌、恶性黑色素瘤发生率较其他人高 3 倍左右。

（3）不良疾病行为：疾病行为是指个体从感知到自身患有疾病到疾病康复全过程所表现出的一系列显示自身病感的行为。不良疾病行为常见的表现形式有：疑病、焦虑、恐惧、讳疾忌医、不及时就诊、不遵从医嘱、迷信甚至自暴自弃等。

（4）违规行为：是指违反法律法规、道德规范并危害健康的行为，如药物滥用等。违规行为既直接危害行为者的个人健康，又严重影响社会健康与社会秩序。

考点

危害健康行为的分类及特点。

（三）健康相关行为改变的理论

在众多健康相关行为理论中，不同的理论从不同的视角分析了健康相关行为改变的影响因素和变化规律。以下主要介绍知-信-行模式（knowledge-attitude/belief-practice model，KABP model/KAP model）、健康信念模式和行为改变阶段模式。

考点

健康相关行为改变的理论。

1. 知-信-行模式　知-信-行模式是改变人类健康相关行为的模式之一（图3-1）。该模式将人类行为的改变分为获取知识、产生信念和形成行为三个连续的过程，可用公式表示为：

知识 → 信念 → 行为

信息 → 知识 → 信念 → 行为 → 促进健康

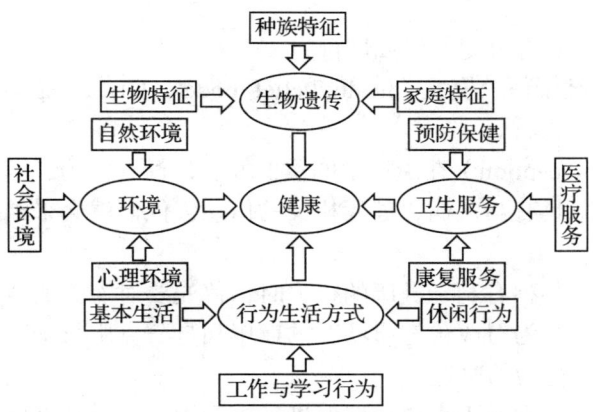

图 3-1　知-信-行模式示意图

知-信-行模式认为，卫生保健知识和信息是建立积极、正确的信念与态度，进而改变健康相关行为的基础，而信念和态度则是行为改变的动力。只有当人们了解有关的健康知识，建立起积极、正确的信念与态度时，才有可能主动形成有益于健康的行为，改变危害健康行为。知-信-行转变的心理过程如图3-2所示。

根据知-信-行模式可知，知识是基础，信念是动力，行为的产生和改变是目标。人们通过学习获得相关健康知识和技能，逐步形成健康信念和态度，从而促成健康行为的产生。

以戒烟过程为例：为改变某人的吸烟行为，使其戒烟，首先应使其了解吸烟的危害和戒烟的益处，并掌握戒烟的方法；继而使吸烟者形成吸烟危害健康的信念，产生自觉、自愿戒烟的

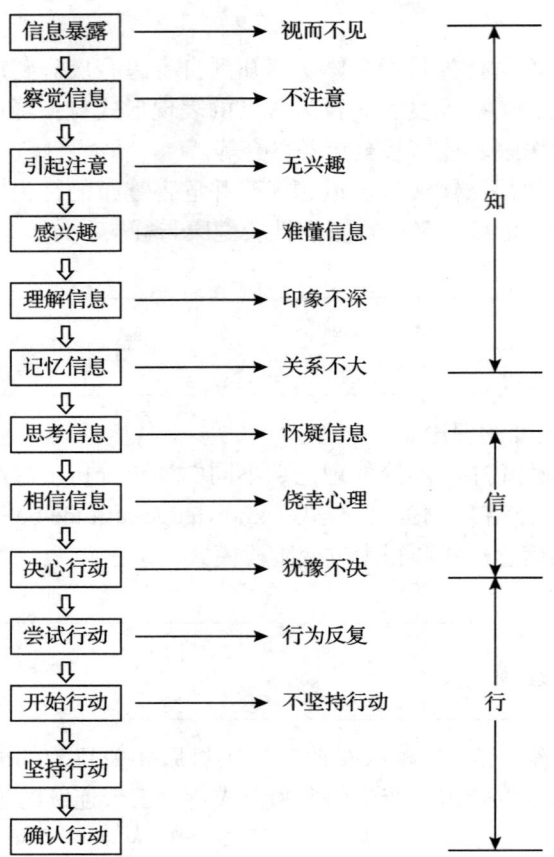

图 3-2 知 - 信 - 行转变的心理过程示意图

积极态度;最终,戒烟者才有可能产生戒烟行为。

2. 健康信念模式　健康信念模式(health belief model,HBM)是运用社会心理学的方法解释健康相关行为的理论模式。

该模式强调感知(perception)在决策中的重要性。该模式认为,信念是人们采纳有利于健康行为的基础。人们如果具有与疾病、健康相关的信念,他们就会采纳有利于健康的行为,改变危险行为。

人们在决定是否采纳某种有利于健康的行为时,首先要对疾病的威胁进行判断,其次对预防疾病的意义、采纳健康行为对改善健康状况的期望和自身克服行动障碍的能力做出判断,最后才会做出是否采纳健康行为的决定。

根据健康信念模式,人们是否采取某种促进健康行为或戒除某种危害健康行为,与下列因素有关。

(1)认识到某种疾病或危险因素的严重性和易感性

1)对疾病严重性的认识:是指个体对罹患某种疾病严重性的看法,包括人们对疾病引起的临床后果(如死亡、伤残、疼痛等)的判断,以及对疾病引起的社会后果(如失业、家庭矛盾等)的判断。

2)对疾病易感性的认识:是指个体对罹患某种疾病可能性的认识,包括对医生判断的接受程度和自身对疾病发生、复发可能性的判断等。

(2)认识到采纳或戒除某种行为的益处和障碍

1)对行为有效性的认识:是指人们对采取或放弃某种行为后,能否有效降低患病危险性或减轻疾病后果的判断，如减缓病痛等。只有认识到自身的行为有效时，人们才会自觉地采纳或戒除某种行为。

2）对采纳或戒除某种行为所遇障碍的认识：是指人们对采纳或戒除某种行为所遇到困难的认识，如费用高低、痛苦程度等。只有对困难具有足够的认识并做好充分的心理准备，才能有效地采纳或戒除某种行为。

（3）自我效能：是指个体对自己的行为能力的评价和判断，相信自己能通过努力克服障碍而完成某种行为，到达预期结果。

（4）提示因素（cues to action）：是指诱发健康行为发生的因素，如大众媒介的疾病预防与控制运动、医生建议采纳健康行为、家人或朋友患有此种疾病等都有可能作为提示因素，诱发个体采纳健康行为。提示因素越多，个体采纳健康行为的可能性越大。

（5）社会人口学因素：包括个体特征，如年龄、性别、民族、人格特点、社会阶层、同伴影响，以及个体所具有的疾病与健康知识。了解相应卫生保健知识的个体更容易采纳健康行为。

健康信念模式在社区健康教育中的应用非常广泛。应用该模式时，需要着重解决以下几个关键问题：①使行为主体觉察到疾病的威胁以及疾病的严重性，并认识到采取健康行为的益处和可能遇到的障碍；②设计激发事件，从而创造行为线索；③提高行为主体的自我效能感，保证行为的持续性。

健康信念模式的应用举例（如图3-3）：

张爷爷今年60岁，近期进行健康体检时发现患有高血压。由于他长期饮食口味较重，喜食口味偏咸的食物，所以医生建议他减少每天的钠盐摄入量。如果他认识到自己口味较重的饮食习惯可导致高血压（感知到疾病的易感性），高血压可能导致脑卒中，而脑卒中可能导致严重的后遗症甚至死亡（感知到疾病的严重性），他才会相信控制钠盐摄入对控制血压有好处（知觉到益处）；同时，他认为改掉多年来形成的饮食习惯很难（感知到采纳健康行为的障碍），但他相信自己通过努力可以逐渐做到饮食清淡（自我效能感）。在这种情况下，医生的建议（提示因素）有助于他做出减少钠盐摄入量的决定。综合以上因素，张爷爷可能会逐渐采取低钠、低盐饮食行为。

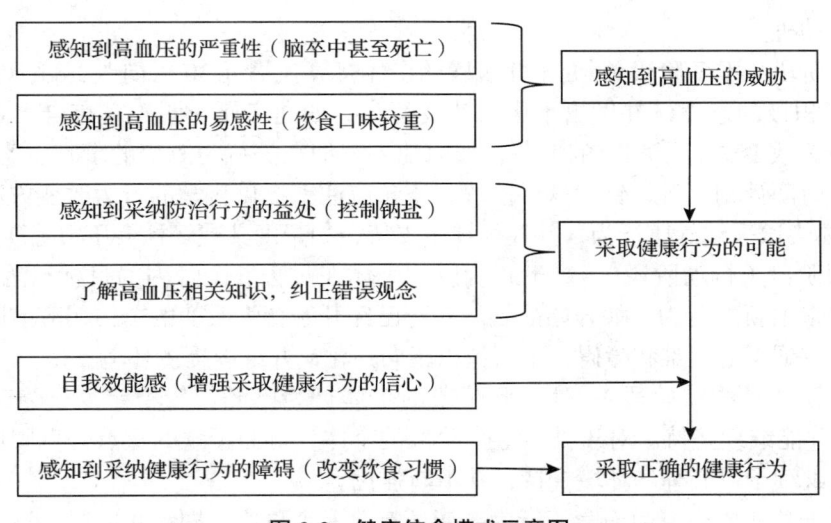

图3-3 健康信念模式示意图

3. 行为改变阶段模式　20世纪80年代初由Prochaska和Diclemente提出，最初主要应用于吸烟行为的干预，之后扩展至不健康饮食行为干预、获得性免疫缺陷综合征预防等行为问题的研究和干预。该模式认为，个体的行为改变是一个过程而不是一个事件，需要经过几个阶段，而且每个改变行为的个体都有不同的心理需要和动机。只有针对个体不同阶段的需要提供不同的干预帮助，才能促使教育对象向下一阶段转变，最终采纳有利于健康的行为。

在行为改变阶段模式中，行为改变的心理发展过程可分为5个阶段（图3-4）。对处于不同行为改变阶段的个体，促使其向下一阶段改变的干预策略也有所差异。

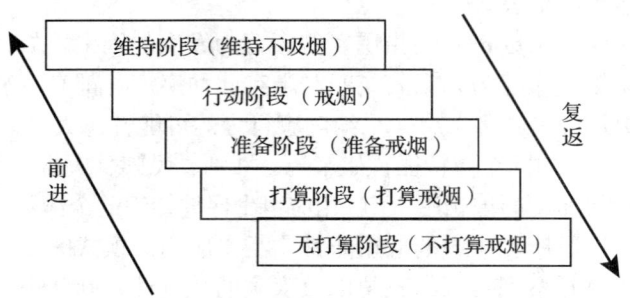

图3-4　行为改变阶段模式示意图（以吸烟为例）

（1）第一阶段（无打算阶段）：处于此阶段的个体在最近6个月内没有打算改变自己的行为，或者有意坚持不改变。处于此阶段的个体没有意识到自身行为可能导致的健康问题，或以前尝试过改变但未成功，就觉得自己没有能力改变。例如，个体没有认识到吸烟对自身的健康造成危害，从未考虑过戒烟，或戒烟未成功。对于此阶段的行为干预要点是提供信息，例如向个体介绍吸烟的危害，提高其对吸烟危害的认识，促使其产生戒烟愿望，唤醒其对戒烟必要性的认识。

（2）第二阶段（打算阶段）：处于此阶段的个体打算在最近6个月内采取行动，改变疾病危险行为。个体已经意识到问题的存在，即开始关注健康，但又存在侥幸心理或存在改变行为的障碍，在益处和障碍之间进行权衡，处于犹豫不决的矛盾状态。例如，个体对吸烟的危害将信将疑，对是否戒烟犹豫不决。针对这一阶段，行为干预必须能进一步提高个体的认知，激发其改变行为的动机。

（3）第三阶段（准备阶段）：处于此阶段的个体打算在最近30天内改变行为。个体对于行为改变已经有积极的态度，并做出承诺要改变行为，如向亲属、朋友宣布自己要改变某种行为，并且为行为改变进行了相应的准备，如向他人咨询有关行为改变的事宜、购买相关书籍、制订行为改变时间计划表等。针对这一阶段，干预应注重提供科学的行为改变方法（如戒烟方法），鼓励个体尝试采纳健康行为，并提供环境支持，如帮助其减轻社会压力等。

（4）第四阶段（行动阶段）：处于此阶段的个体在过去6个月内的目标行为已有所改变。个体已经开始采纳新的行为，如开始戒烟。对于已经开始行为改变的个体，应鼓励和帮助其克服行为改变（戒烟）的困难和障碍，不断施以正向强化，并继续提供环境支持。

（5）第五阶段（维持阶段）：处于此阶段的个体行为已经比较稳定，行为改变已经达到6个月以上，并能继续坚持。对于处在这个阶段的个体，行为干预的重点是巩固成果，防止复发，因此需要继续予以心理、环境支持，并不断强化。

此外，对于某些成瘾行为而言，行为改变还有第6个阶段，即终止阶段。这一阶段的表现是，个体对于行为改变的维持具有高度自信，能经得住诱惑，坚持不发生复返现象。虽然行为改变阶段模式将行为改变划分为不同的阶段，但这并不意味着行为改变是一种单向的线性变化，而是一种螺旋式的改变模式。

> **思政园地**
>
> **健康饮食，快乐成长**
>
> 目前，小学生的健康饮食问题已成为社会关注的焦点。许多小学生存在挑食、偏食和过度摄入高糖、高脂食物等不良饮食习惯，这不仅会影响他们的身体健康，还会对成长发育造成潜在的威胁。学校应向学生详细介绍各种食物的营养成分和作用，并指导学生均衡膳食、合理营养。学生应通过学习了解健康饮食的科学原理及方法，认识到健康饮食的重要性。通过开设健康讲座，引导学生主动选择健康食物，提高自我保健能力，树立正确的价值观和道德观，培养良好的饮食习惯。

第二节　社区健康教育

一、社区健康教育的对象、策略和形式

（一）社区健康教育的对象与策略

社区健康教育的对象是社区的个体和群体。对个体进行健康教育主要是通过家庭访视和居家护理指导，以及在社区卫生服务中心（站）予以指导来实施。群体健康教育是社区健康教育最常用的形式，教育对象是有同种健康问题的群体或某一特定团体，可通过社区健康知识讲座、孕妇学校、老年大学以及具有相同健康问题的患者和家属间的交流等多种形式对群体进行健康教育。健康教育的对象不同，教育的侧重点也会有所不同。社区健康教育对象主要分为以下几种。

1. 健康人群　健康人群一般在社区所占比例最高，他们由各个年龄段的人群组成。此类人群对健康教育的需求较少，他们往往会认为疾病与自己关系不密切，往往不会积极参与健康教育活动。

对于此类人群，健康教育主要侧重于介绍卫生保健知识。其目的是帮助他们维持良好的生活方式并保持健康，远离疾病。同时也应当提醒他们对一些常见疾病提高警惕，切勿忽视疾病的预防及早期诊断。

2. 具有某些致病危险因素的高危人群　主要是指那些目前尚健康，但本身存在某些致病因素或不良行为及生活习惯的人群，如具有高血压、糖尿病、乳腺癌等家族史的人群、具有不良行为及生活习惯（如高盐、高糖和高脂饮食，以及吸烟、酗酒）的人群。

此类人群中可能有一部分人会对疾病产生恐惧，可能由于具有疾病家族史而过分焦虑，甚至忧心忡忡；同时，也可能有部分人对自身的不良行为或生活习惯不以为然，认为健康教育是老生常谈，甚至是小题大做或故弄玄虚。

针对此类人群，健康教育应侧重于介绍疾病预防知识、方法和技能，可以帮助他们掌握一些自我保健技能，如乳房自我检查及一些常见疾病的早期自我监测等；或帮助他们自觉地纠正不良行为及生活习惯，积极消除致病因素。

3. 患病人群　包括各种急、慢性疾病患者。根据疾病的分期，可将此类人群分为四种，即临床期患者、恢复期患者、残障患者及临终患者。

临床期患者、恢复期患者和残障患者通常对健康教育都比较感兴趣，他们都会不同程度地渴望早日摆脱疾病、恢复健康。因此，对于这三类患者，健康教育应侧重于介绍康复知识，以帮助他们积极地配合治疗，自觉地进行康复锻炼，从而减少残障，加速康复。

对于临终患者的健康教育实质上是死亡教育，其目的是帮助他们科学、正确地认识和对待死亡，以减少对死亡的恐惧，尽可能轻松、安宁地度过人生的最后阶段。

4. 患者家属及照顾者　患者家属及照顾者与患者接触的时间最长，他们中的一部分人往往因长期护理而产生心理和躯体上的疲惫感。因此，对他们进行健康教育是有十分必要的。

对于此类人群，健康教育应侧重于介绍养病知识、自我监测技能及家庭护理技能。其目的是：一方面提高他们对家庭护理重要性的认识，以坚定持续治疗和护理的信念，并指导他们掌握家庭护理的基本技能，从而科学地护理、照顾患者；另一方面指导他们掌握自我保健的知识和技能，在照顾患者的同时维持和促进自身的身心健康。

（二）社区健康教育的形式

社区健康教育的形式应根据教育的具体内容以及教育对象的文化程度、认知水平和学习特点等进行选择与确定，目的是使健康教育达到良好的效果，并迅速普及。社区健康教育最常用的形式主要有以下几种。

1. 语言健康教育　语言健康教育又称口头健康教育，即通过语言交流和沟通，有技巧地讲解健康知识，以增长社区居民的有关健康知识，是健康教育最基本和最主要的方式，主要包括交谈、健康咨询、专题讲座、小组讨论等。

（1）交谈：即通过面对面谈话传递信息，并进行指导，是家庭访视和个体健康教育的基本形式。

（2）健康咨询：即以面对面或电话的方式解答教育对象提出的有关疾病、健康及生活中的各种疑问，帮助他们消除疑虑，并做出行为决策，以维护和促进身心健康。

（3）专题讲座：由专业人员就某一专题进行系统的知识传播，这种方式的专业性、系统性和针对性均较强，目的明确，内容突出，适用于社区重点人群的系统化健康教育。

（4）小组讨论：由健康教育者组织、指导与协调，以小组的形式就教育对象共同的学习需求或相似的健康问题进行交流、探讨，以达到共同提高问题解决能力的目的，特别适用于进行技能训练和行为改变。

2. 文字健康教育　是指利用各种文字传播媒介和社区居民阅读的方式来达到健康教育目的的一种方法，包括使用卫生标语、卫生宣传单、卫生手册、卫生墙报或专栏、卫生报刊或画报等。

（1）卫生标语：如大横幅、招牌标语和条幅标语等，是一种适用于各种场合的宣传形式，具有形式简单、制作方便、内容简练、意义明确、易于记忆、号召力强、鼓励性强等特点。

（2）卫生宣传单：是指针对居民的需要，采用单页的文字或美术宣传品详尽地阐述某一问题。其优点是可以大量印刷，广泛散发。

（3）卫生手册：是指组织专业人员编写，用大众化的语言将一般的健康教育内容进行陈述和解释，并印刷成册的资料，可帮助社区居民掌握有关的健康保健知识和技能。卫生手册便于保存，并且可以反复使用。

（4）卫生墙报或专栏：是将大量健康教育信息凝练成短小、精悍的科普文章，并展示在黑板、展牌或灯箱等设施上。其制作简便、更新容易、形式多样、内容丰富、图文并茂，易于被广大居民所接受。

（5）卫生报刊或画报：定期出版和发行，信息量大，综合性强，是社区居民学习健康知识和了解健康信息的常用形式。

3. 形象化健康教育　常以图片、照片、标本、模型、演示等形式展示或传递健康信息。其特点是形象、生动、直观、真实，常与文字健康教育形式相结合，以加强健康教育的效果。

4. 电化健康教育　包括广播、电视、电影、录音、录像、幻灯、投影等电化材料，可以发挥视听并用的优势，尤其适用于进行操作技能的演示。

5. 网络健康教育　是指通过网络进行健康信息传播的一种健康教育形式。利用微信公众号，可以将健康教育内容以文字、声音、图像的形式或将三者结合起来进行传播，具有信息资源丰富，传播速度快、范围广，效果好等优点，可以随时为社区居民提供各种健康保健知识。

以上社区健康教育形式的特点各有不同，在实际应用中各有其优、缺点。因此，应当根据健康教育的对象、所处地区、目的和特点选择适宜的健康教育形式。

 课堂互动

各种社区健康教育形式的优、缺点有哪些？

（三）社区健康教育的原则

健康教育是一种有目的、有计划、有组织的社会教育活动。针对不同的目标人群，应采用不同的策略和方法。例如，对一般群众可通过大众媒介、宣传周或宣传日、社区健康教育讲座等形式宣传卫生保健知识；对在校学生则可设置相应的健康教育课程等。开展健康教育时，应遵循以下几个原则：

1. 科学性　健康教育内容要有科学性，要立足于科学。无论是正面宣传，还是反面举例，都要实事求是，引用的资料应准确无误。

2. 针对性　健康教育的内容应具有针对性，应根据不同的教育对象进行有针对性的健康教育。应详细了解目标人群的卫生保健需求及其年龄、性别、职业、文化程度和心理状态等，对不同的人群应选择不同的教育内容和方法，以便做到有的放矢，达到预期效果。

3. 实用性　在进行健康教育的过程中，应注重健康教育技术、方法的实用性和可行性。应根据目标人群的实际情况，采取切实可行的教育措施，使健康教育活动取得切实的效果。

4. 群众性　健康教育是以人群为对象、以健康为中心的教育活动，应鼓励广大群众积极参与，争取与社会各部门和团体合作，这样才能持续开展健康教育并取得理想的效果。健康教育的内容应满足不同人群的需要，并且应做到通俗易懂、深入浅出，在形式上应使群众易于接受、喜闻乐见。

5. 艺术性　健康教育若具有一定的艺术感染力，则可使其社会效益达到最大化。因此，可以根据不同对象的兴趣爱好、心理特点以及自我保健需求等，将健康教育内容进行适当的艺术加工，通过直观、形象的视听电化教育等形式，提高人群对健康教育的参与程度。

二、社区健康教育的程序

社区健康教育是指以社区为单位，以社区人群为教育对象，以促进社区居民健康为目标而进行的有组织、有计划、有系统、有评价的健康教育活动。其目的是帮助社区居民树立健康意识，及时发现自身、家庭和社区的健康问题，形成促进健康的行为和生活方式，提高个人、家庭及群体的卫生保健能力和健康水平。与应用护理程序开展临床护理一样，社区健康教育的程序也包括评估、诊断、计划、实施及评价5个基本步骤。

（一）社区健康教育评估

进行社区健康教育评估，即收集资料。社区健康教育评估是指社区健康教育者或社区护士通过各种方式收集有关健康教育对象的资料，为开展健康教育提供依据，是进行社区健康教育工作的第一步。

1. 评估内容　资料的收集主要包括以下几方面内容。

（1）社区一般资料：包括社区人口数量、年龄结构、性别比例、民族、职业、出生率、死亡率、学历、婚姻状况、家庭情况和文化特点等；社区人群各种疾病的发病率和病死率；卫生服务机构的地理位置以及社区卫生服务设施利用情况等。

（2）教育对象的生理状况：包括身体状况及生物遗传因素。

（3）教育对象的心理状况：包括学习的愿望、态度及心理压力等。

（4）教育对象的生活方式：包括吸烟、酗酒、饮食、睡眠、性生活、体育锻炼等生活习惯和行为方式。

（5）教育对象的学习能力：包括文化程度、学习经历、学习特点及学习方式等。

（6）教育对象的生活、学习及社会环境：包括职业、经济收入、住房状况、交通设施、学习条件、家庭人口及类型、人际环境及自然环境等。

2. 评估方法　社区护士应针对不同的对象采取不同的评估方法。常用的评估方法有直接评估法和间接评估法两种。

（1）直接评估法：包括观察、面谈、问卷等方法。

（2）间接评估法：主要是询问亲朋好友、查阅有关档案资料和流行病学调查等方法。

（二）社区健康教育诊断

进行社区健康教育诊断，即确定问题。社区健康教育诊断是指社区健康教育者或社区护士通过对评估阶段收集的资料进行认真分析、归纳、推理和判断，从而确定教育对象现存或潜在的健康问题及相关因素，为确定教育目标做准备。社区健康教育诊断可以分为以下几个步骤：

1. 列出教育对象现存或潜在的健康问题　教育者应根据收集到的资料，找出教育对象现存和可能出现的健康问题。例如，对社区群体进行资料收集后发现，中年男性存在高血压、高血脂、肥胖、糖尿病以及心脑血管疾病等健康问题。

2. 分析健康问题对教育对象的健康构成的威胁程度　即教育者将列出的健康问题按其严重程度加以排序。例如，社区老年男性慢性病发病率排序：心脏病发病率居第一位，脑卒中发病率居第二位，糖尿病发病率居第三位。

3. 筛选出可通过健康教育解决或改善的健康问题　对于列出的所有健康问题，教育者应排除由生物遗传因素所导致的健康问题，并挑选出由行为因素导致的、可以通过健康教育改善的健康问题。例如，除遗传性心脏病患者外，对其他类型的心脏病均可以通过健康教育加以预防，或改善患者的病情。

4. 分析开展健康教育所具备的能力及资源　是指教育者对社区内及社区自身所具备的开展健康教育的各种人力、物力资源及能力进行分析，从而决定可以开展的健康教育项目，并根据实际情况开展健康教育活动。

5. 找出与健康问题相关的影响因素　包括与健康问题相关的行为因素、环境因素和促进行为改变的相关因素。例如，心脏病的相关因素有高血压、高血脂、肥胖、性格暴躁、工作压力大、缺乏运动、饮食不合理等。促进行为改变的相关因素是患者自身有改变现状的信心和决心，同时得到家人的关心和支持。

6. 确定健康教育的优先项目　优先项目是指真实地反映社区居民最关心的健康问题，以及反映各种特殊人群存在的特殊健康问题，并且通过干预能获得最佳效果的项目。

根据上述健康教育诊断，可以提出社区需要解决的主要健康问题或行为问题。然后，应结合社区资源、可利用的卫生服务、各级卫生人员的分布情况、各种疾病的影响程度等情况进行综合考虑，制订社区健康教育计划。

（三）制订社区健康教育计划

完成社区健康教育诊断后，即可制订社区健康教育计划。为了有效地实施社区健康教育计划，社区护士应与其他社区卫生服务人员、社区基层组织领导及教育对象共同协商。制订社区健康教育计划时，一定要以教育对象为中心。

1. 制订社区健康教育计划的原则

（1）参与性原则：制订社区健康教育计划时，只有把计划的目标和目标人群关注的问题紧密结合起来，才能吸引群众参与，并得到群众的支持，从而达到预期效果。应力争做到让社区群众早期参与社区需求分析，准确确定优先项目并制订目标，鼓励社区干部和群众积极参与社区健康教育计划的制订以及各项工作活动，这是保证项目成功的一个重要原则。

（2）目标原则：社区健康教育计划的制订必须自始至终坚持以正确的目标为导向，使计划制订活动紧密围绕目标开展，以保证计划目标的实现。所要达到的目标必须是明确的和可以测量的。

（3）重点突出原则：健康教育与健康促进计划通常是指某一具体项目，如"预防未成年人吸烟健康教育与健康促进计划""预防艾滋病健康教育与健康促进计划"等。计划的目标需要十分明确。计划的重点必须突出，切忌面面俱到。如果计划没有重点或重点不突出，则会造成干预分散，导致有限的资源不能集中利用而使计划失败。没有重点的计划目标也必然含糊不清，同时会浪费有限的资源、时间和精力，最终也难以进行评价。因此，制订健康教育与健康促进计划时，必须坚持重点突出的原则。

（4）从实际出发原则：制订社区健康教育计划时，应当从实际出发，既要借鉴历史经验与教训，又要进行周密、细致的调查研究，因地制宜地制订计划。同时，需要了解目标人群的健康问题、文化水平、思想观念、经济状况、风俗民情、生活习惯等一系列客观资料，实行分类指导，提出真正符合实际并具有可行性的社区健康教育计划。

（5）弹性原则：制订社区健康教育计划时，应尽可能预测计划实施过程中可能发生的情况，并预先制定应对策略，以确保计划的顺利实施。但弹性并不等同于随意性，即不能随意更改计划，只有经过科学的评价和实事求是的反馈，确认有修改计划的客观指征，认为确实有修改的必要时，才能由计划制订者进行修改。

（6）前瞻性原则：所有的计划都是面向未来的，因此，计划制订者要有一定的预测和把控能力。计划的制订和执行都要考虑长远的发展和要求。健康教育与健康促进计划应当体现一定的先进性或超越性，如果目标要求过低，则会使计划丧失激励功能和指导、规划作用，也无法起到优化资源的效果，更无法以最小的投入获得最大限度的产出效果。

2. 确定优先项目　确定优先项目的重点是真实反映社区存在的群众最关心的健康问题，以及反映各种特殊人群存在的特殊健康问题，确定最重要、最有效、人力和资金投入最少而能获得最高效益的项目。当同时存在几个主要健康问题时，确定优先项目的原则包括以下几方面。

（1）重要性：主要是指疾病或健康问题的频度和危害程度。可以通过分析社区人群的发病率、病残率、死亡率以及疾病或健康问题造成的经济负担、社会负担、康复成本和经济损失等来确定项目的重要性。

（2）有效性：主要是指疾病或健康问题是否能够通过健康教育手段得以解决。实施干预后，是否能取得明显的效果和社会效益。

（3）可行性：主要是分析社会以及政策对疾病或健康问题干预的支持力度和有利条件，包括领导的支持、社会有关部门的配合、人力、物力、技术支援条件，特别是经济支持；以及健康教育是否会得到社区人群，尤其是干预对象的支持和赞同。

3. 确定社区健康教育计划的目标　当项目确定后，就需要针对项目计划干预的内容，确定干预人群、范围、计划所要达到的目标以及为实现目标要求而设定的各项指标。

（1）制订目标：目标是健康教育计划活动的总方向，即在执行计划后，预期要达到的理想结果。目标一般是比较宏观、笼统、长远的，它只是给整个计划提出一个总体上的要求或努力的方向。例如：通过戒烟项目计划的实施，社区内的吸烟人数减少，吸烟率降低，与吸烟有关的慢性病发病率得到控制。

（2）设定指标：指标即具体的目标，是目标要达到的具体结果，是明确的、具体的、可测量的而又必须达到的指标。指标包括5个要素：对象是谁？应当发生什么变化？作用多长时间？变化程度如何？如何测量这种变化？一项健康教育计划通常包括三方面的指标，即教育指标、行为指标和健康指标。

1）教育指标：是指为实现行为改变所应具备的知识、态度、信念和技巧等，是反映健康教育计划近期干预效果的指标。例如：实施围产期保健健康教育计划1年后，知识方面，100%的孕妇能说出产前检查的益处；信念方面，100%的孕妇相信她们可以对孩子进行母乳喂养；技能方面，100%的产妇能够掌握母乳喂养技巧。

2）行为指标：是指实施健康教育计划后，干预对象行为变化的指标，也是反映计划中期效果的指标。例如：实施母乳喂养健康教育计划2年后，社区90%的产妇实现母乳喂养。

3）健康指标：是指通过健康教育计划的实施，反映干预对象健康状况改善情况的指标。由于干预对象的健康状况改变往往需要较长的时间，所以健康指标通常反映的是远期效果，包括发病率降低、健康水平和生活质量提高、平均期望寿命提高等。例如：执行控烟健康教育计划3年后，社区内35岁以上的居民高血压患病率由12.65%降至8%以下。

一项健康教育计划应该设定什么指标以及指标的数量，目前还没有统一的规定，而且并非所有计划都要具备教育指标、行为指标和健康指标。应根据计划的内容、对象、时间以及期望产生的效果而定。

> **考点链接**
>
> "执行健康教育计划1年后，社区35岁以上成人首诊测量血压率达到80%"属于
> A. 总体目标　　　　　B. 过程目标　　　　　C. 教育指标
> D. 行为指标　　　　　E. 健康指标
> 答案：D
> 解析：社区居民经过健康教育之后，他们的行为（测量血压）发生了变化。

4. 确定教育（干预）策略　当目标确定后，就需要确定达到目标的方式、方法和途径，即教育（干预）策略。教育（干预）策略主要包括以下几项内容。

（1）确定教育方法：健康教育干预是通过卫生知识传播、保健方法和技术的应用指导等来实现的。因此，按干预手段和目的的不同，可将教育方法分为信息传播、行为干预和社区组织三种。无论采用哪一种方法，都必须遵循以下原则进行评价：是否容易被教育对象所接受；教育方法是否简便；效率与效果如何；是否经济。

（2）确定教育内容：健康教育计划中的教育内容应针对目标人群的知识水平、接受能力、项目目的和要求来确定。应注重教育内容的科学性、针对性、通俗性和实用性。

（3）确定教育材料：教育材料主要有视听材料和印刷材料两大类。可购买出版发行物，也可自行编印。随着互联网信息技术的快速发展，社区微信公众号也逐渐成为开展健康教育的有效形式。无论选择哪一种教育教材，其内容设计都必须符合教育（干预）内容的要求。

（4）组织与培训：确定组织网络和执行人员，做好相关培训，是执行健康教育计划的组织保证。组织网络以健康教育专业人员为主体，吸收政府各部门、基层组织、各级医药卫生部门、大众传播部门、学校等参与，组成具有多层次、多部门、多渠道的网络，以确保健康教育计划目标的实现。同时，对执行健康教育计划的各类人员，应根据其工作性质和承担的任务，

分别进行相应的培训，以保证健康教育计划执行的质量。

（5）安排项目活动日程：健康教育项目计划的活动安排大致分为以下4个阶段。

1）调研与计划设计阶段：包括基线调查、确定教育对象、制订教育目标、设计监测和评价方案等。

2）准备阶段：包括确定教育内容、选择教育方法、制作教育材料、建立教育网络、培训教育执行人员、准备物资和材料等。

3）执行阶段：包括争取领导和社会支持，运用各种传播、教育（干预）手段，以及对活动过程进行监测和评价等。

4）总结阶段：包括收集、整理资料，分析数据，撰写活动执行情况和项目总结报告，找出存在的问题和不足，提出今后改进的意见。

（6）质量控制与评价方案：在项目的设计阶段就应考虑评价问题，对质量控制与评价的活动、指标、方法、工具、时间和负责人等作出明确的规定。

（7）项目经费预算：根据项目活动，分别测算出每项活动的开支类别及所需费用，然后汇总，列出整个项目的预算。

（四）实施社区健康教育计划

实施，即将计划中的各项措施付诸实践。制订好完善的社区健康教育计划后，即可付诸实施。在实施具体社区健康教育计划的过程中，应注意以下几点：

1. 建立实施组织　组织的设立是实施健康教育的首要条件，其建立与完善从根本上可以保证健康教育计划的实施，包括确立领导机构、执行机构、组织间的协同与合作、政策支持等。

2. 制订实施时间表　应按时间顺序列出各项目需要实施的工作内容、工作地点、具体负责人、经费预算和特殊需求等。

3. 进行实施人员培训　通过培训，使实施人员熟悉计划的目的、意义和程序，掌握相关专业知识和技能，学习健康教育的工作方法等。

4. 物质准备　健康教育材料、物资设备是实施健康教育的物质基础，包括办公用品、音像设备、医疗仪器、交通工具等。选用合适的传播材料，可明显提高信息传播效果。

5. 实施过程的质量控制　对实施过程进行质量控制可以及时监控计划实施的过程和结果，发现和解决实施过程中存在的问题，以确保健康教育活动顺利进行。

（五）社区健康教育评价

评价，即对照计划进行检查、总结。社区健康教育评价是对社区健康教育活动进行全面监测、核查和控制，是保证社区健康教育计划设计和实施成功的关键措施。因此，社区健康教育评价应贯穿于社区健康教育活动的全过程。

在实际工作中，可以将健康教育评价分为3种：即时评价、阶段评价及效果评价。即时评价是指在进行健康教育时，教育者应通过教育对象的不同反馈形式（如面部表情、提问等），及时调整教育方式及方法。阶段评价是指在健康教育过程中，教育者应定期对照计划检查教育进度及效果。效果评价则是指在健康教育结束时，教育者应对照计划对教育活动进行全面检查和总结。

在进行健康教育评价时，应注意使用恰当的评价指标及方法。常用的评价指标及评价方法如下。

1. 评价指标

（1）反映个体或人群卫生知识水平的指标

卫生知识及格（满分）率＝卫生知识测验及格（满分）人数/参加测验的人数×100%

卫生知识达标率＝一定范围内卫生知识达标人数／该范围内应达标人数 ×100%

（2）反映个体或人群对卫生保健工作的态度的指标

1）对某种卫生保健行为的支持（反对）率，例如：

对戒烟的支持（反对）率＝被调查范围内支持（反对）戒烟的人数／被调查人数 ×100%

2）健康教育活动的自愿参与率，例如：

某疫苗自愿接种率＝一定范围内自愿接种某疫苗的人数／该范围内应接种某疫苗的总人数 ×100%

（3）反映个体或人群卫生习惯或卫生行为形成情况的指标：

卫生保健活动参与率＝一定范围内坚持参与某项卫生保健活动的人数／该范围内有能力参与卫生保健活动的总人数 ×100%

不良行为或习惯转变率＝一定范围内已改变或纠正某种不良行为或习惯的人数／该范围内有某种不良行为或习惯的人数 ×100%

（4）反映健康教育深度和广度的指标：

卫生知识普及率＝一定范围内已达到卫生知识普及要求的人数／该范围内的总人数 ×100%

健康教育覆盖率＝一定范围内接受某种形式健康教育的人数／该范围内的总人数 ×100%

（5）反映人群健康水平的指标：包括发病率、患病率、死亡率、平均寿命及儿童生长发育指标等。

2. 评价方法　主要有座谈会、家庭访视、问卷调查、卫生学调查、卫生知识小测验以及卫生统计方法等。在实际工作中，应根据社区健康教育的对象及客观条件选择适当的评价方法，以达到良好的效果。

3. 影响评价的因素　评价贯穿于社区健康教育的整个过程，它是确保社区健康教育成功的重要保证。但是，在进行评价时，应特别注意避免偏倚因素的影响。常见的偏倚因素有以下5种：

（1）历史性因素：历史性因素是指在评价过程中发生的重大的、可能对目标人群产生影响的事件，如新的卫生政策的颁布、自然灾害或社会灾害等。在评价阶段，可通过设立对照组和过程追踪排除历史性因素对评价结果正确性的影响。

（2）测试或观测因素：在评价过程中，测试者自身的态度、工作人员对有关知识和技能的掌握程度、测量工具的有效性和准确性以及目标人群的成熟性等，对评价结果的正确性均有影响。

（3）回归因素：回归因素是指由于偶然因素，个别被测试对象的某项特征水平过高或过低，但在之后的测试中可能又恢复到原有实际水平的现象。在测试过程中，可采用重复测量的方法，以减少回归因素对评价结果正确性的影响。

（4）选择因素：在评价阶段，如果干预组和对照组选择不均衡，则可引起选择偏倚，从而影响观察结果的正确性。但在评价过程中，可以通过随机化或配对选择的方法降低选择偏倚对评价结果正确性的影响。

（5）失访：失访是指在实施健康教育的过程中或评价阶段，目标人群或教育对象由于各种原因而中断干预或评价。如果目标人群失访比例过高（超过10%），则可造成偏倚。

三、社区健康教育的特点和意义

（一）社区健康教育的特点

社区健康教育与医院健康教育有所不同。与医院健康教育相比较，社区健康教育的主要特点可归纳为以下几方面：

1. 以健康为中心　社区健康教育以健康为中心、以促进健康为目标，这是社区健康教育与医院健康教育的最根本区别。

2. 具有广泛性　由于社区健康教育的对象不仅限于某一个体或某一群体，而是社区的所有居民，包括患者和健康人，这就决定了社区健康教育具有广泛性。在进行社区健康教育的每一个步骤时，既要考虑到整个社区，又要考虑到某一特定人群或某一家庭，甚至某一个体；既要考虑到如何开发领导层，又要考虑到如何协调社会各界力量。

3. 具有连续性　由于社区健康教育以健康为中心，所以它将贯穿于个体生命的全过程，即从出生到死亡。针对不同的人生阶段，健康教育的内容、形式也会有所不同。

（二）社区健康教育的意义

健康教育作为全民预防疾病、促进健康的策略，具有重要的战略意义。

1. 健康教育是初级卫生保健的首要任务　WHO在《阿拉木图宣言》中把健康教育列为初级卫生保健八项任务之首，这表明健康教育在实现所有健康目标、社会目标和经济目标中具有非常重要的地位与价值。

2. 健康教育是卫生保健事业发展的必然趋势　由于疾病谱和死亡谱发生变化，慢性非传染性疾病已成为威胁人类健康的主要问题，而不良行为和生活方式是诱发慢性病的危险因素。进行社区健康教育有助于降低危险因素，预防各种生活方式疾病。

3. 健康教育是一项投入少、产出和效益高的保健措施　通过健康教育可以帮助人们改变不良行为和生活方式，消除或减轻影响健康的危险因素。从成本-效益的角度分析，健康教育的成本投入所产生的效益，远远高于医疗费用投入所产生的效益。美国的一项研究结果显示，如果美国男性公民不吸烟、不过量饮酒，并采取合理饮食和有规律的锻炼，其寿命有望延长10年，而每年数以千亿美元用于提高临床医疗技术的投入，却难以使全国人口寿命延长1年。这表明，开展健康教育是一项极为经济的卫生保健措施。

4. 健康教育是提高自我保健意识的重要途径　自我保健意味着个体可以自主作出与健康有关的决定，这是人们医学文化水平提高的结果。健康教育是人们获取医学保健知识，增强自我保健意识，提高自我保健水平的重要途径。

第三节　社区健康促进

一、社区健康促进的概念和内涵

（一）社区健康促进的概念

社区健康促进（community health promotion）是通过健康教育和社会支持，改变个体和群体的行为、生活方式和环境的影响，降低社区居民的发病率和死亡率，提高社区居民的健康水平和生活质量。社区健康促进的两大构成要素是健康教育及其他有利于健康的社会支持系统。

（二）社区健康促进的内涵

1. 社区健康促进涉及社区人群的健康和生活的各个方面，并非仅限于疾病预防。
2. 社区健康促进直接作用于影响社区人群健康的各种因素，包括生活、心理、环境、社会、行为和健康服务等因素。
3. 社区健康促进通过多学科、多部门、多手段来维护和促进社区人群的健康，包括传播信息、教育、立法、财政、组织改变、社区开发以及社区群众自发地维护自身健康的活动。
4. 社区健康促进的工作主体不仅是卫生部门，还包括社区、社会的各个领域和部门。
5. 社区健康促进强调个人、家庭、社区和各种群体的积极参与。
6. 社区健康促进是建立在大众健康的生态基础上，强调人与环境的协调发展。

课堂互动

健康教育程序与健康促进程序有什么不同？

二、社区健康促进的程序

（一）制订计划

计划是根据目标人群的有关健康问题及其特征，提出解决该问题的目标以及实现目标所采取的一系列具体措施和策略。任何一个健康促进计划都必须有明确的目标，这是计划实施和效果评价的依据。如果缺乏明确的目标，整个计划将失去意义。

1. 设定目标　可分为总体目标和具体目标。

（1）总体目标：是指在执行某项健康促进计划后预期应达到的理想效果，是一个宏观目标，也是努力的方向，较为笼统，不要求达到可测量的效果。例如，青少年控烟计划，其总体目标可以提出："造就不吸烟的新一代"或"通过本项计划的实施，社区内吸烟率降低，与吸烟有关的慢性病发病率得到控制"。

（2）具体目标：健康促进计划的具体目标是为实现总体目标设计的、具体的、可以量化的指标。具体目标的设定应遵循 SMART 原则，即明确的（specific）、可测量的（measurable）、可完成的（achievable）、可靠的（reliability）和时限性（time-bounded）。具体而言，健康促进计划的目标须包括"4W2H"，即：

Who——对谁？

What——实现什么变化（知识、信念、行为、发病率等）？

When——在多长时间内实现这种变化？

Where——在什么范围内实现这种变化？

How much——变化程度如何？

How to measure——如何测量这种变化（指标或标准）？

例1：某社区控烟计划实施1年后，50%的中学建立有关学校控烟的规章制度；2年后，80%的中学建立有关学校控烟的规章制度。

例2：某社区青少年控烟计划实施1年后，15~22岁青少年吸烟率由计划执行前的50%下降至30%，2年后下降至20%。

在上述2个示例计划中分别具体回答了：对谁——某社区中学、15~22岁青少年；实现什么变化——建立有关学校控烟的规章制度、吸烟率下降；在多长时间内实现这种变化——计划实施1年后、2年后；在什么范围内实现这种变化——某社区；变化程度如何——例1为1年后50%、2年后30%，例2为1年后下降20%、2年后下降10%。

健康促进计划的具体目标通常包括教育目标（为实现行为改变所必须具备的知识、态度、信念、价值观及个人技巧）、行为目标和健康目标三个方面。

2. 制订干预策略

（1）确定目标人群。

（2）根据项目内容选择干预方法。

（3）准备教育材料，确定干预场所。

（4）确定健康促进活动的日程和人员。

（二）实施

实施是按照计划去实现目标并取得效果的过程。没有有效的实施过程，任何计划都无法产生经济效益和社会效益。因此，在健康促进活动中，实施计划是重点和关键的工作环节。健康促进计划的实施包括5个部分：制订实施时间表、控制实施质量、建立实施组织机构、培训实施工作人员、配置和购置所需设备物料等。项目实施的任务有以下几点：

1. 社区开发　其目标主要包括建立领导机构、积极动员目标人群参与、加强网络建设和部门间协调，以及推进政策项目的开展。健康促进活动由社区政府领导，有利于协调各部门的工作，创造良好的社区支持环境。实践表明，社区政府成为健康促进的决策和协调机构是实现社区健康促进目标的关键。

2. 项目培训　项目培训是为完成项目目标，有计划地帮助项目实施人员学习与该项目有关的知识和技能等而开展的训练活动，并使项目实施人员在项目结束后仍能持续执行项目的活动，巩固项目效果。项目实施人员主要从执行机构中挑选，必要时可从相应业务部门聘请。培训应使实施人员掌握和熟悉与该项目有关的专业知识和专业技能，并将其运用到实际工作中，产生明显效果。

3. 以社区为基础的干预　社区居民在性别、年龄、职业、经济、文化及生活习惯等各个方面都存在差异。因此，以社区为基础的干预需要由多部门合作，采用多种方法实施多层次的综合防治干预。

公共场所、工作场所、学校、政府部门及居民家庭等都可以是社区干预的场所，在不同的场所可以实施不同的核心干预。如控烟干预应以学校和医院为主，这些单位的控烟效果容易在广大群众中起到榜样作用，对全社会的控烟活动起推动作用。在干预人群方面，应区别对待高危人群、脆弱人群和一般人群。

4. 项目执行的质量控制　健康促进活动的质量主要是指为达到预期目标而进行的一系列专业活动的合适程度。质量控制是指利用一系列方法来保证项目执行过程的质量。质量控制评估的是计划本身的设计以及设计过程的优劣，以解释计划成功与否或需要进一步改进的原因。质量控制反映的是计划执行的动态发展过程，而不是计划产生的结果和行为效应。

建立质量控制体系可以保证计划设计和执行过程中的各个环节都有章可循，其内容主要包括：计划中的各项活动是否按时间表进行，工作开展是否与计划要求一致，实施人员的知识、技能、态度，目标人群的参与情况、相关部门的配合情况、经费开支审计、成立专家小组审查制，以及组织有关人员对项目活动进行现场考察等。

（三）评价

评价是根据一定的原则或标准，通过仔细检查并确定各项活动的实施情况、符合程度、费用、效益、效果等客观实际情况并与预期目标进行比较的过程。评价贯穿于整个健康促进活动的计划、实施和总结的全过程。

1. 形成评价　形成评价是指在执行计划前或执行早期对计划内容所进行的评价。其具体内容主要包括以下几方面：

（1）了解目标人群的各项基本特征。

（2）了解目标人群对各项干预措施的态度和意见。

（3）了解健康促进相关材料的生产、储存、批发、零售及发放渠道等情况。

（4）对问卷项目进行预调查并加以修改。

（5）了解计划执行早期可能出现的问题。

2. 过程评价　过程评价起始于健康促进计划开始实施之时，贯穿于整个计划执行的全过程。其主要内容包括以下几方面：

（1）健康促进干预是否适用于干预对象，并被他们所接受。

（2）健康促进干预是否按照计划方案的方法、时间和频率进行，干预质量如何。

（3）健康促进材料是否按方案要求发放给目标人群，健康促进覆盖率是否达到要求。

（4）目标人群是否按计划要求参与健康促进活动，以及存在的主要问题及其原因。

（5）信息反馈系统是否健全，各项监测记录是否全面、完整、系统且符合质量要求。

（6）计划实施过程中有无重大环境变化和干扰因素，是否对计划的执行产生影响及其程度。

3. 效果评价　　效果评价即确定干预的效果，可分为近期效果评价、中期效果评价和远期效果评价。

（1）近期效果评价：主要评价影响健康行为的倾向因素、促成因素、强化因素以及政策和法规是否有利于健康。

（2）中期效果评价：主要指目标人群的行为改变情况。主要评价指标有健康行为形成率和行为改变率等。

（3）远期效果评价：又称结果评价，主要评价社区人群的健康状况和生活质量是否改善，即健康促进的目标是否实现。主要评价指标包括以下几方面。

1）反映健康状况的指标：①生理指标，包括身高、体重、血压、血红蛋白和血胆固醇等；②心理指标，包括人格测量指标、智力测验指标和症状自评量表等；③疾病与死亡指标，包括发病率、患病率、死亡率、病死率、婴儿死亡率和平均期望寿命等。

2）反映生活质量的指标：包括生活质量指数、功能状态量表和生活质量量表等。

4. 总结评价　　总结评价是对形成评价、过程评价、效果评价以及各方面资料做出的总结性概括。总结评价通过判断各项活动的完成情况、分析成本 - 效益问题，全面反映健康促进活动的成败，并为确定该活动是否有必要重复进行或加强甚至终止提供科学的依据。

知识链接

质量控制的内容与方法

1. 质量控制的内容

（1）工作进程：掌握各项活动的工作进程是否按预定时间进行。

（2）活动内容：实际开展的活动在内容和数量上是否与计划要求一致。

（3）活动开展情况：包括实施人员的工作情况、目标人群的参与情况及相关部门的配合情况。

（4）人群有关健康危险因素及知 - 信 - 行（KAP）效果监测。

（5）经费开支监控等。

2. 质量控制的方法

（1）记录与报告方法：要求各项目负责人做好实施记录，建立记录与报告制度，做好资料收集和保存。

（2）现场考察和参与方法：有计划地进行实地考察，并做好记录。

（3）审计方法：是用于监控财务经费管理和使用情况的项目审计方法。

（4）调查方法：通过调查获取资料，包括定量、半定量和定性的调查方法。

三、社区健康促进的常用方法

（一）社区体育锻炼

体育锻炼不仅能够强身健体、促进生长发育、预防疾病、延缓衰老，而且可以愉悦身心、调节情绪，促进身心全面发展，对个体的心理健康和智力发展也具有至关重要的作用。因此，社区护士和其他有关人员应充分调动当地社会网络，取得社区政府支持，积极引导社区居民充分利用、认识和挖掘潜在的社区资源，协调各部门解决锻炼场地，在社区装配适宜的健身器材，指导各类人群进行适宜的体育锻炼，适当开展各种体育竞赛活动，提高社区居民体育锻炼的积极性和参与度，从而提高社区居民的身体素质和生活质量。

（二）学校烟草预防

降低吸烟率，关键在于减少开始吸烟的人数。因此，控烟工作的重点人群是青少年，目的是使他们不要成为新的吸烟者。对儿童和青少年进行预防吸烟健康教育主要在中小学校进行。社区护士和其他有关人员应该提高学校管理者和教师对学生健康的关注程度，使其意识到在学校开设健康教育课程的必要性。应加强吸烟有害健康的宣传教育，提高学生的自我保健意识，在公共场所粘贴吸烟有害健康的标语，树立禁止吸烟的标牌，举办吸烟有害健康的专题讲座，鼓励家长为孩子树立不吸烟的榜样等。

（三）艾滋病健康教育

艾滋病的发病率和死亡率逐年提高，已成为威胁人类健康的重要问题。在社区可通过举办艾滋病专题讲座、向社区居民发放艾滋病相关知识宣传手册等，在社区居民中普及艾滋病知识，调动社区居民参与艾滋病预防的意愿和积极性，预防艾滋病的传播，并纠正对艾滋病患者和人类免疫缺陷病毒（human immunodeficiency virus，HIV）感染者的错误认知和误解，反对艾滋病歧视。通过咨询、家庭访视及其他活动支持和鼓励 HIV 感染者融入社会，及时安抚发病和生命垂危的患者，并为高危人群提供服务与支持等。开展安全性行为教育，使社区居民学习更多的自我保护知识和技能。开展道德、法制教育，树立积极、健康的恋爱、婚姻和家庭观念，营造健康、良好的社区环境。动员公安部门、商业部门参与，以便推进避孕套和注射器的提供和使用。号召社会各部门都担负起更多的社会健康责任，开展改善艾滋病流行状况的健康促进活动。

> **知识链接**
>
> **艾滋病的基本知识**
>
> 1. 艾滋病是一种病死率极高的严重传染病，目前还没有治愈疾病的药物和方法，但可以预防疾病。
> 2. 艾滋病主要通过性接触、血液和母婴传播三种途径进行传播。
> 3. 与艾滋病患者及 HIV 感染者的日常生活和工作接触不会感染艾滋病。
> 4. 遵守性道德是预防经性传播途径感染艾滋病的根本措施。
> 5. 正确使用避孕套不仅可以避孕，还可降低感染艾滋病、性传播疾病的危险。
> 6. 及早治疗并治愈性传播疾病可降低感染艾滋病的危险。
> 7. 共用注射器吸毒是传播艾滋病的重要途径，因此要拒绝毒品，珍爱生命。
> 8. 避免不必要的输血和注射。
> 9. 社会各界应关心、帮助并且不歧视艾滋病患者及 HIV 感染者。
> 10. 预防艾滋病是全社会的责任。

（四）慢性病的综合防治

慢性病已成为危害人类健康的主要疾病，并且与人们的日常生活习惯、行为方式等密切相关。其特点是起病缓慢、病程迁延，且一般无法彻底治愈。在社区开展对高危人群的监测、诊断、治疗和护理是有效降低疾病危险性的健康促进活动。可以举办常见慢性病的有关知识讲座，加强慢性病的诊断和患者管理。对具有患病风险的人群和患者进行定期随访，予以营养与膳食指导，增强社区居民依从膳食指南的意识。指导患者及家属掌握一些常用的护理技术，如自行测量血糖、血压等。对患者进行动态的依从性检测，使高危人群和患病人群树立健康意识，关心自身和他人的健康，降低社区慢性病的发病率、残障率和死亡率，提高社区居民的生活质量。

自 测 题

一、选择题

1. 下列关于护理目标的描述不正确的是
   A. 目标可以分为短期目标和长期目标
   B. 一个护理诊断只能对应一个护理目标
   C. 目标是针对护理诊断提出的
   D. 目标应当是评价护理效果的标准
   E. 目标必须切实可行
2. 平衡膳食属于健康行为中的
   A. 保健行为   B. 预警行为   C. 日常健康行为
   D. 避开环境危害行为   E. 遵医行为
3. 下列关于健康教育计划目标的描述，属于健康指标的是
   A. 通过健康教育改善妇女儿童的健康状况
   B. 项目实施 2 年后，使项目县 80% 的育龄妇女了解产前检查的益处
   C. 项目实施 2 年后，使项目县住院分娩率达到 90%
   D. 项目实施 2 年后，使项目县合格产前检查率达到 90%
   E. 项目实施 2 年后，使项目县孕产妇死亡率在原有水平上下降 1/3
4. 知 - 信 - 行模式中强调的关键步骤是
   A. 知识的传播   B. 知识的吸收   C. 信念的形成
   D. 行为的养成   E. 技能的掌握
5. 根据行为改变阶段模式，尼古丁替代疗法常用于
   A. 无戒烟打算阶段   B. 犹豫不决阶段   C. 转变行为阶段
   D. 行为维持阶段   E. 预防复发阶段
6. 健康教育项目设计的 6 个阶段依次是
   A. 确定优先要解决的问题、评估目标人群的需求、制订总体目标与具体目标、提出干预措施、执行干预、评价干预效果
   B. 制订总体目标与具体目标、评估目标人群的需求、确定优先要解决的问题、提出干预措施、执行干预、评价干预效果
   C. 评估目标人群的需求、确定优先要解决的问题、制订总体目标与具体目标、提出干预措施、执行干预、评价干预效果
   D. 确定优先要解决的问题、制订总体目标与具体目标、提出干预措施、执行干预、评估目标人群的需求、评价干预效果
   E. 评估目标人群的需求、提出干预措施、确定优先要解决的问题、制订总体目标与具体目标、执行干预、评价干预效果
7. 某患者患有甲型病毒性肝炎，社区护士对患者及其家属进行健康教育，错误的是
   A. 甲型病毒性肝炎是经粪 - 口途径传播

B. 患者应单独进餐

C. 患者的粪便要先消毒再弃去

D. 患者的用物、餐具应专用

E. 患者的餐具应先清洗再消毒

8. 社区护士到某托幼机构进行健康教育，教导学龄前儿童应该养成良好的生活习惯，不包括的是

   A. 睡眠习惯　　　　B. 饮食习惯　　　　C. 卫生习惯
   D. 学习习惯　　　　E. 生活有规律

9. 某社区已发现8例艾滋病患者，社区护士拟对本社区进行有关知识的健康教育。下列关于艾滋病的传播途径描述错误的是

   A. 性接触传播　　　B. 血液传播　　　　C. 体液传播
   D. 母婴垂直传播　　E. 蚊虫叮咬

（10~11题共用题干）

张女士，63岁，既往有慢性咳喘史12年，2天前因上呼吸道感染使病情加重，昨晚咳嗽加重，痰量增多。查体：神志清楚，口唇轻度发绀，呈桶状胸，双肺叩诊呈过清音，听诊呼吸音减低。动脉血气分析显示：PaO_2 60 mmHg，$PaCO_2$ 42 mmHg，经治疗，患者病情缓解。

10. 社区护士对患者进行健康教育，嘱患者回家后首先应做到的是

    A. 加强腹式呼吸　　　　　　　　B. 进行定量行走训练
    C. 进行长期家庭氧疗　　　　　　D. 避免吸入有害气体
    E. 保持室内温度和湿度适宜

11. 待患者病情好转后，社区护士指导其进行缩唇呼吸训练，下列描述正确的是

    A. 吸气时腹部收缩　　　　　　　B. 吸气时将口唇缩成小孔状
    C. 每分钟呼吸16~20次　　　　　D. 吸气与呼气的时间比为2∶1
    E. 缩唇呼吸宜与腹式呼吸联合使用

二、简答题

1. 简述健康教育的KABP理论。
2. 健康教育计划的具体目标应包含哪些内容？

三、案例分析题

某社区通过调查发现居民糖尿病的患病率较高，且社区居民对于糖尿病相关知识的知晓率较低。作为一名社区护士，应如何对该社区居民进行健康教育，请制订相应的健康教育计划。

（吴　俊　吴春凤）

第四章数字资源

第四章　以家庭为中心的护理

学习目标

1. 准确说出家庭、家庭访视和居家护理的概念。
2. 列举家庭的结构和功能、家庭访视的种类，以及居家护理的目的和对象。
3. 简述家庭生活周期、家庭对健康的影响。
4. 能作图描述家庭护理程序和家庭访视的步骤及要点。
5. 能使用家系图对访视家庭进行初步的家庭健康评估。
6. 能运用家庭访视程序对服务对象进行家庭访视。
7. 形成以家庭为中心的护理理念，同时具有批判性思维和独立解决问题的能力。
8. 培养甘于奉献、大爱无疆的医者精神。
9. 弘扬中华民族孝亲敬老、夫妻和睦的家庭美德。

案例导入 4-1

张先生，62 岁，与妻子（58 岁）一起居住，两人均已退休。女儿已结婚，在外地居住和工作。张先生 3 年被诊断为冠心病，并行冠脉支架植入术，平时口服抗凝血、降血压、降血脂等药物。张先生有时会偷偷地吸烟、饮酒。妻子半年前被诊断为糖尿病，口服降血糖药控制血糖，但血糖控制效果不佳。

问题与思考：
1. 该家庭处于 Duvall 家庭生活周期的哪个阶段？
2. 该家庭这一阶段的主要发展任务是什么？

家庭是个人生活的基本场所，是构成社区的基本单位。每一位家庭成员的生理、心理及其对社会的认知和适应能力在很大程度上受家庭环境的影响，所以个人健康与家庭健康密切相关。家庭健康也直接影响社区的整体健康。因此，家庭护理是社区护理的重要组成部分。家庭护理的重点是协助家庭成员共同解决家庭健康问题，使家庭系统及家庭成员达到最佳的健康状态，为患者的康复创造良好条件。

第一节　家庭与家庭健康

一、概述

（一）家庭的概念

家庭是构成社区的基本单位，是人类社会最基本的一种社会生活共同体。随着时代的变迁，家庭的概念也在不断发生变化。概括来讲，家庭有两种概念，即传统意义的家庭和现代意义的家庭。传统意义的家庭是指由夫妻、父母子女、兄弟姐妹和其他近亲属组成，以婚姻、血缘或收养关系为纽带的社会生活组织形式。目前，我国大多数家庭都属于传统意义的家庭。现代意义的家庭除了强调婚姻、血缘、收养关系外，还承认由亲密关系组成的具有家庭功能的家庭，包括同居家庭、同性恋家庭、丁克家庭等，它是家庭成员共同生活和彼此依赖的住所。现代意义的家庭是随着社会的不断发展而逐渐形成的概念。

（二）家庭结构

家庭结构是指家庭的组织结构和家庭成员间的相互关系，包括家庭外部结构和家庭内部结构。家庭外部结构是指家庭的人口结构，即家庭的类型。家庭内部结构是指家庭成员之间的互动关系和行为，包括家庭的角色结构、权力结构、沟通方式和价值观结构4个方面。

 考点提示

家庭外部结构即家庭的类型。

1. 家庭外部结构　即家庭的类型。我国常见的家庭类型有以下几种：

（1）核心家庭：核心家庭是指由夫妇及其婚生或领养的未婚子女组成的家庭，包括仅有夫妇两人的家庭。核心家庭已成为我国主要的家庭类型，其特点是人口数量少，结构简单，家庭内部只有一个权力和活动中心，便于决策家庭重要事件，但家庭可利用资源较少，一旦出现危机，即可能出现应对困难，家庭关系既亲密又脆弱。丁克家庭和空巢家庭也属于核心家庭。由夫妇两人组成，且夫妻双方选择不生育的无子女家庭称为丁克家庭。子女因工作或婚姻离家，父母独居的家庭称为空巢家庭。

（2）主干家庭：又称直系家庭，是核心家庭的纵向延伸，是指由一对夫妇同其父母、未婚子女或未婚兄弟姐妹组成的家庭。在我国，主干家庭曾是主要的家庭类型，但随着社会的发展，这种家庭类型已不再占主导地位。主干家庭的特点是家庭成员多，家庭内部不仅有一个主要的权力和活动中心，还有一个权力和活动的次中心。当面临困境时，主干家庭可利用的家庭资源较多。

（3）联合家庭：又称旁系家庭、复式家庭，是核心家庭的横向延伸，是指由两对或两对以上同代夫妇及其未婚子女组成的家庭，包括由父母同几对已婚子女及孙子女构成的家庭，两对以上已婚兄弟姐妹构成的家庭等。联合家庭内存在一个权力和活动中心及几个次中心，或几个权力和活动中心并存，结构不稳定。由于有多种关系和利益交织，其决策过程复杂。但此类家庭的内、外资源较多，有利于家庭遇到危机时，提高适应度，克服危机。

（4）其他家庭：包括单亲家庭、单身家庭、同居家庭、同性恋家庭、重组家庭等。这些类型的家庭往往角色缺失，结构不完整，家庭不稳定，可能会发生或诱发各种健康问题，需要社区护士加以关注。

2. 家庭内部结构

（1）角色结构：家庭角色是指家庭成员在家庭中的特定身份和地位，这种身份和地位决定了其在家庭中的义务和职责。一个家庭成员通常会同时担当多重角色，如一位男性要担当儿子、父亲、爷爷、姥爷等角色。角色不同，其承担的责任、义务和权利也不相同。家庭角色应具有一定的弹性，以适应角色的转换，或承担多重角色

（2）权力结构：家庭权力是家庭成员对其他成员的影响力，包括控制权和支配权。家庭权力结构可分为4种类型。

1）传统权威型：一般由传统社会文化"规定"产生，男性通常是一家之主，其他成员不考虑他的社会地位、职业、收入和能力而承认他的权威。

2）情况权威型：是指家庭权力根据家庭事件的变化情况而发生转移。权威取决于经济能力，一般负责供养家庭、掌握家庭经济权的家庭成员就是家庭的权威人物，可以是丈夫，也可以是妻子或子女。

3）分享权威型：是指家庭的所有成员共同分享权力，共同协商做出决定，由家庭成员的个人能力来决定其所承担的家庭责任。

4）情感权威型：是指一个家庭成员在家庭情感生活中起决定作用，其他成员因对其的情感而承认其权威性。

（3）沟通结构：家庭沟通是家庭成员之间进行信息、情感、意见以及意愿交换和角色互动的过程，也是维持家庭健康的必要手段。沟通是评价家庭功能的重要指标。有效的沟通有助于化解矛盾，解决问题。不同的沟通方式会形成不同的家庭风格，如"民主式家庭""封建式家庭"等。

（4）价值观结构：家庭价值观是指家庭成员共有的理念、思想、态度和信念，是家庭判断是非的道德与伦理标准。不尽相同的家庭价值观，决定着家庭功能和家庭角色。例如，家庭对健康的理念和态度直接影响着家庭成员对疾病的认知、求医行为及其生活方式等。因此，社区护士应帮助家庭树立正确的健康观，维护家庭成员的健康。

（三）家庭功能

家庭功能是家庭在人类生活和社会发展方面所起的作用，是通过满足家庭成员的需求来实现社会对家庭的期望。家庭的主要功能包括以下几方面：

 考点提示

家庭的功能。

1. 经济功能　家庭为满足家庭成员衣、食、住、行、教育、医疗和娱乐等方面的经济需求而进行生产、分配、交换和消费等活动。经济功能是家庭的基本功能。

2. 情感功能　情感是家庭生活幸福的基础。家庭成员之间彼此相爱，相互理解、关心和支持，可以缓解和消除社会生活带来的烦恼和压力，从而维持稳定、和谐的心理状态，满足家庭成员归属感和安全感的情感需要。

3. 生育功能　每个家庭作为生育单位，需要繁衍和养育下一代及赡养老人，起到延续种族和人类的作用。

4. 社会化功能　是指家庭有培养其年幼成员走向社会的责任和义务，为其提供适应社会的教育，使其在成长过程中学习语言、知识和社会规范，树立正确的世界观、人生观和价值观。

5. 健康照护功能　是指家庭成员之间应相互照顾，以维护和促进家庭成员的健康，并为患病的家庭成员提供各种照顾与支持。

（四）家庭与健康的关系

1. 健康家庭的概念和特征　健康家庭是指家庭中的每一个成员及其相互关系都处于良好状态，能够提供满足身心健康需要的家庭内部和外部资源。家庭健康是对整个家庭而言，并非仅仅是指家庭中每个成员的健康情况。即使家庭成员都很健康，但家庭作为一个整体，也可能存在某些问题。例如，在家庭成员之间缺乏沟通的情况下，如果遇到矛盾，相互之间不能通过交流解决问题，甚至产生误解，就会引发家庭成员之间的情感纠纷，这就是家庭不健康的表现。

健康家庭的特征包括：①有良好的交流氛围；②能促进家庭成员的发展；③能积极地面对

矛盾并解决问题；④有良好的居住环境及健康的生活方式；⑤与外界社会保持联系。

> **知识链接**
>
> **家庭资源**
>
> 为了维持家庭的基本功能、应对压力事件和危机状态所需要的物质和精神上的支持称为家庭资源，包括家庭内部资源和家庭外部资源。
>
> 家庭内部资源包括经济支持、维护支持（维护家庭成员的荣誉、权利和健康）、健康管理、情感支持、信息和教育，以及结构支持（对家庭住所或设施进行调整，以适应患病成员的需求，如设置浴厕扶栏等）。家庭外部资源包括社会资源、文化资源、宗教资源、经济资源、教育资源、环境资源和卫生服务资源等。
>
> 家庭资源是否充足直接影响着家庭及其成员对于压力和危机的应对能力。社区护士在对家庭进行评估时，可以通过与家庭成员交谈的方式了解家庭资源的情况，评估家庭可利用的内部和外部资源的丰富程度，从而为制订家庭护理计划提供依据和支持。

2. 家庭对健康的影响　　家庭是个人生活最基本的场所，直接影响着每一个成员的生活习惯、卫生习惯、精神生活及身心健康，其中对身心健康的影响尤为重要。家庭对健康和疾病的影响包括以下几方面：

（1）遗传和先天的影响：生物遗传是影响人类健康与疾病的重要因素之一。个体的身高、外貌、性格特征等均受遗传因素的影响。某些疾病（如恶性肿瘤、糖尿病、高血压、哮喘等）与遗传因素关系密切。而某些疾病是受到孕期各种因素的影响而导致的，如母亲在孕期服用药物或受放射线照射，容易造成胎儿畸形。

（2）对儿童健康成长的影响：家庭是儿童成长的摇篮。儿童的情绪、性格、行为、人格形成都受到家庭的影响。家庭环境对儿童的身心健康及社会适应能力的健康发展具有深远的影响。例如，父母角色长期缺失、婚姻冲突、离异等家庭状况，容易导致儿童产生抑郁、恐惧、焦虑等不良情绪，甚至出现攻击性行为，从而影响其正常的生活和学习。

（3）对疾病发生和传播的影响：在家庭中传播的疾病主要是传染性疾病。家庭成员密切接触，容易相互传染疾病，以细菌及病毒感染多见，如结核病、链球菌感染、乙型病毒性肝炎和流行性感冒等。

（4）对健康理念、生活习惯和行为方式的影响：家庭成员的健康理念、求医行为往往会相互影响。家庭功能是否良好可直接影响家庭成员的卫生资源利用率。家庭成员具有共同的生活环境、相近的生活习惯、行为方式可导致某些疾病的发生。另外，某些不良的行为习惯也会影响家庭成员的健康。

（5）家庭生活事件对健康的影响：重大的家庭生活事件（如离异、严重疾病或伤残、死亡等）对家庭成员的健康具有显著的影响。例如，离异常常会使家庭成员产生不良情绪，如愤怒、抑郁、自我否认或悲伤等。子女受父母离婚事件的影响最大。严重疾病或伤残、死亡对家庭的影响巨大，家庭成员需要调整各自的行为并转换角色加以应对，这种调整与变化可能会导致家庭成员产生疲惫感，甚至患病。

（6）对疾病康复的影响：家庭成员间的相互支持对疾病（特别是慢性病）的治疗和康复具有显著的影响。家庭成员的关心有利于提高患者对医嘱的依从性。研究发现，糖尿病患者饮食控制效果不佳与家庭功能不良、家庭冲突频繁有关，因为家庭成员的合作和监督是糖尿病患者控制饮食的关键。

二、家庭生活周期及其护理要点

家庭生活周期是指家庭从成立开始，经历发展的各个阶段，最终归于消亡的整个生命过程，它反映了家庭从形成到解体的循环反复的变化规律。家庭生命周期是从夫妻结婚、生育、抚养未成年子女，到子女结婚组建家庭，最终夫妻衰老、死亡的过程。按照时间和特征可将家庭生活分为数个阶段。每个阶段均包含正常的和可预见的变化。

关于家庭生活周期，目前比较公认的理论是 Duvall 的家庭发展理论。该理论将家庭生活周期分为 8 个阶段（表 4-1）。在每个发展阶段，家庭成员都有特定的、不同的中心任务，若能妥善处理各阶段的发展任务，家庭就会稳固发展；相反，如果处理不当，家庭就会出现相应的健康问题。但并非所有家庭都会经历这 8 个阶段，家庭可在任何一个阶段开始或终止，如死亡或离婚，这样的家庭可能会存在更多的发展问题，需要社区护士予以关注。

 考点提示

家庭生活周期。

表 4-1 家庭生活周期各阶段的发展任务和护理要点

阶段	主要发展任务	护理要点
新婚期 （从结婚至第一个孩子出生前）	夫妻双方相互适应与沟通； 性生活协调； 为生育做准备	计划生育指导； 心理咨询； 人际关系指导
有婴幼儿期 （第 1 个孩子出生 < 30 月龄）	适应父母角色； 抚育婴幼儿； 维持稳定的婚姻关系； 应对经济及照顾婴幼儿的压力	围产期保健； 婴幼儿保健； 压力应对指导
有学龄前孩子期（第一个孩子 30 月龄～6 岁）	防止儿童发生意外事故； 促进儿童身心健康发育； 维持良好的婚姻关系	儿童意外事故防范指导； 儿童传染病预防指导； 儿童身心发育监测； 家庭关系指导
有学龄孩子期（第一个孩子 6～13 岁）	帮助孩子适应学习生活； 关注儿童的身心发育； 维持良好的婚姻关系	儿童应对学习压力的指导； 儿童安全教育； 儿童身心健康监测； 婚姻关系指导
有青少年子女期 （第一个孩子 13～20 岁）	维持开放、平等的亲子关系； 青春期教育（性教育）； 教育孩子做好自由与责任的平衡	亲子沟通问题指导； 青春期教育及性教育； 自由与责任平衡的教育指导
孩子离家创业期（第一个孩子离家至最小的孩子离家）	鼓励成年孩子独立； 重新调适家庭关系； 照护高龄父母	适应孩子离家的指导； 重构家庭关系指导； 老年期保健指导
空巢期 （所有孩子离家至退休）	夫妻彼此照顾，巩固婚姻关系； 维持家庭与孩子之间的联系； 应对疾病问题	慢性病防治指导； 更年期保健指导； 培养休闲兴趣的指导
老年期 （退休至双方死亡）	适应退休生活； 适应丧偶后的生活； 适应逐渐衰退的身体状况	退休后角色调适指导； 压力应对指导； 慢性病防治指导； 老年期保健指导

第二节 家庭护理程序

家庭护理是以家庭为照顾单位,以家庭成员为护理对象,运用护理程序的方法,由社区护士及家庭共同参与,促进家庭系统及家庭成员达到最佳的健康状态,在居家环境中进行的一系列护理实践活动。家庭护理程序是运用护理程序,对出现健康问题的家庭进行护理的一种方法,是家庭护理工作的基础和核心,也是科学的工作方法,是社区护士为促进和恢复家庭健康而实施的整体护理活动,包括家庭护理评估、家庭护理诊断、家庭护理计划、家庭护理计划的实施和家庭护理评价5个步骤。

 考点提示

家庭护理程序。

一、家庭护理评估

家庭护理评估是家庭护理程序的第一步,是指社区护士运用家庭评估工具收集有关家庭健康资料的过程,可以为诊断家庭卫生服务需求及制订家庭护理计划提供依据。

(一)评估内容

1. 家庭的基本资料　包括家庭的地址、电话,家庭经济收入,家庭成员的基本资料(性别、年龄、婚姻状况、文化程度、职业和宗教信仰等),家庭成员的生活习惯(饮食、睡眠等),家庭成员的健康状况及医疗保险类别,住宅环境(对家庭成员的健康是否有影响)等。

2. 家庭资源　包括家庭的内部资源或外部资源。内部资源包括经济来源、医疗保险、情感支持、信息和教育等。外部资源包括家庭周围的社会支持性团体、社会保障设施(养老院、社区卫生服务中心等)、宗教资源、文化资源和环境资源等。

3. 家庭中患病成员的状况　包括患病的种类、预后判断、日常生活能力及功能受损程度、家庭角色的履行情况、疾病带来的经济负担等。

4. 家庭所处的发展阶段及发展任务　包括家庭目前所处的发展阶段与发展任务,以及家庭履行发展任务的情况。

5. 家庭结构　包括家庭的组成及类型、角色分工、权力类型、沟通情况和家庭价值观等。

6. 家庭功能　包括家庭关系、家庭亲密度、家庭适应性、子女抚养情况、老人赡养情况、家庭自我保健行为等。

7. 家庭与社会的关系　包括家庭与亲属、社区和社会的关系,家庭成员对社区的看法,家庭利用社会资源的需求及能力等。

8. 家庭健康管理　包括家庭成员的健康史、生活方式、健康理念、对健康资源的利用程度以及建立家庭健康档案。

(二)评估工具

家庭护理评估常用的工具有家系图、家庭圈和APGAR家庭功能评估表。这些图表工具主要作用是直观、综合地展示家庭结构、关系、家族史及家庭成员健康状况等信息,指导家庭护理实践。

1. 家系图　家系图是依据家庭有关的信息建立的描述家庭结构、家庭关系、成员间遗传学关系或高发疾病的联系及重要事件等的图形。家系图通过专用符号(图4-1)来描述家庭结构和关系、家庭人口学信息、家庭生活事件、健康问题等家庭信息。根据家系图,社区护士和其他医务人员可以迅速评估家庭的基本情况，判断危及家庭健康的问题和家庭高危成员等。家系图是进行家庭护理评估的最佳工具。

家系图通常可包含三代或三代以上人口，不同的性别、角色和关系用不同的符号表示（4-1）。一般从本次护理对象开始，向上、下延伸，夫妻双方的家庭都可包含在内。从上到下按代际关系依次降低，从左到右按年龄依次减小。在代表每个成员的符号旁，可标注其年龄、婚姻状况、出生或死亡日期、患病情况（图 4-2）。也可根据需要标注家庭成员的职业、文化程度、家庭决策者、家庭重要事件及主要健康问题。护理对象所在的家庭可以用虚线圈号表示。

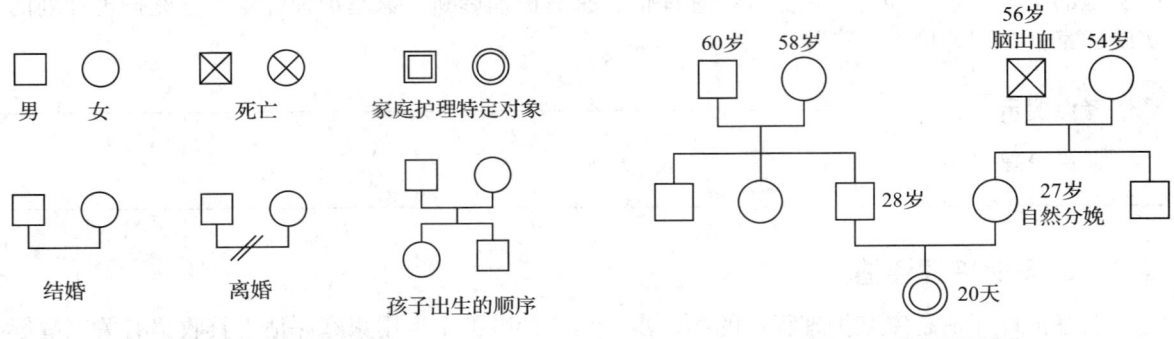

图 4-1　家系图常用符号　　　　　　　　图 4-2　家系图示例

2. **家庭圈**　又称家庭亲密度图。家庭圈反映的是患者主观上对家庭的看法及其家庭关系。其绘制方法为：先让患者画一个大圈，再在大圈内画若干个小圈，分别代表患者自己及其认为重要的家庭人员。圈之间的距离代表关系的亲密度，小圈本身的大小代表权威性或重要性。绘制过程中，护士应回避，让患者独立完成。随后，应向患者提问，或由患者自行解释图的含义，从而了解患者家庭的情况。如图 4-3 所示，左图患者是一名 22 岁女性，所有家庭成员的关系都非常亲密（F 代表父亲，M 代表母亲，B 代表兄弟，P 代表患者）；右图患者是一名 27 岁的单身男性，父亲的权威性最高，患者很少请求家庭帮助。这种主观看法一般只代表患者当前的想法和感受，可能会随时间的推移而不断地发生变化。

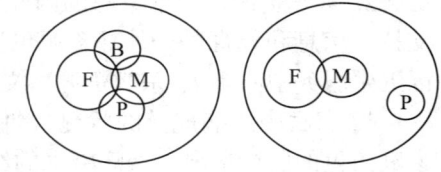

图 4-3　家庭圈示意图

3. **APGAR 家庭功能评估表**　又称家庭关怀度指数测评表，简称 APGAR 问卷（表 4-2）是用于进行家庭功能评定的调查问卷。该问卷的条目少，容易作答，可以快速评估家庭的功能，适宜在社区护理工作中使用。APGAR 家庭功能评估表可以反映家庭成员对家庭功能的主观满意度。问卷共有 5 个条目，每个条目代表一项家庭功能，分别为适应性（adaptability）、合作度（partnership）、成熟度（growth）、情感度（affection）和亲密度（resolve）。

表 4-2　APGAR 家庭功能评估表

条目	经常（2分）	有时（1分）	几乎从不（0分）
（1）当我遇到问题时，可以从家人那里得到满意的帮助（适应性）			
（2）我很满意家人与我讨论各种事情以及分担问题的方式（合作度）			
（3）当我希望从事新的活动或发展任务时，家人都能接受且给予支持（成熟度）			
（4）我很满意家人对我表达情感的方式以及对我的情绪（如愤怒、悲伤等）的反应（情感度）			
（5）我很满意家人与我共度时光的方式（亲密度）			

（三）家庭护理评估方法及注意事项

社区护士应从提出家庭健康问题开始着手。主要通过家庭访视进行评估，收集资料时应注意与访视家庭建立良好的关系，说明访视目的和服务内容。访视过程中主要运用观察法、交谈法和护理体检三种方法。收集资料时，应以家庭为整体，全面收集全部家庭成员的材料；若家庭及成员的情况发生变化，在评估过程中应注意及时调整计划，进行再评估。在收集资料的过程中，应根据目的对材料进行定性和定量分析，如某家庭的饮食习惯为高蛋白饮食，应询问清楚具体是哪些蛋白质食物，同时应询问每天的摄入量。分析家庭健康问题时，社区护士应避免主观判断，因为家庭有多样性，某一问题在不同的家庭出现的根源不同，其处理方式也不尽相同。因此，全面、客观、准确地分析资料和判断问题非常重要。

> **知识链接**
>
> **全民健康生活方式**
>
> 1. 追求健康，学习健康，管理健康，把投资健康作为最大回报，将"我行动、我健康、我快乐"作为行动准则。
> 2. 树立健康新形象，改变不良生活习惯，不吸烟，不酗酒，公共场所不喧哗，维护公共秩序，礼貌谦让，塑造健康、向上的国民形象。
> 3. 合理搭配膳食结构，规律用餐，保持营养均衡，维持健康体重。
> 4. 少静多动，适度锻炼，不拘形式，贵在坚持。
> 5. 保持良好的心理状态，自信乐观，喜怒有度，静心处世，诚心待人。
> 6. 营造绿色家园，创造整洁、宁静、美好、健康的生活环境。
> 7. 以科学的态度和精神，传播科学的健康知识，反对、抵制不科学和伪科学信息。
> 8. 不断强化健康意识，长期保持健康的生活方式。

二、家庭护理诊断

家庭护理诊断是对家庭评估过程中收集的资料进行分析，确定家庭存在的健康问题，并提出相应的护理诊断，从而为制订家庭护理计划提供依据。

（一）整理、分析资料，提出家庭护理诊断

社区护士应通过对所收集的资料进行整理、分析，确认家庭健康问题，进而提出家庭护理诊断。

（二）确定家庭护理诊断的优先顺序

社区护士提出护理诊断后，还应根据问题的严重程度，采取由重到轻、由急到缓的原则对这些诊断进行排序，把亟待解决、对家庭健康威胁最大、后果严重的健康问题排在第一位，并制订计划优先解决。另外，还应判断问题是现存的还是潜在的，是否能加以改进，再根据护理问题的现状制订相应的护理计划。

（三）家庭护理诊断的表述

家庭护理诊断与社区护理诊断相同，也采用 PES 公式进行表述。

例如：P（家庭问题）：父母不称职；S（主客观表现）：孩子性格孤僻，不爱说话，学习成绩差；E（相关原因）：父母长期在外务工，每年只回家一次，平时对孩子都不闻不问。

三、家庭护理计划

家庭护理计划是根据家庭护理诊断，结合家庭日常生活情况，利用家庭的内部和外部资

源，为解决家庭健康问题而制订的护理计划。制订家庭护理计划包括确定护理目标，寻找家庭内部和外部资源，确认可行的方法，拟订护理措施。确定家庭护理目标是制订家庭护理计划的关键，目标应当具有可行性、表述简洁，并且可以被观察、测量。在制订家庭护理计划的过程中，社区护士应鼓励家庭参与，并考虑家庭成员的意愿，制订适合各个家庭特点的护理计划。

四、家庭护理计划的实施

家庭护理计划的实施是将家庭护理计划付诸实践的过程。计划实施者主要是家庭成员，社区护士只是起到引导、协调和帮助的作用。家庭护理的实施主要包括：①指导家庭成员营造良好的交流氛围，建立和谐的家庭关系；②鼓励和支持家庭成员，指导其有效利用各种资源，并提高家庭及家庭成员应对疾病和其他压力的能力；③在家庭需要时提供帮助，为患病的家庭成员提供直接的照顾和护理。

家庭护理计划实施过程中的注意事项：①确定家庭健康问题需要解决的优先顺序，选择合理的方式开展家庭护理活动；②注意与合作者、家庭成员进行良好的沟通，分工合作；③与其他医务工作者合作，充分利用各种资源为家庭提供支持。

五、家庭护理评价

家庭护理评价贯穿于家庭护理计划实施的全过程，是对家庭护理活动进行全面检查和控制的过程。家庭护理评价分为过程评价（阶段评价）和结果评价（总结评价）。过程评价是对护士进行的护理过程（护理评估、护理诊断、护理计划、护理措施）进行的评价，并根据评价的结果，对各阶段加以改进和补充。结果评价是评价家庭护理干预的效果，即家庭护理达到预期护理目标的程度。

（一）**家庭护理评价的内容**

1. 评价家庭护理计划　应评价家庭成员对护理目标、护理计划是否都理解、认可，护理计划能否达到预期效果。

2. 评价家庭护理评估的效果　应评价家庭功能、家庭资源等方面的评估资料是否全面，以及家庭护理评估是否有利于确定家庭主要的健康问题。

3. 评价家庭护理的效果　应评估家庭护理干预是否起到维护和促进家庭健康的作用。

（二）**家庭护理评价的结果**

1. 调整家庭护理计划　若家庭护理计划不符合家庭的实际情况，则应根据评价的结果对护理计划进行适当修改或调整。

2. 继续实施家庭护理计划　若发现家庭护理计划对家庭是有效的，但尚未达到预期目标，则需要继续实施护理计划。

3. 终止家庭护理计划　若家庭原来的健康问题已得到解决，不再需要护理干预，则应终止护理计划。

第三节　家庭护理的方法

案例导入 4-2

张先生，65岁，患有高血压10年，糖尿病2年。社区张护士拟于明天上午对其进行常规家庭访视，了解其高血压及糖尿病的管理及控制情况。

问题与思考：
1. 此次家庭访视属于哪一类家庭访视？
2. 在进行家庭访视前，张护士应做好哪些准备？

家庭护理主要通过家庭访视和居家护理的形式得以实现。社区护士可通过家庭访视和居家护理为家庭护理对象提供预防保健、健康促进、护理照顾及康复护理等服务。

一、家庭访视

（一）概念

家庭访视简称家访，是社区护士为维护和促进个人、家庭和社区的健康，到访视对象家中，对访视对象及其家庭成员提供护理服务的活动。家庭访视是社区护理工作的主要方法。

（二）目的

1. 及时帮助家庭发现健康问题　通过家庭访视，实地了解家庭及家庭成员的相关资料及健康状况，可以帮助家庭及时发现健康问题。

2. 有助于确认并消除影响家庭健康的危险因素　通过家庭访视，有助于确认影响家庭健康的相关因素，并帮助家庭成员充分利用家庭资源，建立有效的家庭支持系统，逐步消除危险因素。

3. 为社区护理诊断提供信息　通过家庭访视，收集社区内具有共性健康问题的家庭信息，有助于为诊断社区健康问题提供可靠的依据。

4. 提供护理服务　通过家庭访视，可以为居家的患者或残疾人提供有效的护理服务。

5. 增强家庭功能　通过家庭访视，为家庭提供健康指导，同时鼓励家庭成员参与，有助于提高家庭成员的自我健康管理能力，增强家庭功能，构建和谐的家庭关系。

6. 与访视家庭建立融洽的关系　通过家庭访视，与访视家庭建立良好的信任关系，取得家庭成员的理解和配合，有助于获得真实、可靠的资料。

（三）分类

1. 预防性家庭访视　是为预防疾病、促进健康而进行的家庭访视，主要用于为儿童提供计划免疫接种、为产褥期妇女提供保健方面的服务等，如产后访视、新生儿访视等。

2. 评估性家庭访视　是对服务对象的家庭进行健康问题和卫生服务评估的访视。其目的是对个体及家庭进行健康评估，为制订护理计划提供依据。常用于考察有家庭危机或心理问题的患者，以及老年人、残疾人的家庭环境。

3. 护理性家庭访视　是在护理对象的家中提供的护理服务。目的是为居家患者提供连续性护理服务。通常是有计划地定期进行，主要用于慢性病患者、需要康复护理的患者、肿瘤晚期患者及临终患者。

4. 急诊性家庭访视　是对患者出现的临时问题或紧急情况提供服务的家庭访视。其目的是针对家庭成员出现的意外损伤、突发疾病等临时、紧急情况提供照护服务。

 考点提示

家庭访视的类型。

（四）程序

家庭访视的程序主要包括访视前准备、访视工作、访视后工作3个步骤。

1. 访视前准备

（1）确定访视对象：社区护士应充分利用有效的时间、人力和物力，有计划、有重点、有目的地安排访视的优先顺序。在安排访视顺序时应当优先考虑的情况包括：影响人数较多的健康问题；致死率较高的健康问题；患病后留有后遗症的患者；对预约健康筛查又未如期进行检查的患者，其疾病控制情况会影响今后生活质量的患者。

（2）明确访视目的：在进行家庭访视前，应根据家庭资料、住院资料和家庭健康档案等信息，明确访视目的，再确定访视的具体程序。

（3）准备访视用品：访视用品应按访视目的和访视家庭的实际情况进行准备。访视用品一般分为两类：一类是访视前准备的基本物品和根据访视目的增设的物品。基本物品包括：体检工具、消毒用品和外科器械、隔离物品、常用药物、记录单、健康教育材料以及联络工具等。此外，还可根据访视对象及访视目的添加相应的物品，如进行新生儿访视时，需要增加体重秤、指导母乳喂养的宣传资料等。另一类是可利用的家用物品，如毛巾、体温表等。

（4）联络访视对象：社区护士可通过电话联络访视对象，预约访视时间，并询问访视对象的家庭住址。

（5）安排访视路线：社区护士应根据具体情况安排当天的家庭访视路线，通常以顺路或就近原则进行路线安排，新生儿或问题较严重者的家庭访视安排在先，有传染病患者或感染性疾病患者的家庭访视安排在后。访视护士应在访视机构登记访视目的、出发时间及预计返回时间、访视家庭的具体住址、访视路线和联络方式，以便遇到特殊情况时，访视机构能尽早与访视护士取得联系。

2. 访视工作　访视分为初次访视和连续访视。初次访视的主要目的是建立良好的信任关系，收集家庭的基本资料，确定家庭的主要健康问题。连续访视是社区护士通过不断地收集家庭资料，对上一次访视计划进行评价和修订后，制订新的访视计划，并按新的计划进行护理和健康指导。访视工作按照家庭护理程序进行，即对家庭及家庭成员进行评估，发现健康问题，与访视对象共同制订护理计划，并根据需要为家庭及家庭成员提供护理服务及健康指导，再简要记录访视情况，最后结束访视。

3. 访视后工作

（1）消毒处理及补充物品：社区护士结束访视并回到社区卫生服务中心后，应将所有使用物品进行必要的消毒处理和整理，并补充访视包内的物品。

（2）记录与总结：每次访视后，护士都要对收集到的资料及实施的护理服务，用统一、规范的表格进行记录，并分析和总结护理效果和经验，书写家庭访视报告，总结护理效果与问题，及时对访视计划和效果进行评价，以便及时修订访视计划，提高访视效率。

（3）修订或调整护理计划：社区护士应根据家庭访视收集到的资料以及新出现的问题，及时修订或调整护理计划；若健康问题已解决，则可停止访视。

（4）协调合作：社区护士应经常与其他健康工作人员交流，商讨解决问题的办法。若现有资源不能满足访视对象的需求，且访视对象的问题无法在社区护士的职权范围内得到解决，则需为访视对象进行转诊或其他安排。

 考点提示

家庭访视的程序。

（五）家庭访视的注意事项

1. 家庭访视前准备充分　访视用品和材料要齐全。注意仪表、仪容，衣着大方、得体，携带身份证、工作证。如有必要，护士应有协访人员陪同，特别是访视对象是一名单独的异性时。初次访视时，应事先请居民委员会工作人员或楼长带领入户，使访视顺利进行。

2. 选择合适的访视时间　原则上应与访视对象预约访视时间。访视应尽量避开用餐和午休时间，时间一般控制在 1 小时内。若估计访视家庭可能会掩盖真实情况，则可进行突击性访视。

3. 态度诚恳　护士应如实说明来访目的，并做自我介绍，注意举止、言行得当，对访视对象表示出关心、尊重。

4. 确保访视过程的安全　进行家庭访视时，若家庭成员可能有危险或受伤，则应立即报警或通知急救中心。另外，护士还应避免单独前往偏僻的场所，如遇到危险或紧急情况（如打架斗殴、酗酒、吸毒等），可与访视对象另行预约访视时间，并立即离开。

5. 服务项目与收费问题　护患双方均应事先明确收费项目与免费项目。通常，家庭访视人员不直接参与收费。

6. 准确记录　护士应做好相关访视记录和文件的签署，谨慎对待不确定或没有定论的信息，避免引起医疗纠纷。

二、居家护理

（一）概念

居家护理是指社区护士到患者家中，向居住在家庭的患者、残障人员和精神障碍者提供连续的、系统的基本医疗护理服务。患者在家中不仅能享受到专业人员的照顾，还能享有正常的家庭生活，从而减少患者及家属往返于家庭和医院的次数，并且可节省医疗及护理费用。

（二）目的

1. 患者在出院后仍能得到连续性的医疗护理服务，从而减少往返于家庭和医院的次数。
2. 鼓励患者及家属学习自我照顾的知识和技能，提高生活质量。
3. 减轻家庭的经济负担，降低患者的复发率和再住院率。
4. 缩短住院时间，降低院内感染的发生率，减少住院费用。
5. 促进护理专业的发展，扩展护理专业领域。通过个体化、人性化的护理服务，同时提高护理人员的专业自信。

（三）对象

1. 出院后病情稳定，但仍需治疗和护理的患者，如术后患者、偏瘫患者以及有造口及插管的患者等。
2. 居家疗养的慢性病患者及康复期患者，如糖尿病、高血压、慢性阻塞性肺疾病、慢性肾病等患者。
3. 晚期肿瘤患者和临终患者，患者及家属有提高生活质量的护理需求者。
4. 自我照顾能力有限的失能、失智老人。

（四）形式

居家护理的形式主要包括家庭病床和家庭护理服务中心 2 种。

1. 家庭病床　是我国常用的居家护理形式，开始于 20 世纪 50 年代。这种模式促进了医疗资源的有效利用及再分配，减轻了患者的经济负担。但由于家庭病床服务需要大量的人力和经费，所以目前的服务侧重于治疗，而预防、健康促进方面的工作开展相对不够。

家庭病床的工作人员不固定，一般由医疗机构（综合医院或社区卫生服务机构）派遣护理人员到服务对象家中进行护理。护理时，应以护理程序为框架，向服务对象提供全面、系统的整体护理。其服务内容包括以下几方面：

（1）向出院患者发放护理指导卡，指导后续用药、并发症的观察和预防、功能锻炼及复诊等。

（2）建立家庭病床病历，制订、实施具体的治疗和护理方案。

（3）宣传预防、保健知识，指导家庭形成合理的生活、饮食方式，促进健康。

（4）介绍消毒、隔离方法，并指导患者或家庭成员正确使用家庭医疗器械。

（5）提供必要的护理技术服务和康复指导，如专科护士对患者家属进行造口、高血压、糖尿病及插管等方面的专科护理指导。

> **知识链接**
>
> **居家护理需要满足的条件**
>
> 1. 家庭中必须有负责照顾的人，社区护士提供照护服务只能是在进行家庭访视时。
> 2. 居家护理经费能纳入相关的医疗保险，这是基本保证。
> 3. 有明确的资源管理方案和经营方向。
> 4. 有健全的转诊制度，一旦居家患者病情发生变化，即可根据相应的制度办理转诊、入院。

2. 家庭护理服务中心　是发达国家的主要健康服务形式，在我国尚处于探索阶段。家庭护理服务中心一般由社会或民间组织设立，经费独立核算。工作人员固定，人员组成包括医师、社区护士、心理咨询师、营养师、康复医师及护理员等。家庭护理服务中心是对家庭中有照顾需求的对象提供入户护理服务的专门机构，是居家护理的发展方向。中心接到服务对象的申请后，由社区护士到其家中进行访视评估，再提供后续的针对性家庭服务。

自　测　题

一、选择题

1. 家庭成员"对家庭的影响力、控制权和支配权"在家庭内部结构中是
   A. 家庭权力　　　　　B. 家庭角色　　　　　C. 家庭价值观
   D. 沟通方式　　　　　E. 家庭教育

2. 护理人员进行家庭访视时应注意安全，下列描述错误的是
   A. 衣着大方、得体或按单位规定着装
   B. 随身携带工作证和身份证
   C. 准备好行程计划、联系家庭访视时间通常在 1 小时内
   D. 在家庭访视过程中遇到打架事件应予以劝阻
   E. 进行家庭访视前尽可能通过电话联系家庭访视对象，询问家庭住址

3. 家庭访视的时长一般是
   A. 15 分钟内　　　　　B. 30 分钟内　　　　　C. 45 分钟内
   D. 60 分钟内　　　　　E. 90 分钟内

4. 我国常用的居家护理形式是
   A. 家庭访视　　　　　B. 家庭病床　　　　　C. 家庭护理技能指导
   D. 家庭沟通成本　　　E. 家庭生活照顾

5. 患者女性，20 岁，学生，由其母陪同就诊，诊断为单纯性甲状腺肿，采用药物治疗并定期复查。医生要求患者母亲对患者的用药情况加以督促。然而，治疗 3 个月后，患者的病情仍未见好转。原因是患者父亲认为年轻人不需要每天服药，主张多锻炼，而母亲不敢多说，致使患者未按时用药。该问题表明该家庭对个人的作用体现在

A. 家庭权力中心 B. 家庭结构 C. 家庭功能
D. 家庭生活周期 E. 家庭关系

6. 刘先生夫妇与父母和15岁的女儿一起生活，刘先生是家中的经济支柱，也是该家庭中的权威人物，该家庭的权力结构类型是
A. 传统权威型 B. 情况权威型 C. 分享权威型
D. 民主权威型 E. 情感权威型

（7～8题共用题干）

张女士与王先生结婚后育有一女，目前5岁，正在就读幼儿园中班。孩子免疫力差，经常感冒。

7. 根据Duvall的家庭发展理论，该家庭所处的阶段是
A. 新婚期 B. 有婴幼儿期
C. 有学龄前孩子期 D. 有学龄孩子期
E. 有青少年子女期

8. 该阶段的护理要点是
A. 性生活指导 B. 儿童身心健康促进指导
C. 预防接种指导 D. 婚姻调适指导
E. 人际关系指导

（9～10题共用题干）

患者女性，50岁，患有糖尿病，饮食控制无效后使用降血糖药治疗。今日因不严格遵医嘱服药，饮食控制不佳，空腹血糖为 7.0～8.0 mmol/L。

9. 该患者居家期间最主要的护理诊断是
A. 药物依从性差 B. 饮食控制效果不佳
C. 运动效果不佳 D. 活动无耐力
E. 营养不良

10. 针对该护理诊断的护理目标是
A. 加强营养 B. 坚持锻炼
C. 需要时服药 D. 改善睡眠
E. 长期严格遵医嘱服药和控制饮食

二、简答题

1. 简述家庭的功能。
2. 简述家庭访视的类型并举例说明。

三、案例分析题

1. 王先生，29岁，其妻子李女士27岁，两人于1年前结婚。2个月前，李女士分娩一对双胞胎女婴。王先生的父母与他们同住，帮助照顾孩子。

请回答：

（1）王先生的家庭类型是什么？

（2）王先生一家处于家庭生活周期的哪个阶段？目前面临的主要问题是什么？

2. 叶先生，62岁，患有冠心病，并于2年前行冠脉支架植入术。社区王护士拟于明天上

午对其进行常规家庭访视,以了解其冠心病管理情况。

请回答:

王护士为叶先生提供家庭访视服务时应注意什么?

(任 崇)

第五章　社区儿童、妇女与老年人保健

学习目标

1. 描述新生儿家庭访视及儿童生长发育监测的内容，预防接种程序及禁忌证；叙述围生期、产褥期和围绝经期妇女保健措施。
2. 说出老年人的患病特点；叙述老年人健身及用药的注意事项。
3. 能运用新生儿访视相关知识，进行新生儿家庭访视；能运用相关保健知识，针对各年龄阶段的儿童青少年、妇女及老年人群进行保健指导。
4. 具备关爱儿童、青少年的职业素养。
5. 能解决社区老年人常见的健康需求。
6. 能运用所学的社区护理知识和技能为老年人实施护理。
7. 培养学生尊老爱老的传统美德和严谨求实的工作作风。

第一节　社区儿童保健

案例导入 5-1

产妇万女士，30岁，8天前剖宫产分娩一女婴，现母女已出院回家。社区护士对其进行家庭访视。社区护士评估结果：产妇情绪稳定，已泌乳，而且能够满足新生儿的需求；睡眠不佳；宫高位于脐下一横指，有血性恶露；新生儿体重3500 g，身长50 cm，现为纯母乳喂养，未接种卡介苗。为方便哺乳，产妇和新生儿睡一张床。产妇的婆婆目前主要负责照顾新生儿，自述希望社区护士能提供新生儿相关的护理指导。

问题与思考：
1. 如果你是社区护士，应重点关注新生儿的哪些问题？
2. 社区护士应为新生儿家庭提供哪些新生儿护理指导？

儿童是家庭的希望，祖国的未来。儿童的健康状况决定了未来的人口素质。世界卫生组织（WHO）指出，儿童保健的目标是保障每个儿童都能在健康环境中成长，包括得到充足的营养，接受适宜的健康指导，获得合理、有效的卫生资源，获得爱及安全感。社区护士应按照不同年龄阶段儿童的生长发育特点，提供系统、连续的保健服务，促进儿童生长发育，增强体质，预防儿童常见病、多发病，降低儿童患病率和死亡率，促进儿童及青少年生理、心理和社会适应能力的良好发展。

一、概述

儿童和青少年处于生长发育的动态变化过程中，这是人类生命周期中身心发展最快的阶段。根据其生理、心理特点，可将生长发育过程分为新生儿期、婴幼儿期、学龄前期、学龄期及青少年期5个阶段。其中，处于新生儿期、婴幼儿期和学龄前期的儿童统称为学龄前儿童；处于学龄期和青少年期的儿童统称为学龄儿童。各年龄期并不是截然分开的，他们之间既有联系，又有区别。《国家基本公共卫生服务规范（2017年版）》中将0~6岁学龄前儿童作为我国现阶段儿童保健的重点人群。社区卫生服务机构为儿童提供的保健管理的具体内容包括以下两方面。

（一）学龄前儿童的保健管理内容

1. 新生儿期　自胎儿娩出、脐带结扎至出生后满28天为新生儿期。此期新生儿脱离母体，开始独立生活。由于环境发生了巨大变化，新生儿需要进行生理功能调适，以逐渐适应外界环境。由于自身调节能力还不成熟，适应环境的能力较差，新生儿容易发生窒息、出血、溶血、感染等情况，患病率和死亡率均较高。因此，此期的保健管理主要是通过社区卫生服务人员进入家庭，对新生儿及家庭成员进行家庭访视。服务内容主要包括：重点询问和观察新生儿的喂养、睡眠、排泄、黄疸等情况，对其进行体重、身长、头围测量和体格检查，对家长进行喂养、发育和疾病预防指导。

2. 婴幼儿期　自出生后28天到3周岁为婴幼儿期。此期婴幼儿生长发育迅速，对营养物质尤其是蛋白质的需要量相对较大，但消化、吸收功能尚不成熟，加之从母体获得的免疫力逐渐消失，自身免疫力下降，容易发生消化不良、营养紊乱。此期的保健管理主要是在乡镇卫生院或社区卫生服务中心进行定期保健服务。服务内容包括：按免疫规划进行预防接种以及定期随访。随访次数为8次，时间分别是3月龄、6月龄、8月龄、12月龄、18月龄、24月龄、30月龄和36月龄。随访内容主要包括：询问婴幼儿喂养、患病等情况，进行体格检查，进行生长发育和心理行为发育评估，进行科学喂养、生长发育、疾病预防、意外伤害预防、口腔保健等健康指导。在婴幼儿6~8月龄、18月龄、30月龄时，分别进行1次血常规（或血红蛋白）检查。在6月龄、12月龄、24月龄、36月龄时，采用测听法分别进行1次听力筛查。

3. 学龄前期　自满3周岁至6~7岁入小学前为学龄前期。此期的特点是体格发育速度相对减慢但仍呈稳步增长，智力发育更加完善，免疫功能逐渐增强，个性开始形成。此期的保健管理除继续按免疫规划进行预防接种外，还包括为学龄前儿童提供每年1次的健康管理服务。服务内容包括：了解膳食、患病等情况，进行体格检查和心理行为发育评估，进行血常规（或血红蛋白）检查和视力检查，进行合理膳食、生长发育、疾病预防、意外伤害预防、口腔保健等健康指导。

（二）学龄儿童的保健管理内容

学龄儿童接受着小学、初中和高中阶段的教育。其中，自进入小学开始（6~7岁）至青春期来临前的时期为学龄期（相当于小学阶段）；女孩从11~12岁开始到17~18岁，男孩从13~14岁开始到18~20岁为青春期（相当于中学阶段）。社区卫生服务中心机构与学校密切配合，为儿童和青少年提供每年1次的健康管理服务。此期的服务内容包括：进行体格检查以及常见健康问题和青春期性教育等方面的健康指导服务。

二、学龄前儿童保健指导

（一）新生儿期

新生儿期可出现生理性体重下降、黄疸、脐带脱落、溢乳等问题，还可能由于环境温度过高、过低等原因而出现脱水热、低体温等情况。因此，社区护士对新生儿期的保健指导主要包括以下几方面内容。

1. 家庭访视　新生儿家庭访视是社区卫生服务工作的重要内容。新生儿出院后1周内，医护人员应到新生儿家中进行访视，同时进行产后访视。

（1）访视目的：定期对新生儿进行健康检查，早期发现问题，及时指导处理，降低新生儿发病率、死亡率或减轻病情，进行科学育儿指导。

（2）访视时间：自新生儿出院后至出生后 28 天内，家庭访视不少于 3～4 次，按访视时间分为初访（出生后 3 天内）、周访（出生后 5～7 天）、半月访（出生后 10～14 天）和满月访（出生后 27～28 天）。出生后 42 天左右，产妇应到分娩医院进行检查。

（3）访视内容：可归纳为"一观察、二询问、三检查、四教育、五处置"。每次访视的重点内容为如下所述。

1）初访重点内容：①观察新生儿居室内的环境，如温度、湿度、通风状况、安全及卫生情况等。观察新生儿的一般情况，如面色、呼吸、吸吮能力等。②询问新生儿出生情况，出生方式，有无窒息史，出生时的体重，是否接种卡介苗、乙肝疫苗，以及哺乳、睡眠和排尿、排便情况。③测量体重、身长和体温。注意检查有无黄疸，脐部有无感染、出血等。检查是否有听觉障碍和其他先天性畸形。④指导母乳喂养，介绍新生儿期的家庭护理知识。⑤发现异常问题应及时予以指导和处理，并做好记录，预约下次访视时间。

2）周访重点内容：①观察新生儿的一般情况。②询问新生儿吮奶、哭声、排尿、排便情况，家长在喂养和护理过程中是否遇到新问题，并予以指导。③检查脐带是否脱落，若已脱落，则应检查脐窝是否正常；检查臀部皮肤是否发红，皮肤皱褶处有无破损、糜烂等。④对存在的问题予以处理和指导。

3）半月访重点内容：①检查生理性黄疸是否消退。②测量身长、体重，判断生理性体重下降的恢复情况；如未恢复，则应分析原因并予以指导；进行听力检查。③对新生儿补充维生素 D 的方法进行指导，以预防佝偻病。

4）满月访重点内容：①询问喂养、护理情况。②测量体重，进行全面体格检查；若发现异常，则应找出原因并予以指导。

每次访视后，护士都应认真填写新生儿访视卡。满月访结束时，进行新生儿访视小结，并指导家长继续进行婴幼儿生长发育监测和定期健康检查。每次访视时，应根据新生儿、家长及家庭的具体情况进行有针对性的指导。

考点提示

新生儿访视。

---

2. 营养与喂养　宣传母乳喂养的优点，鼓励和支持母乳喂养，指导产妇哺乳的方法和技巧，并指导其观察乳汁分泌是否充足，新生儿吸吮是否有力。若确认母乳不足或者无法进行母乳喂养，则应指导产妇采取科学的人工喂养方法。

3. 日常生活照护　告知家长新生儿房间应保持空气清新，阳光充足，通风良好，温度、湿度适宜，随季节变化及时调节室温，并增减衣物、包被。有条件的家庭，室内温度应保持在 22～24℃，湿度以 55%～65% 为宜。指导家长冬季应正确使用热水袋或代用品保暖，以防止烫伤新生儿；夏季应避免室内温度过高。

指导家长观察新生儿的一般情况，如精神状态、面色、呼吸、体温和排尿、排便情况等，了解新生儿的生活方式。新生儿皮肤娇嫩，且新陈代谢旺盛，应每日洗澡，以保持皮肤清洁。衣物宜选用柔软的棉布材质，并保持清洁、干燥。衣着宽松，以不妨碍肢体活动为宜。应勤换尿布（或纸尿片），以防止臀部皮肤发红。新生儿脐带脱落前，应注意保持局部清洁、干燥。

4. 预防疾病和意外　告知家长定时开窗通风，保持居室空气清新。尽量减少亲友探视，保持新生儿用具及居住环境的清洁、卫生，避免交叉感染。指导家长正确使用尿布，注意尿布勿覆盖脐部，以防止尿液、粪便污染脐部。每次沐浴后，用 75% 乙醇消毒脐带残端及其周围皮肤 1～2 次，应由内向外旋转式消毒，保持脐部清洁、干燥。当发现脐部红肿或有分泌物时，应及时就诊。指导家长按时带新生儿接种卡介苗和乙肝疫苗。新生儿出生2周后，应遵医嘱予以口服维生素D，以预防佝偻病的发生。提醒家长注意防止因包被过严、哺乳姿势不当、乳房堵塞新生儿口鼻等造成新生儿窒息。新生儿早期应进行先天性疾病（如遗传性代谢病）的筛查。目前我国主要筛查的疾病有苯丙酮尿症、先天性甲状腺功能减退症、半乳糖血症。此外，还需要对新生儿进行听力筛查。

（二）婴幼儿期

婴幼儿期包括婴儿期和幼儿期。婴儿期是从出生后28天到满1周岁的时期；幼儿期是从1周岁到满3周岁的时期。此期婴幼儿体格和智力发育迅速，意外事故发生率高。因此，社区护士应根据婴幼儿的生长发育特点进行相应的健康指导。

1. 营养与喂养　应告知家长，对6个月以内婴儿，提倡纯母乳喂养；对6个月以上婴儿，需按时添加辅食。应向家长介绍辅食添加的原则与顺序、食物的选择和制作方法等。根据具体情况指导断乳，断乳应采取渐进的方式，以春、秋两季较为适宜。同时，应注意断乳时婴幼儿可能出现焦躁不安、易怒、失眠或啼哭等表现，并告知家长予以婴幼儿特别的关心和爱护。

婴幼儿在2岁半以前，乳牙未出齐，食物以细、软、烂、碎为原则，注意供给足够的能量和优质蛋白。食物的种类和制作方法需经常变换，做到饮食多样化和色、香、味俱全。婴幼儿18月龄左右会出现生理性厌食，表现为食欲减退和偏食，应指导家长掌握合理的喂养方法和技巧，使婴幼儿养成良好的饮食习惯。

2. 日常生活照护　婴幼儿衣着应舒适、宽松，便于穿脱和四肢活动。臀部不宜包裹塑料布和橡皮布，以防止发生尿布性皮炎。同时，应保证婴幼儿睡眠充足，睡前避免过度兴奋，保持身体清洁、干爽和舒适。通常，侧卧是最安全和舒适的睡姿，但应注意交替更换左右两侧，以免引起面部或头部变形。此外，家长还应每日带婴幼儿进行户外活动，协助婴儿做主动和被动运动，对婴幼儿进行视觉、听觉和触觉等刺激，以促进大脑发育。

婴幼儿的自理能力不断增强。为培养其独立性并确保安全，婴幼儿的衣着应宽松、保暖、轻便，以利于其自行穿脱衣物与活动。应注意使婴幼儿养成良好的生活习惯，保证每日睡眠12～14小时。此外，还应注意口腔保健。

3. 预防疾病和意外　指导家长按照免疫规划，继续完成预防接种的基础免疫，并注意预防急性传染病的发生；定期进行健康检查和生长发育监测，并进行视力、听力检查；注意预防佝偻病、营养不良、肥胖症和营养性缺铁性贫血等疾病的发生。对婴幼儿常见的健康问题，如腹泻、腹痛、湿疹、尿布疹等，应根据具体情况进行健康指导。指导家长防止婴幼儿吸入异物、窒息、中毒、触电、烧伤和烫伤等意外事故的发生。不宜让婴幼儿独自留在家中或外出；幼儿接触的环境中应避免有致其烫伤、触电、溺水、摔伤等危险因素，婴幼儿接近水源时须密切看护；确保婴幼儿远离火源、热源和电源，注意环境安全，防止跌倒或坠床。所有门窗、阳台、床都应牢固，并安装护栏。妥善放置药品或有毒物质，防止婴幼儿中毒。

4. 早期教育　指导家长用带有声、光、颜色的玩具促进婴幼儿的视觉、听觉等感知觉发育；为婴幼儿提供运动的空间和机会，以促进动作的发展；创造良好的语言环境，利用各种机会对婴幼儿进行持续的语言训练。

婴幼儿有强烈的好奇心、求知欲和表现欲，家长应加强与婴幼儿的语言交流，通过游戏、讲故事、唱歌等促进婴幼儿语言发育与运动能力的发展，并根据不同的年龄选择合适的玩具。训练婴幼儿自行进食和排尿、排便。重视品德教育，从小培养良好的行为习惯，使婴幼儿在与他人分享、诚实友善、尊敬长辈等行为体验中受到教育。

（三）学龄前期

学龄前儿童体格生长速度相对较慢，但智力发展迅速且好奇心强，模仿能力和可塑性较强，是性格形成的关键期。此期儿童的保健指导主要是与托幼机构保健医生共同完成的，具体内容包括以下几方面。

1. 营养与膳食　学龄前儿童饮食接近成人，应重视膳食多样化，并做到粗、细、荤、素等食物合理搭配，保证热量和蛋白质的适量摄入，同时注意培养良好的饮食习惯和进餐礼仪。

2. 日常生活护理　学龄前儿童已有部分自理能力，虽然在学习自己进食、洗脸、刷牙等动作时还不协调，常需要他人帮助，但应指导家长积极给予其鼓励，培养其自理能力。

3. 预防疾病和意外　学龄前儿童的免疫功能逐渐增强，感染性疾病的发生逐渐减少，但过敏性疾病发病率开始增高，应每年进行1~2次健康检查，并继续进行生长发育监测。注意筛查与矫治近视、龋齿、缺铁性贫血、寄生虫病等常见病。对家长开展安全教育，采取相应的安全防护措施，以预防外伤、溺水、中毒、交通事故等意外的发生。

4. 早期教育　应注重培养学龄前儿童的学习习惯、想象力与思维能力，使之具备良好的心理素质。指导家长有意识地引导儿童进行较复杂的智力游戏，增强其思维能力和动手能力。同时，应注重品德教育和多方面兴趣的培养。

5. 常见心理行为问题的防治　学龄前儿童常出现吸吮拇指和咬指甲、遗尿、攻击性行为、破坏性行为等行为问题，应指导家长认真分析原因，采取有效措施加以矫正。

三、学龄儿童保健指导

（一）学龄期

学龄儿童由幼儿园进入小学学习，开始接触社会，认知和心理社会发展非常迅速，同伴、学校和社会对其影响较大。同时，学龄儿童除生殖系统外，其他系统器官已逐步接近成人水平，脑的发育基本完成，理解、分析、综合能力增强，是接受科学文化教育的重要时期。这一时期，社区护士应与学校和家长加强沟通和联系，关注儿童发展。

1. 营养与膳食　学龄儿童的膳食应注意营养充足且均衡，以满足其生长发育、紧张学习和体力活动等需求，要重视早餐和课间餐。同时，应注意补充铁，以降低贫血发病率。学校和家长应对儿童进行营养卫生知识宣传教育，使儿童养成良好的饮食习惯，并注意纠正挑食、偏食等不良习惯。

2. 良好行为习惯的培养　注重培养学龄儿童良好的学习习惯和睡眠习惯。做到早晚刷牙、饭后漱口以及饭前、便后洗手等，养成良好的卫生习惯。读书、写字时，要求孩子保持与书本的距离达30 cm以上，并保持良好的光线，避免不良用眼卫生，同时教会学龄儿童简单、有效的眼保健方法，定期进行视力检查。指导学龄儿童进行户外活动和体育锻炼，通过体育锻炼培养儿童的毅力和奋发精神，通过兴趣培养陶冶高尚情操。充分利用各种机会和宣传工具，有计划、有目的地帮助学龄儿童抵制社会上各种不良风气的影响。

3. 预防疾病和意外　预防和及时治疗各种感染，以降低免疫性疾病（如哮喘、风湿病、过敏性紫癜、肾病综合征等）的发病率；为学龄儿童提供良好的学习环境，使其保持正确的坐、立、行走和读书、写字姿势，注意用眼卫生，预防近视；监督学龄儿童正确清洁牙齿，定期进行口腔检查；同时对学龄儿童进行法制教育，通过学习交通规则和意外事故的防范知识，增强安全意识，减少意外的发生。

4. 常见心理行为问题的防治　学龄儿童常见的心理行为问题是学校恐惧症，表现为在校上学时出现焦虑不安、易惊恐、恶心、呕吐、腹泻、头痛或腹痛等症状，如果被允许留在家中或放学、放假时，上述症状就会缓解或消失，可能与上学时害怕老师及考试、不愿与父母分离、不适应学校环境等有关。应指导家长及时查明原因，并采取相应的措施。

（二）青春期

青春期是由儿童发育到成人的过渡阶段，是青少年的身体发生迅速成熟变化的时期，是一生中决定体格、体质、心理发育和智力发展的关键时期。此期青少年的认知、心理社会和行为发展日趋成熟，但由于神经内分泌调节功能尚不稳定，故其心理、行为、精神方面尚不稳定，容易受到社会和周围环境的影响。社区护士应与学校和家长共同维护和促进青少年的身心健康，使其德、智、体、美、劳全面发展。

1. 营养与膳食　青少年脑力和体力消耗大，必须增加热能、蛋白质、维生素及矿物质等营养素的摄入。应指导青少年合理搭配食物、平衡膳食，并保持良好的饮食习惯。《中国居民营养与慢性病状况报告（2020年）》数据显示，6～17岁儿童生长迟缓率为2.2%，贫血发生率为6.1%，钙、铁、维生素A等微量元素不足或缺乏等现象普遍存在，超重、肥胖的发生率为19%。营养缺乏可导致儿童、青少年生长发育迟缓、消瘦，营养过剩又可引起超重、肥胖的现象。如果不加以控制，则超重、肥胖问题很容易延续到成年期，使2型糖尿病、高血压等慢性非传染性疾病的患病风险增加。

2. 良好行为习惯的培养

（1）戒除不良嗜好：大力宣传吸烟、酗酒、吸毒及滥用药物的危害，强调青少年要对自己的生活方式和健康负责，帮助其养成不吸烟、不酗酒的健康生活方式。

（2）体育锻炼：指导青少年进行适当的体育锻炼，从而加快新陈代谢，增强呼吸功能和心肺功能，有利于骨骼和肌肉的生长。

（3）睡眠与休息：指导青少年保持充足的睡眠和休息，良好的睡眠有助于保持正常代谢水平和免疫功能、缓解疲劳等。《健康中国行动（2019—2030年）》倡导合理安排儿童作息，保证小学生每天睡眠时间达到10小时、初中生达到9小时、高中生达到8小时。在保证充足睡眠的基础上，还要养成良好的睡眠习惯，如按时就寝、按时起床的作息习惯。

3. 性教育　应加强青春期生理、心理卫生和性知识教育，并根据青少年的心理特点对其进行正确的引导，使其正确对待和处理性发育过程中的各种问题，学习如何与异性正常交往，学会自爱、自重、自强，并对自己的性行为负责。

4. 常见心理行为问题的防治　青少年常见的心理行为问题是自杀。应加强与青少年的沟通和交流，了解其内心的想法和感受，帮助其树立乐观的生活态度，学会释放压力，必要时进行心理治疗。

四、预防接种

儿童计划免疫是根据儿童某些传染病流行情况和免疫状态，按照科学的免疫程序有计划地使用疫苗对儿童进行预防接种，如儿童脊髓灰质炎疫苗、乙型肝炎疫苗计划免疫等。应严格实施基础免疫（即首次接种）及适时地进行加强免疫（即再次接种），以提高儿童机体免疫力，达到预防、控制和消灭传染病的目的。儿童计划免疫是《中华人民共和国疫苗管理法》赋予每个儿童的基本权利，也是降低婴儿和儿童发病率最为有效的干预措施。其中，预防接种是计划免疫的核心，因此必须有效地提高疫苗覆盖率及免疫接种率。

（一）预防接种的相关概念

1. 预防接种　是指有针对性地将生物制品（即疫苗）接种到机体内，使个体获得对某种传染病的特异性免疫力，从而保护易感人群、预防该传染病发生的措施。

2. 免疫规划　是根据疫情监测和人群免疫状况分析，按照规定的免疫程序，有计划、有组织地利用疫苗进行预防接种，以提高人群的免疫水平，达到控制甚至最终消灭相应传染病的目的的方法。与计划免疫相比，免疫规划更强调国家免疫策略的制定和实施。

3. 免疫接种率　是指已经进行免疫预防接种的人数占应该接种人群总数的比例。

> **知识链接**
>
> **我国常规免疫接种率的监测**
>
> 常规免疫接种率监测是我国免疫规划的一项基础性工作。1999年,我国正式建立了常规免疫接种率报告系统。2014年,免疫规划信息管理系统预防接种监测模块正式上线。按照我国预防接种工作规范的相关要求,采用统一报表格式收集国家免疫规划疫苗常规免疫接种数据,以评价预防接种工作进展。常规免疫接种率是评价免疫规划工作进展情况和成效的重要指标之一。
>
> 社区卫生服务中心、乡镇卫生院等接种单位每月收集和汇总辖区接种单位上报的国家免疫规划疫苗常规免疫接种率报表,通过中国免疫规划信息管理系统进行报告,地方各级疾病预防控制机构逐级审核和管理报告数据。《"十四五"国民健康规划》和《中国儿童发展纲要(2021—2030年)》均要求"以乡(镇、街道)为单位适龄儿童国家免疫规划疫苗接种率≥90%"。2020年和2021年,我国适龄儿童国家免疫规划疫苗总报告接种率分别为99.20%和99.27%,接种率总体处于较高水平。

(二)疫苗的种类与预防接种程序

目前,用于儿童计划免疫的疫苗分为两类,分别是第一类疫苗和第二类疫苗。第一类疫苗是指政府免费向公民提供,公民应当依照政府的规定受种的疫苗,包括国家免疫规划确定的疫苗,省级人民政府在执行国家免疫规划时增加的疫苗,以及县级以上人民政府或者其卫生行政部门组织的应急接种或群体性预防接种所使用的疫苗。第二类疫苗是指由公民自费并且自愿受种的其他疫苗。其中,国家免疫规划疫苗包括儿童常规接种疫苗和重点人群接种疫苗。儿童常规接种疫苗及计划免疫程序(包括疫苗的类型、接种时间、途径、部位和剂量等)见表5-1。

表5-1 国家免疫规划疫苗儿童常规接种疫苗及计划免疫程序

预防疾病名称	疫苗名称	接种时间	接种途径	接种部位	接种剂量/剂次
乙型病毒性肝炎	乙肝疫苗	出生时、1月龄、6月龄	肌内注射	上臂三角肌	10 μg或20 μg
结核病[1]	卡介苗	出生时	皮内注射	上臂三角肌中部略靠下	0.1 ml
脊髓灰质炎	脊髓灰质炎灭活疫苗	2月龄、3月龄	肌内注射	上臂三角肌	0.5 ml
	脊髓灰质炎减毒活疫苗	4月龄,4岁	口服		1粒或2滴
百日咳、白喉、破伤风	百白破混合疫苗	3月龄、4月龄、5月龄、18月龄	肌内注射	上臂外侧三角肌	0.5 ml
	白破混合疫苗	6岁	肌内注射	上臂三角肌	0.5 ml
麻疹、风疹、流行性腮腺炎	麻腮风疫苗(流行性腮腺炎活疫苗与麻疹和风疹病毒活疫苗)	8月龄、18月龄	皮下注射	上臂外侧三角肌下缘附着处	0.5 ml
流行性乙型脑炎[2]	流行性乙型脑炎减毒活疫苗	8月龄、2岁	皮下注射	上臂外侧三角肌下缘附着处	0.5 ml
	流行性乙型脑炎灭活疫苗	8月龄(2剂次)、2岁、6岁	肌内注射	上臂外侧三角肌下缘附着处	0.5 ml

续表

预防疾病名称	疫苗名称	接种时间	接种途径	接种部位	接种剂量/剂次
流行性脑脊髓膜炎	流脑A群多糖疫苗	6月龄、9月龄	皮下注射	上臂外侧三角肌附着处	0.5 ml
	流脑A、C群多糖疫苗	3岁、6岁	皮下注射	上臂外侧三角肌附着处	0.5 ml
甲型病毒性肝炎[3]	甲型肝炎减毒活疫苗	18月龄	皮下注射	上臂外侧三角肌附着处	0.5 ml 或 1.0 ml
	甲型肝炎灭活疫苗	18月龄、2岁	肌内注射	上臂三角肌附着处	0.5 ml

注：[1] 主要是指结核性脑膜炎、粟粒型肺结核等；

[2] 选择流行性乙型脑炎减毒活疫苗接种时，采用2剂次接种程序；选择流行性乙型脑炎灭活疫苗接种时，采用4剂次接种程序，第1、2剂间隔7~10天；

[3] 选择甲型肝炎减毒活疫苗接种时，采用1剂次接种程序；选择甲型肝炎灭活疫苗接种时，采用2剂次接种程序

（三）预防接种的禁忌证

有下列情况应禁忌或暂缓接种。

1. 患有自身免疫性疾病、免疫缺陷、正在使用免疫抑制剂（如糖皮质激素）治疗、放射治疗及化疗期间。
2. 患有急性传染病（包括有接触史而未过检疫期者）。
3. 患有严重慢性病，如心脏病、高血压、肾病、肝病等。
4. 脑发育不全或既往有惊厥史。
5. 患有荨麻疹、哮喘等过敏性疾病。
6. 近期注射过大量免疫球蛋白者，6周内不应接种麻疹疫苗。
7. 患有感冒、腹泻等一般性疾病时，视情况可暂缓接种。

（四）预防接种的准备及注意事项

1. 环境准备　接种场所光照充足，空气流通，温度适宜，接种及急救物品摆放有序。
2. 心理准备　做好解释、宣传工作，及时消除家长和儿童的紧张、恐惧心理；接种宜在餐后进行，以免发生晕厥。
3. 严格执行免疫程序　掌握接种剂量、次数、间隔时间和不同疫苗的联合免疫方案。一般接种活疫苗后需间隔4周、接种灭活疫苗后需间隔2周，再接种其他活疫苗或灭活疫苗。
4. 严格执行查对制度及无菌操作原则　仔细核对儿童的姓名、年龄，严格按规定的接种剂量接种。局部用2%碘酊及75%乙醇消毒皮肤，待干后注射；接种活疫苗时，只用75%乙醇消毒。抽吸疫苗制剂后，剩余药液若放置超过2 h，则不能再使用；接种后剩余的活菌苗应烧毁。
5. 及时记录　按规定在接种证上做好登记，以保证接种及时、全程足量，避免重种、漏种，未接种者须注明原因，必要时进行补种。应向家长交代接种后的注意事项及处理措施，并及时预约下次接种时间。

（五）预防接种的反应及处理

1. 一般反应

（1）局部反应：接种后数小时至24小时，局部可出现红、肿、热、痛，有时伴有淋巴结肿大。红肿直径在2.5 cm以下为弱反应；2.6~5.0 cm为中等反应；5.0 cm以上为强反应。局部反应

可持续2~3天。接种活菌（疫）苗后，局部反应出现晚，持续时间长。个别儿童接种麻疹疫苗后5~7天，可出现皮疹等反应。对局部反应较轻者不需要处理，对反应严重者可予以局部热敷。

（2）全身反应：主要表现为发热，一般于接种后5~6小时体温升高，持续1~2天，多为中、低度发热。体温37.5℃以下为弱反应，37.5~38.5℃为中等反应，超过38.6℃为强反应。此外，还可伴有头痛、恶心、呕吐、腹痛、腹泻、全身不适等。全身反应较轻者适当休息即可，对全身反应较重者可予以对症处理，并指导儿童注意休息，多饮水。

2. 异常反应

（1）过敏性休克：表现为接种后数分钟或0.5~2小时内出现烦躁不安、面色苍白、口周青紫、四肢湿冷、呼吸困难、脉搏细速、恶心、呕吐、惊厥、排尿及排便失禁，甚至昏迷。若不及时抢救，则可在短时间内出现生命危险。此时应使患儿取平卧位，头稍低，注意保暖，并立即予以皮下或静脉注射1:1000肾上腺素0.5~1ml，必要时可重复注射。有条件的情况下应予以氧气吸入，待患儿病情稳定后，应尽快将其转至医院继续治疗。

（2）晕针：儿童常由于空腹、疲劳、室内闷热、紧张或恐惧等原因，在接种时或接种后数分钟内突然出现头晕、心悸、面色苍白、出冷汗、手足冰凉、心率加快等症状。晕针是由于各种刺激引起反射性周围血管扩张所导致的一过性脑缺血现象。此时应立即使患儿平卧、头稍低，保持安静，予以饮少量温水或糖溶液，短时间内即可恢复正常。对数分钟后仍不能恢复正常者，可针刺人中部位，也可皮下注射1:1000肾上腺素，每次0.5~1ml。

（3）过敏性皮疹：以荨麻疹最为多见，一般于接种后数小时至数天内出现，服用抗组胺药后即可痊愈。

（4）全身感染：原发性或继发性免疫缺陷病患者接种活菌（疫）苗后，可发生全身感染，如接种卡介苗后引起播散性结核，应积极予以相应的抗感染治疗。

> **思政园地**
>
> ### 《中华人民共和国疫苗管理法》的"五个严格"
>
> 《中华人民共和国疫苗管理法》是为了加强疫苗管理，保证疫苗质量和供应，规范预防接种，促进疫苗行业发展，保障公众健康，维护公共卫生安全而制定的法律。这是我国首创、世界首部专门为疫苗研制、生产、流通和预防接种及其监督管理制定的法律，自2019年12月1日起施行。国家对疫苗实行最严格的管理制度，坚持安全第一、风险管理、全程管控、科学监管、社会共治。
>
> 1. 实行严格的研制管理　对研制过程中的生物安全控制，临床试验中的特殊管理都作出了相应规定。
>
> 2. 实行严格的生产准入制度　从事疫苗生产活动，除须符合我国《中华人民共和国药品管理法》规定的一般要求外，还必须符合产能储备、生物安全制度和设施等方面的相关要求。
>
> 3. 实行严格的过程控制　疫苗生产过程要持续符合核准的工艺和质量控制标准；产品上市前的审核、检验，上市后的持续质量控制等也必须符合相应的具体要求。
>
> 4. 实行严格的流通配送管控　配送疫苗须严格遵守疫苗储存、运输管理规范，以保证疫苗质量。
>
> 5. 实行严厉的处罚　对生产、销售假劣疫苗或违反相关质量管理规范等违法行为，相应的处罚远比一般药品严厉。
>
> 通过对疫苗实施全过程、全环节、全方位的严格管理，将进一步提升我国疫苗产品质量，增强人民群众对疫苗安全的信心。

第二节 社区妇女保健

> **案例导入 5-2**
>
> 王女士，51岁，自诉近半年月经周期紊乱，周期为15～50天，经期延长至10～14天，月经量比以往少，并经常感到发热、面色潮红、出汗，伴头晕、心悸。王女士近期明显感觉体力下降，记忆力减退，睡眠变差，心情压抑，遂来妇科门诊咨询、检查。
>
> 问题与思考：
> 1. 请根据围绝经期妇女的生理特点及临床表现制订相应的健康教育计划。
> 2. 对围绝经期妇女进行健康教育与保健指导。

妇女保健工作是我国卫生保健事业的重要组成部分。妇女是一个特殊的群体，在生理、心理上有其自身的特点。因此，全社会都应高度重视妇女保健工作，积极行动起来，共同维护妇女的健康权益和促进妇女的健康水平。

一、概述

妇女保健是针对妇女不同的生命周期所采取的综合性保健服务，以维护和促进妇女健康为目的，以"保健为中心，临床为基础，保健与临床相结合，以生殖健康为核心，面向基层，面向群众"为工作方针，开展以群体为服务对象的妇女各期保健工作，从而维护妇女健康，维护家庭幸福和后代健康，提高人口素质。其目的是通过积极的预防、普查、监测和保健措施，做好妇女各期保健，以降低患病率，消灭和控制包括传染病在内的某些疾病的发生，控制性传播疾病的传播和流行，降低孕产妇和围产儿死亡率，维护和促进妇女身心健康。

妇女保健涉及女性的青春期、生育期、围产期、绝经过渡期和绝经后期，主要内容包括研究各期的特点和保健要求，以及影响妇女健康的卫生服务、社会环境、自然环境和遗传等方面的各种高危因素，制定保健措施和管理方法，开展妇女各期保健、妇女常见病和恶性肿瘤的普查与治疗、计划生育指导、妇女劳动保护、妇女心理保健等保健工作，以利于提高妇女健康水平。

二、妇女不同时期的保健指导

女性一生通常要经历胎儿期、新生儿期、儿童期、青春期、性成熟期、围绝经期和绝经后期。由于各生理阶段均有其各自的特点，因此，相应的卫生保健重点内容也不尽相同。本节主要阐述围婚期、妊娠期、产褥期、围绝经期的生理、心理特点及相应的保健指导。

（一）围婚期

围婚期是指从确定婚配对象到婚后受孕为止的一段时期，包括婚前、新婚和婚后受孕前三个阶段。此期的预防保健工作重点是优生优育。其目的是促进母婴健康和提高出生人口素质。

1. 婚前准备

（1）配偶的选择：婚姻不仅是两性的结合，而且会孕育出新的生命，下一代的素质通常受到夫妻双方的健康状况和遗传因素等影响。优生始于择偶，择偶不仅要有情感和两性关系的基础，还要有科学的态度与理智的思考，要考虑健康因素、遗传因素及其他因素对下一代的影响。从优生的角度而言，选择配偶时应综合考虑以下三个方面因素。

1）健康状况：夫妻双方的健康状况是优生的根本条件。青年男女在交往时就应先向对方介绍自己和家庭的健康状况,并了解对方的健康状况。某些疾病(如遗传性精神病)患者是不宜结婚后生育的;某些严重慢性疾病及传染病(如活动性肺结核)患者在治愈前是不宜结婚的;家族或近亲中有严重遗传性疾病或遗传致病基因者也不宜生育。

2)近亲不相恋:直系血亲或三代以内的旁系血亲之间不能通婚。因其具有相同的遗传基因,可导致出生缺陷而影响优生。

3)适宜的结婚年龄:20岁以前不宜结婚,因为结婚年龄过早,身心发育尚不成熟,不能完全理解家庭的概念和责任,对建立家庭后所带来的压力尚缺乏正确的认识和良好的应对能力,容易造成婚姻与家庭关系不稳固。

(2)婚前医学检查:是指对准备结婚的男女双方可能会影响结婚和生育的疾病进行的医学检查。婚前检查的内容包括询问病史、进行体格检查和简单的辅助检查。通过询问了解双方的既往病史、女方月经史、男方遗精史、既往婚育史、家族近亲婚配史、家族遗传病史、精神疾病史以及是否有智力发育障碍等情况。体格检查除一般检查外,还应进行生殖器与第二性征检查,对未婚女性只做直肠腹部检查。辅助检查包括胸部X线、血常规、尿常规、肝功能、肝炎抗原和抗体、女性阴道分泌物滴虫和假丝酵母菌检查。必要时行染色体、精液及性传播疾病等检查。对男女双方有关性方面的问题应予以保密。社区医务工作人员应认真填写婚前检查记录,妥善保管,并做好登记。

(3)婚前性教育:婚前性教育的内容主要是介绍有关性生活知识,包括男女生殖系统解剖基础知识、性生活、生育过程、性道德及避孕等方面的教育和指导。

(4)新婚避孕指导:蜜月期间,由于男女双方为操办婚事而过度劳累,或应酬宾客、饮酒、吸烟,或外出旅游等对受孕不利,应避免受孕。新婚夫妇性生活频繁,生殖能力旺盛,必须选用避孕效果可靠且不影响今后生育的避孕方法,以选择短效口服避孕药与避孕套较为适宜。

2. 受孕前准备

(1)最佳生育年龄:女性生殖器官一般在20岁以后才逐渐发育成熟,骨骼发育要到23岁左右才基本成熟。如果在骨骼发育成熟前怀孕,母儿就会相互竞争营养,从而影响母亲的骨骼发育过程,而且可导致新生儿出生体重较轻。从医学的角度来看,女性最佳生育年龄为25~29岁,男性为25~35岁。

(2)适宜的受孕时机:建议夫妻在双方身心健康、家庭及工作环境良好的状况下妊娠,生理、心理都处于最佳状态。孕前应注意避免接触对胎儿有害的物质,如放射线、某些化学物质等理化因素。如果有接触,则应间隔一段时间再受孕。例如:服用避孕药者,应先停用药物,改用工具避孕半年后再受孕。此外,从营养的角度来看,受孕的最佳时间是夏末秋初,即7~9月。一方面,此季节有多种多样的新鲜蔬菜可供孕妇选择,营养丰富的食物可以为胎儿发育提供有利条件;另一方面,第二年4~6月为分娩时期,正值春末夏初,气候温和,有利于产妇顺利度过产褥期,尽早恢复身体健康。

(3)孕前优生咨询:孕前优生咨询遵循普遍性指导和个性化指导相结合的原则,是为准备妊娠的夫妇提供的以健康教育与咨询、健康状况评估、健康指导为主要内容的保健服务。其具体内容包括:①指导夫妇有准备、有计划地妊娠,避免高龄妊娠。②指导合理营养,控制体重增加。③指导妇女补充叶酸 0.4~0.8 mg/d,既往发生过神经管缺陷者,则需每天补充叶酸 4 mg。④对患有遗传病、慢性疾病和传染病而准备妊娠的妇女,应进行健康状况评估并予以指导。⑤指导夫妇注意用药安全,服用某些可能致畸的药物时,应停药一段时间后再考虑妊娠,最好在医生指导下服药;服用避孕药避孕者,需停药3~6个月后再妊娠。⑥指导夫妇避免接触各种有害因素,戒烟、酒,避免接触放射线、高温环境、有毒或有害化学物质(铅、汞、苯、二甲苯、某些农药）等至少半年。⑦指导夫妇保持心理健康，消除精神压力，注意预防孕期及产后心理问题的发生。⑧指导夫妇选择合理的运动方式。⑨进行全面的健康检查，为妊娠做好身体准备。

（二）妊娠期

妊娠期是从受孕至分娩的时期。孕期保健是针对妊娠妇女提供的系统保健服务。其目的是保护孕妇和胎儿在妊娠期的安全、健康，直至妊娠足月，顺利娩出身体健康、智力发育良好的新生儿。孕期保健一般分为三个阶段：孕早期（妊娠开始至妊娠12周末）保健、孕中期（妊娠13～27周末）保健及孕晚期（妊娠28周～分娩）保健。

1. 孕早期保健

（1）休息与运动：由于出现早孕反应，孕妇容易出现头晕、乏力、恶心、嗜睡等现象，应注意休息，同时可以适当运动，如散步，每次活动不超过20分钟，以运动时脉搏、呼吸加快，但休息15分钟后可恢复为宜。

（2）饮食与营养：孕早期出现恶心、呕吐主要是由于早孕反应所致，应指导孕妇避免空腹，饮食清淡、少食多餐，忌食油腻食物，避免诱发因素。同时，应予以孕妇鼓励和支持，必要时进行药物治疗。妊娠剧吐引起电解质紊乱时，需住院治疗。指导孕妇均衡营养，合理搭配食物，多吃蔬菜和水果，注意补充各种维生素，尤其是叶酸，避免营养不良或营养过剩。

（3）预防流产、致畸：孕早期是受精卵分化发育形成各器官的重要阶段，孕妇机体容易受到某些因素（药物、环境污染等）的影响而干扰胚胎发育，如果不注意避免，则可导致流产或致畸。应指导孕妇戒烟、戒酒、戒毒，避免接触放射线、铅、苯等，避免密切接触宠物，注意预防疾病、慎用药物。

（4）心理指导：孕早期，孕妇的情绪波动较大，社区护士应动员孕妇的家庭成员、亲友、同事及社区相关人员共同参与，根据孕妇的心理特点，实施必要的心理护理，减轻其焦虑、紧张情绪，帮助其缓解压力。

（5）产前检查：即早期、定期进行产前检查，及时建立孕期保健手册，进行高危妊娠初筛并及时治疗各种内科合并症。具体内容包括：①记录既往病史、过敏史、家族史、月经史和妊娠史等；了解是否有影响妊娠的疾病或异常情况；②进行全身检查，包括测量血压、体重、身高，进行心脏、肺、肝、脾、甲状腺和乳房检查等，了解孕妇的发育情况及营养状况；③妇科检查，检查子宫的位置、大小，确定与妊娠月份是否相符，并注意是否有生殖器炎症、畸形和肿瘤；④辅助检查，包括血常规、尿常规、乙型肝炎表面抗原、肝功能及心电图检查等。

2. 孕中期保健

（1）营养指导：孕中期胎儿生长发育速度加快，平均每日增长10 g，对营养物质的需求量显著增加，故孕妇需要在孕早期的基础上增加热量、蛋白质等的摄入，适当食用花生仁、核桃、芝麻等富含必需脂肪酸的食物。为避免孕妇因低血钙而诱发手足搐搦，孕中期每日应摄入钙1000 mg，多吃含钙量丰富的食物，如虾皮、鸡蛋、豆制品，坚持每天喝牛奶或豆浆，并注意补充维生素D。同时，应增加膳食铁的摄入量，多吃含铁丰富的食物，如动物血液、动物肝脏、菠菜等，并注意补充维生素C，以利于铁的吸收。

（2）运动指导：指导孕妇坚持每天做孕妇体操，活动关节、锻炼肌肉。做操最好安排在早晨和傍晚。做操前应排尿、排便，一般不宜进食，锻炼结束后30分钟再进食。有先兆流产、早产、多胎、羊水过多、前置胎盘、严重内科合并症者不宜做孕妇体操。保持适量运动，如户外散步、游泳等，有利于胎儿的发育和孕妇自身保健。

（3）产前检查：孕13～28周，应每4周进行1次产前检查。有内科合并症等异常情况时，应酌情增加产前检查的次数。产前检查的内容主要包括：询问妊娠以来有无不适反应、监测胎儿生长发育情况，进行胎儿超声检查、妊娠糖尿病筛查、出生缺陷筛查等。对出现异常情况和疑有胎儿畸形，或患有遗传病的孕妇及高龄孕妇的胎儿，需进一步进行产前诊断和治疗。

（4）胎教指导：胎教是为促进孕妇身体健康和胎儿生长发育所采取的保健措施。研究发现，触摸刺激可使其产生收缩反应；外界音响可传入胎儿的听觉器官，并引起其心率改变。因此，研究者提出两种胎教方法：①抚摸胎教，由孕妇本人或者其丈夫用手在孕妇的腹壁轻轻地抚摸胎儿，对胎儿予以触觉刺激，以促进胎儿感觉神经及大脑的发育。抚摸胎教通常从妊娠20周后开始。抚摸从胎儿头部开始，然后沿背部、臀部到肢体，动作应轻柔。每晚临睡前进行，每次抚摸时间以5～10分钟为宜。②对胎儿进行语言、音乐胎教，如播放轻松、舒缓的音乐或讲故事给胎儿听等。

3. 孕晚期保健

（1）营养指导：孕晚期胎儿生长发育最快，胎儿体重明显增加，此期的营养补充极为重要。应保证热量、蛋白质、维生素、微量元素和矿物质等均衡摄入，以体重每周增加0.5 kg左右为宜，定期监测孕妇血红蛋白是否正常。

（2）继续加强产前检查：孕29～36周，应每2周进行1次产前检查。孕36周后，应每周检查1次。指导孕妇进行胎儿生长发育监测：嘱孕妇每日早、中、晚各数胎动1小时，将3小时的胎动计数相加再乘以4，以此作为12小时的胎动数。12小时胎动计数≥30次为正常；若12小时胎动计数≤10次，则提示胎儿宫内缺氧，需及时就医。

（3）心理指导：孕晚期，孕妇常会感到自己很脆弱且容易受伤害，对分娩感到恐惧、焦虑和不安。社区护士应鼓励孕妇表达内心的想法和感受，有针对性地进行心理护理。使孕妇了解分娩相关知识，以减轻其焦虑和恐惧心理，提高自然分娩率。

（4）乳房护理：妊娠24周后，应指导孕妇用温水清洗乳头，保持乳房清洁，并在乳头表面涂以油脂，以防止产后哺乳时发生乳头皲裂。对乳头内陷者，应尽早指导孕妇加以纠正，避免发生婴儿吸吮困难。具体方法是：每日用一只手的示指与中指分开扶住乳头两旁并固定乳房，用另一只手的拇指及示指轻捏住乳头并向外牵拉1～2次，但有早产危险者禁用此方法。

（5）识别分娩先兆：分娩前，产妇往往会出现假临产、胎儿下降感、见红等情况。假临产的特点是宫缩持续时间短且不规律，宫缩程度不强，常在夜间出现、清晨消失。随着胎先露下降入盆，宫底随之下降，多数孕妇感觉上腹部变得舒适，呼吸轻快，常有尿频症状。见红是在分娩开始前24～48小时内，阴道排出少量血液。

（6）分娩的准备：分娩前做好充分的准备是保证分娩顺利进行的必要条件。主要包括：①确定分娩地点，准备好分娩时所需的母婴用品及相关医疗证件等；②指导产妇从心理上、身体上做好迎接新生儿诞生的准备；③向孕妇介绍分娩的过程、各产程的特点、孕妇应采取的措施等；④指导孕妇练习分娩过程中放松的方法，包括第一产程中的胸式呼吸、腹式呼吸、放松法，第二产程中增加腹内压的方法等。

（三）产褥期

产褥期是从胎盘娩出至恢复或接近孕前状态所需的时间，一般为6～8周。产妇产后一般在医院恢复1～7天后，即回家继续休养。为促进产妇与新生儿的健康，社区护士应了解产妇产褥期康复的生理、心理过程及临床表现，并通过产后家庭访视等提供产褥期保健服务。产后家庭访视通常为2～3次，分别为出院后3天内、产后14天和28天。对高危产妇或有异常情况者，应酌情增加访视次数。产后家庭访视的内容主要包括以下几方面。

1. 日常生活指导

（1）环境：保持室内环境安静、舒适、空气流通，室内温度为22～24℃，相对湿度为50%～60%，应注意避免冬季产妇受凉感冒或夏季中暑，避免其他人过多探视。

（2）卫生指导：指导产妇每天坚持洗漱，勤换衣服及床单，保持皮肤清洁、干燥；注意外阴的清洁卫生，每日应冲洗外阴，使用消毒会阴垫，保持会阴部清洁，预防感染。

（3）饮食指导：协助产妇制订合适、均衡的饮食计划，饮食宜清淡，易于消化，营养丰富。特别应保证摄入足够的热量、蛋白质和维生素，增加汤类摄入可促进乳汁分泌。

（4）休息与睡眠：充分的休息和睡眠有助于缓解疲劳，促进组织修复，增强体力，保证乳汁分泌。应指导产妇学会与新生儿同步休息，生活有规律。

（5）活动指导：经阴道自然分娩者产后6～12h可下床轻微活动，第2天可在室内走动。指导产妇进行适当活动，做产后健身操，以预防产后尿潴留及便秘。行会阴侧切的产妇休息时应取健侧卧位。行会阴切开或剖宫产的产妇，应适当推迟活动时间，鼓励产妇在床上适当活动，以预防下肢静脉血栓形成。待疼痛消失后，再做产后健身操。产褥期应避免引起腹内压增高的因素，避免过久下蹲及进行重体力劳动，以防止发生子宫脱垂。

（6）避孕指导：产褥期内禁止性生活，哺乳期应坚持避孕。避孕方法以使用避孕套为宜。

2. 母乳喂养指导　母乳中的营养成分最适合婴儿吸收和消化，母乳中含有大量的免疫抗体，能增强婴儿的免疫力，有利于预防疾病；母乳喂养时，婴儿与母亲皮肤频繁接触，可增进母婴间的情感交流；同时，母乳喂养也有利于产妇子宫复旧，预防产后出血，还可降低产妇患乳腺癌、卵巢癌的发生风险。因此，应大力提倡母乳喂养。

（1）分娩前：应及早向孕妇及家属宣传母乳喂养的意义，以消除其顾虑，纠正其错误认知并进行相应的指导；指导孕妇检查乳房及乳头。指导孕妇注意合理营养，摄入足够的热量、蛋白质、纤维素及矿物质等。

（2）分娩后

1）哺乳时间：产后30分钟内即可开始哺乳，指导产妇按需哺乳。

2）哺乳方法：护士可通过模拟示范或者直接指导，使产妇尽早哺乳，新生儿尽早吸吮。哺乳时，母亲和新生儿均应选择舒适的体位。产妇一手拇指放在乳房上方，其余四指放在乳房下方，将乳头和乳晕大部分放入新生儿口中，并用手扶托乳房，防止乳房堵住新生儿鼻孔。哺乳时，应让新生儿吸空一侧乳房后再吸另一侧，两侧乳房交替哺乳。哺乳后，挤出少量乳汁涂在乳头表面，以防止乳头皲裂；然后将新生儿抱起轻拍其背部1～2min，以排出胃内空气，防止吐奶。

3）乳房护理：保持乳房皮肤清洁、干燥。每次哺乳前用温水清洁乳头和乳晕，切忌用肥皂水和乙醇擦洗。哺乳后佩戴大小适中的棉质乳罩，避免过松或过紧。

4）处理哺乳期乳房异常情况：①乳房肿胀，多因乳腺管不通所致，可形成硬结。可予以热敷及按摩乳房，或用吸乳器吸引，促使乳腺管通畅，或服用散结通乳的中药。②乳头皲裂，常见于初产妇或哺乳方法不当者。轻者可继续哺乳，每次哺乳后应在皲裂处涂敷乳汁，皲裂严重者可暂停哺乳，但要保持泌乳。③乳汁分泌不足，产后7天内分泌的乳汁为初乳，量少；产后2～3d乳汁分泌量逐渐增多。应保证产妇心情愉悦，睡眠充足，注意调节饮食，补充足够的营养和水分，指导正确的哺乳方法，采用针刺合谷、少泽等穴位或中药催乳。常用方剂为柴胡、当归、王不留行、木通、漏芦各15g，以水煎服。④产妇因病不能哺乳需退乳时，应停止哺乳，不排空乳房，减少汤汁类的摄入。若乳房胀痛，则可口服镇痛药，2～3d后疼痛可减轻。将生麦芽60～90g以水煎服，每日1剂，连服3～5d。同时，还可将芒硝250g分装入两个纱布袋内，敷于双侧乳房并包扎，纱布袋变硬时应更换。

3. 心理保健　产后数天至数周内，产妇可由于各种原因而出现心理障碍，如产后抑郁。产后抑郁是指产妇在分娩后出现以情绪低落、精神抑郁为主要表现的疾病。国外研究报道产后抑郁发病率高达30%，它是一组非精神病性抑郁综合征，可表现为易哭泣、对事物缺乏兴趣、情绪低落、失眠、社会退缩行为、自责及自罪等。产后抑郁不仅可影响家庭功能和产妇行为，严重者还可危及产妇和婴儿的健康与安全。由于产后抑郁持续时间较长，因此，不仅应向产妇提供生理上的保健护理，也应在心理、社会等方面采取相应的护理措施。

（1）倾听产妇诉说心理问题，及时予以心理疏导。

（2）解除产妇不良的社会、心理因素，减轻其心理负担和躯体症状。

（3）对于有不良个性的产妇，予以相应的心理指导，尽量减少或避免精神刺激，减轻生活中的应激源。

（4）发挥社会支持系统的作用，改善家庭关系，改善家庭生活环境。

（5）促进和帮助产妇适应母亲角色，指导产妇与婴儿进行交流、接触，为婴儿提供照顾，培养产妇的自信心。

（6）高度警惕产妇的伤害性行为，注意保护母婴安全，使产妇避免危险因素。

（7）对重症患者，需要请心理医师进行治疗，或将产妇送到相关医疗机构进行治疗。

（四）围绝经期

围绝经期是指女性绝经前后的一段时期，包括从接近绝经出现与绝经有关的内分泌、生物学和临床特征起至最后一次月经后1年。WHO将卵巢功能衰退直至绝经后1年内的时期称为围绝经期。一般发生在45~55岁，可以分为绝经前期、绝经期及绝经后期。

1. 围绝经期妇女的特点

（1）生理特点

1）内分泌及生殖器官的改变：随着年龄的增长，卵巢功能逐渐衰退，卵泡数量减少，雌激素水平下降，子宫肌层和内膜层逐渐萎缩，子宫也随之缩小。外阴皮肤干燥、皱缩，皮下脂肪变薄。阴道黏膜干燥，皱襞变平，盆底松弛。

2）绝经：一般年龄超过45岁，月经停止1年以上者称为绝经。绝经类型可分为自然绝经和人工绝经，绝大多数为自然绝经。

（2）心理特点：随着机体内分泌激素的变化，围绝经期妇女可出现一系列心理变化。不同职业的妇女，其心理及情绪反应也不同。

1）情绪变化：①焦虑心理，紧张、焦虑是围绝经期妇女常见的一种情绪反应。这种情绪反应是自主神经系统受到刺激的结果。有的妇女甚至表现为生气、敌对情绪。②悲观心理，以脑力劳动为主的妇女往往因记忆力减退影响工作而产生悲观心理，表现为易激动、情绪低落、情感脆弱。③行为改变，表现为个性改变及情绪不稳定，可表现为忧虑、多疑、自私、孤独、唠叨、急躁，甚至有自杀意念。

2）精神障碍：①抑郁症，常表现为情绪低落、焦虑和紧张、坐卧不安、终日惶惶不安，似有大祸临头的感觉，常悲观厌世，感到生活几乎不能忍受，可有自杀意念和行为。②偏执状态：常出现嫉妒妄想、被害妄想和疑病妄想等，妄想涉及的对象包括家庭成员或关系密切的邻居、同事等，常表现为情绪易激动、紧张，容易发生冲动行为，如拒食、自伤和伤人等。

2. 保健指导

（1）健康教育：应开展围绝经期科学知识讲座，使妇女了解围绝经期的正常生理、心理特点，掌握必要的卫生保健常识，正确对待围绝经期，以消除绝经变化所造成的恐惧心理；同时，指导围绝经期妇女学会定期进行自我监测并记录。

（2）心理指导：社区护士可通过多种途径（如宣传资料、微信公众号、电视、网络、科普读物等）向围绝经期妇女介绍有关围绝经期的知识，使其认识到围绝经期症状的出现是人体正常的生理变化和现象，关心、理解她们，解答她们的疑问，及时消除其紧张、恐惧心理，使其以平和的心态、愉快的心情对待各种生理和心理变化，鼓励她们多参加社区组织的集体活动，培养广泛的兴趣爱好，保持乐观的性格和良好的心理状态，营造良好的生活环境，调节情绪，顺利度过围绝经期。

（3）饮食指导：此期妇女基础代谢率下降，比中年人低15%～20%。为适应这种代谢变化，应指导围绝经期妇女平衡膳食，合理营养，以降低心血管疾病、肿瘤和肥胖等慢性病的发生风险。饮食应限制糖类、盐、酒和动物脂肪的摄入，注意补充钙质和足够的蛋白质。同时，应多到户外活动，多晒太阳，以减慢骨钙丢失。

（4）性生活指导：随着雌激素水平的逐渐下降，阴道黏膜萎缩、分泌物减少，阴道润滑度降低，造成性生活困难。社区护士应根据此期妇女的生理及心理特点，指导其保持每月1～2次性生活，有助于维持生殖器官的良好状态。

（5）用药指导：围绝经期补充雌激素是针对病因的预防性措施，因此，进行激素类药物的用药指导十分重要。社区护士应向围绝经期妇女介绍药物的适应证、用药前需进行的相关检查、用药目的、药物剂量、用法及可能出现的不良反应等。对长期使用雌激素治疗者应定期进行随访，并及时调整用药方案，以防止发生或减轻不良反应。

（6）妇女常见疾病筛查：此期妇女易患宫颈癌、子宫内膜癌和乳腺癌等疾病，应定期进行健康检查，从而达到早发现、早诊断、早治疗、提高疗效与生存率的目的。应当每年做1次全身检查；每半年到1年做1次妇科检查和阴道涂片检查，并选择性地进行血液、尿液或内分泌功能检查。此外，还应指导围绝经期妇女经常自查乳房，至少每月1次，发现肿块应及时就诊。

三、妇女常见的健康问题及保健指导

（一）痛经

痛经是最常见的妇科症状之一，是指行经前后或月经期出现下腹部疼痛、坠胀，伴有腰酸或其他不适，症状严重者可影响工作和生活质量。痛经分为原发性和继发性两类，生殖器官无器质性病变的痛经称为原发性痛经；由盆腔器质性疾病（如子宫内膜异位症、盆腔炎）引起的痛经称为继发性痛经。原发性痛经多见于青春期少女，常在月经初潮后、排卵周期建立前出现。

1. 影响因素

（1）内分泌因素：原发性痛经的发生主要与月经来潮时子宫内膜前列腺素含量增高有关。前列腺素含量增高可使子宫平滑肌强烈收缩，引起血管挛缩，造成子宫缺血、缺氧而出现痛经。此外，血液中前列腺素水平升高还可引起消化道症状，如恶心、呕吐、腹泻等。

（2）精神因素：如紧张、抑郁、情绪波动、过度衰弱或过度敏感者易患痛经。

（3）子宫因素：子宫过度屈曲，宫颈管狭窄，月经血流不畅或因子宫内膜整块剥脱，使子宫收缩加强，可引起疼痛；子宫发育不良、收缩不协调导致子宫缺血，可引起痛经。

2. 保健指导

（1）健康教育：应指导女性注意休息，保证充足的睡眠，合理、适度锻炼，戒烟、戒酒。经期注意清洁、卫生，禁止性生活。

（2）心理指导：向痛经者讲解有关痛经的生理知识，以消除其紧张、焦虑情绪，保持心情愉快、放松。

（3）缓解疼痛：腹部热敷和进食热饮（如热汤或热茶）有助于缓解疼痛。疼痛不能忍受时，可辅以药物治疗。指导患者遵医嘱服用前列腺素合成酶抑制剂，月经来潮时即开始服用，连服2～3日。常用药物有布洛芬、酮洛芬、甲氯芬那酸、双氯芬酸、甲芬那酸和萘普生。可口服布洛芬200～400 mg，每日3～4次，或酮洛芬50 mg，每日3次。

（二）产后抑郁

产后抑郁是产褥期精神障碍的一种常见类型，是指产妇在分娩后出现以情绪低落、精神抑郁为主要表现的疾病。患者可表现为抑郁、悲伤、沮丧、焦虑、易怒、睡眠障碍，严重者可产生绝望心理，甚至有自杀或杀婴倾向。通常在产后2周内出现症状，不仅会影响产妇的生活质量、社会功能和母婴情感，也会影响婴幼儿的情绪、认知和行为发育。

1. 影响因素

（1）生物因素：分娩后，产妇下丘脑-垂体-性腺轴功能失调、激素分泌紊乱以及神经递质含量的变化可能与产后抑郁的发生存在一定的关系。

（2）遗传因素：有精神病家族史，特别是有家族抑郁症病史的产妇发病率高。既往抑郁病史亦是发生产后抑郁的危险因素。

（3）社会因素：围产期发生负性生活事件，如失业、离婚、丧亲、家庭矛盾冲突、经济条件差、居住环境恶劣、缺少支持系统（特别是缺乏来自丈夫与长辈的支持和帮助）等是产后抑郁较强的预测因素。

（4）心理因素：若产妇具有敏感（神经质）、自我中心、情绪不稳定、社交能力差、好强、固执、内向等个性特征，则容易出现产后抑郁。此外，对母亲角色认同有缺陷、孕期情绪压力大、高度焦虑的产妇等，也容易发生产后抑郁。

（5）产科因素：非计划妊娠、流产、妊娠并发症、难产、滞产、剖宫产等均可增加产后抑郁的发生风险。

2. 保健指导

（1）健康教育：护士应通过多种渠道普及妊娠、分娩相关知识，开展健康教育活动，以减轻孕产妇对妊娠、分娩的紧张、恐惧心理。

（2）心理支持：对具有高危因素的产妇应进行定期观察，关心、安抚产妇，避免不良刺激；对有不良妊娠史（胎儿畸形）、分娩史（难产、死产）的产妇，应予以鼓励和支持，以增强其自信心。

（3）提倡自然分娩：应尽可能减少分娩对产妇的不良影响。在分娩过程中，护士对产妇尤其是产程长、精神压力大的产妇要有爱心和耐心；实施无痛分娩和导乐陪伴分娩有助于减轻产妇的痛苦和紧张情绪。

（4）帮助产妇适应母亲角色的转换：应当为产褥期妇女提供更多的情感支持和社会支持，指导产妇对情绪和生活进行自我调节，尽量调整好家庭关系。

（5）用药指导：尽量选用不影响哺乳的抗抑郁药，并且在专科医生的指导下用药。临床常使用选择性5-羟色胺再吸收抑制药，如氟西汀、帕罗西汀和舍曲林等。

（三）围绝经期情绪失调

围绝经期情绪失调是指发生在围绝经期的一系列精神、心理和行为障碍，包括情绪抑郁、对周围事物失去兴趣、食欲增进或减退、性欲低下、失眠或嗜睡、烦躁、易激惹及疲乏等。围绝经期情绪失调严重影响妇女的身心健康，因此，社区护士应加强此期妇女的保健指导。

1. 影响因素

（1）雌激素水平低下：雌激素对于围绝经期妇女情绪障碍的发生起一定作用。当女性雌激素水平低下时，容易出现抑郁等情绪障碍。

（2）神经递质改变：多巴胺和去甲肾上腺素的合成与代谢变化对围绝经期妇女的精神和情绪具有一定的影响。

（3）遗传因素：精神障碍的发生与个体人格特征、遗传等因素有关。

（4）社会因素：婚姻状况、家庭收入、文化水平、工作情况、意外事故等因素与围绝经期情绪失调有关。一般情况下，夫妻情感不和、子女离家独立、家庭收入低、文化水平高、工作压力大，以及失业、意外事故等情况，可导致围绝经期情绪失调发病率增高。

2. 保健指导

（1）社会支持：应提高全社会和家庭成员对妇女围绝经期生理和心理特点的认识，鼓励家庭成员理解和关爱围绝经期妇女。同时，应当为围绝经期妇女争取更多可利用的资源，足够的社会支持有助于减轻各种生活事件对妇女心理健康的不良影响。此外，还应鼓励妇女多参与社区活动，保持积极、乐观的心态。

（2）心理指导：通过积极开展心理咨询，使妇女认识围绝经期的生理过程，提高其心理健康水平。采用认知行为疗法和人际心理治疗，使妇女正确认识围绝经期的各种变化，正确处理生活中遇到的各种问题，多与他人沟通，及时消除或缓解心理压力，恢复心理平衡。

（3）雌激素补充：在医生的指导下使用雌激素补充治疗对围绝经期妇女精神障碍具有显著的治疗效果。通过适当的雌激素替代治疗可以减轻围绝经期妇女的精神障碍症状。

（4）用药指导：应当在医生的指导下用药。对轻度情绪失调患者可使用地西泮、氯氮平等药物改善睡眠，使用谷维素调节自主神经功能；对症状明显的情绪失调患者，可遵医嘱使用相应的治疗药物。

第三节 社区老年人保健

案例导入 5-3

小洋，某社区卫生服务中心的护士，最近在学习国务院关于印发《"十四五"国家老龄事业发展和养老服务体系规划》的通知。其中提到："实施积极应对人口老龄化国家战略""把积极老龄观、健康老龄化理念融入经济社会发展全过程""推动老龄事业和产业协同发展，在老有所养、老有所医、老有所为、老有所学、老有所乐上不断取得新进展，让老年人共享改革发展成果、安享幸福晚年。"

问题与思考：

1. 如何确定一个国家或地区的人口是否处于老龄化？
2. 机体进入衰老状态后，可出现哪些变化？

一、概述

人口老龄化是人类社会发展的客观趋势。我国具备坚实的物质基础、充足的人力资源、历史悠久的孝道文化，完全有条件、有能力、有信心解决好这一重大课题；但同时也要看到，我国老年人口规模大，老龄化速度快，老年人需求结构正在从生存型向发展型转变，老龄事业和养老服务还存在发展不平衡、不充分等问题，主要体现在农村养老服务水平不高、居家社区养老和优质普惠服务供给不足、专业人才特别是护理人员短缺、科技创新和产品支撑有待加强、事业产业协同发展尚需提升等方面，建设与人口老龄化进程相适应的老龄事业和养老服务体系的重要性和紧迫性日益凸显，任务更加艰巨繁重。

衰老是生命历程的自然过程，所有生物包括人类从出生开始，都要经历生长、发育、成熟、衰老和死亡等自然过程。随着年龄的增长，机体对内外环境的适应能力、代偿能力逐渐减退。进入衰老状态后，机体会出现一系列的变化。

（一）老年人的生理特点

1. **外貌形态的变化**　老年人由于骨质疏松及椎间盘脱水、变薄，逐渐变得弯腰驼背，身高下降；须发变白、脱落，部分老年人出现眉毛白色化，鼻毛出现白色化则是评价衰老的指标之一；皮肤变薄、松弛、弹性差、皱纹加深，眼睑、面颊下垂；牙龈萎缩，牙齿松动、脱落；关节活动不灵活；皮肤色素沉着，出现老年斑。

2. **器官功能的变化**　老年人各器官组织功能均有不同程度的减退，如视力、听力、嗅觉减退，味觉敏感性降低，皮肤感觉迟钝，呼吸功能减低，肌肉收缩力减弱，心功能减退等。老年人器官储备能力减弱，可出现各种慢性退行性疾病。

（二）老年人的心理特点

1. **孤独**　步入老年期后，有的老年人未能及时适应工作和生活节奏的变化，没有及时调整心态，与他人的情感交流减少，可产生被冷落、被忽视的感觉，进而产生强烈的孤独感，加之子女可能不在身边或工作繁忙疏于陪伴、老年人独居等，久而久之，老年人就可能会产生孤独、空虚甚至被冷落、被抛弃的心理，这种情况称为离退休综合征。

知识链接

离退休综合征

离退休综合征是指老年人由于离退休后不能适应新的社会角色、生活环境和生活方式的变化而出现的焦虑、抑郁、悲哀、恐惧等消极情绪，或因此产生偏离常态行为的一种适应性心理障碍。这种心理障碍往往还会引发其他生理疾病，进而影响身体健康。

2. **多疑**　随着年龄的增长，老年人的视力和听力逐渐减退，容易变得多疑；加之离退休后没有及时适应新的生活方式转变，容易认为自己"没用了"，逐渐开始多疑。

3. **怀旧**　由于机体生理功能衰退，近记忆能力减退，而远记忆容易再现，所以老年人常有怀旧心理，表现为常常"回首当年"。

4. **焦虑**　老年人的焦虑心理一方面来源于对自身健康状况的担忧和对死亡的恐惧；另一方面来源于对家庭成员健康状况的担忧以及家中事务（如子女婚育）和经济方面的担心。另外，当自己的想法得不到子女的理解和支持时，老年人也容易产生自卑和焦虑心理，主要表现为烦躁不安、睡眠障碍和多种躯体症状。

（三）老年人的患病特点

1. **起病隐匿、症状不典型**　由于机体生理功能减退，对体内外异常刺激感受性降低，反应性减弱，所以老年人的疾病症状、体征不典型，容易被误诊、漏诊。

2. **病程长、恢复慢、并发症多**　由于免疫系统功能减退，机体抗病能力与修复能力降低，所以老年人患病后病程长、恢复慢，容易出现意识障碍、代谢紊乱及运动功能障碍等多种并发症。

3. **病情难以控制，容易出现疾病危象**　老年人器官组织储备能力及代偿能力降低，容易出现器官或系统功能衰竭，致使病情进展迅速、复杂、多器官受损，容易出现疾病危象。

二、老年人与人口老龄化

（一）基本概念

1. **老年人**　不同国家、不同年代对老年人的界定是不同的。世界卫生组织（WHO）2000年对老年人的划分标准是：60～74岁为年轻的老年人，75～89岁为老老年人，90岁以上为长寿老人或非常老的老年人。联合国对老年人的划分标准是：一般发达国家是指65岁及以上的人群，发展中国家是指60岁及以上的人群。我国老年人的划分标准是：60~69岁为低龄老年人，70~79岁为中龄老年人，80~89岁为高龄老年人，90~99岁为长寿老人，100岁以上为百岁老人。2013年，我国颁布的《中华人民共和国老年人权益保障法》第二条规定：老年人是指60周岁以上的公民。

2. 人口老龄化　人口老龄化是指老年人口在总人口中的比例增加的动态变化过程。国际上通常把60岁以上的人口占总人口比例达到10%，或65岁以上人口占总人口的比例达到7%作为国家或地区进入老龄化社会的标准。

（二）人口老龄化现状

1. 世界人口老龄化现状　人口老龄化是世界人口发展的普遍趋势。世界人口老龄化具有以下趋势和特点。

（1）人口老龄化速度加快：世界总人口以每年1.2%的速度增长，而2010—2015年老年人口增长率增至3.1%。1950年，全世界约有2亿老年人，2011年上升至7.43亿，2015年约为9.01亿，预计到2050年，老年人口数量将增至20亿，即老年人口的比例有望从目前的1/10增至1/5，平均每年增长9000万。

（2）发展中国家老年人口增长速度快：从20世纪60年代至今，发展中国家老年人口的增长率是发达国家的2倍，也是世界人口增长率的2倍。目前，65岁老年人口数量以每月80万的速度增长，其中66%集中在发展中国家。预计到2050年，全球老年人口中约有82%的老年人即超过16亿人将生活在发展中地区，4亿老年人将生活在发达地区。

（3）高龄老年人增长速度最快：80岁以上老年人是老年人口中增长速度最快的群体。2015年，全球80岁以上老年人口超过1.24亿。预计到2050年，80岁以上老年人口数量将达到3.8亿，占老年人总数的1/5。

（4）女性在老年人口中的比例较大：2016年，《世界卫生统计》报告显示，全球人口平均寿命为71.4岁，其中女性为73.8岁，男性为69.1岁；日本女性平均寿命为86.8岁，居首位，男性平均寿命为80.5岁；美国女性平均寿命为81岁，男性为76岁；我国女性平均寿命为77.6岁，男性为74.6岁。这种性别差异表明，多数国家老年人口中的女性多于男性。

2. 我国人口老龄化现状　第七次全国人口普查结果显示：①全国人口年龄构成，全国人口中，0~14岁人口为253 383 938人，占17.95%；15~59岁人口为894 376 020人，占63.35%；60岁及以上人口为264 018 766人，占18.70%，其中65岁及以上人口为190 635 280人，占13.50%。与第六次全国人口普查结果相比，0~14岁人口比例上升1.35个百分点，15~59岁人口比例下降6.79个百分点，60岁及以上人口比例上升5.44个百分点，65岁及以上人口比例上升4.63个百分点。②地区人口年龄构成，31个省份中，15~59岁人口比例在65%以上的省份有13个，在60%~65%的省份有15个，在60%以下的省份有3个。除西藏外，其他30个省份65岁及以上老年人口比例均超过7%，其中，12个省份65岁及以上老年人口比例超过14%。《中国老龄产业发展报告（2014）》中明确指出，中国已经处于老龄化社会初期，而中国式的老龄化问题与世界其他国家相比，有其独特之处。具体体现在以下几方面。

（1）老年人口规模大，老龄化增速快：目前，我国人口老龄化问题主要是老年人口的数量问题。联合国预测，中国在21世纪上半叶将一直是世界老年人口最多的国家；21世纪下半叶，中国也是仅次于印度的第二老年人口大国。预计到2025年，中国老龄人口将达到世界人口的24%。届时，世界上每4~5个老年人中，就有1个中国人。

（2）老龄化超前于现代化：我国是在人均收入水平较低、综合国力有限、社会保障体系尚未健全的条件下提前进入老龄化社会的，人口老龄化超前于经济社会现代化，"未富先老"和"未备先老"的特征日益凸显，老年人面临着诸多问题和困难。

（3）人口老龄化发展不平衡：表现为"农村比城市先老""东部比西部先老""老龄化进程出现阶段性不均衡"等问题。目前，农村老龄化比例比城市高1.24%。由于区域发展不平衡，东部地区人口老龄化速度明显快于西部地区。上海市于1979年进入老龄化社会，是我国最早进入老龄化的地区，而西部地区刚刚进入老龄化社会，东、西部地区相差30年。

（4）高龄化、失能化、空巢化、少子化等问题并存：高龄老人正以2倍于老年人口增速的速度增加，从2012年的0.22亿上升到2015年的0.25亿人，年均增长100万人的态势将持续到2025年。预计到2050年，我国高龄老年人口总数将达到9448万，平均每5个老年人中就有1个是高龄老人；2014年，我国有失能、半失能老年人4000万人，占老年人总数的19%，其中完全失能人口数量达到6.4%，这给照料护理带来了巨大的压力；国家民政部数据显示，目前我国空巢家庭已达50%以上，部分大中城市达到70%，同时存在留守老人问题，农村留守老年人口约为4000万人，占农村老年人口的37%；另外，我国城乡家庭少子化现象明显。由于家庭小型化使家庭养老功能明显弱化，导致部分老年人经济生活状况较差，心理问题突出。这些问题给应对人口老龄化增加了新的难度。

三、养老及养老模式

随着社会经济发展、人口变化和经济全球化、市场化的发展，社会养老问题越来越受到人们的关注，并已成为世界各国普遍关心的社会问题。养老是指老年人随着年龄的增长，机体功能逐渐衰退，老年人退出生产领域，其日常生活自理能力减弱，需要外界提供经济、生活、心理和情感等方面的支持。养老模式是指一切有利于老年人生活和满足老年人需求的方法、途径、形式和手段。如何实现"老有所养"和"老有所依"，已经成为我国重大而迫切的社会民生问题。目前，我国的养老模式大致分为三种，即居家养老、机构养老和社区养老。中国传统养老模式以家庭养老为主，即养老的物质需要和生活照料由家庭成员提供。

（一）居家养老

居家养老模式是指以家庭为核心、以社区为依托、以专业化服务为依靠，由专业人员或社区志愿者及家人为居家老年人提供以日常生活照料和照顾为主要内容的社会化服务。它是一种社会化养老模式，而不是指我国传统的家庭养老方式。居家养老模式具有投入少、成本低、服务范围广、收益高、收费低和服务方式灵活等特点。居家养老服务的提供者主要有居家养老服务机构、老年社区、老年公寓、老年人日间照料中心，以及托老所的医疗保健、护理、家政服务等人员和社会志愿者。

居家养老服务以上门服务为主要形式。其服务涵盖生活照料、家政服务、康复护理、医疗保健、精神慰藉、文体娱乐、信息咨询和老年教育等，对身体状况较好、生活基本能自理的老年人提供家庭服务、老年食堂和法律服务等；对生活不能自理的高龄、独居、失能等老年人提供家务劳动、家庭保健、辅具配置、送餐上门、无障碍改造、紧急呼叫和安全援助等服务。未来将围绕以下三方面推动居家养老服务的高质量发展。

1. 朝着"老年人哪里多、我们就把养老服务机构办在哪"的方向，优化设施布局　大力推进城市新建城区、新建居住（小）区配套建设社区养老服务设施，达标率达到100%。推进老旧城区、已建成居住（小）区基本补齐社区养老服务设施。

2. 朝着"老年人需要什么、我们就提供什么服务"的方向，创新服务形式　进一步规范和推广家庭养老床位、老年餐桌、互助幸福院、嵌入式养老服务机构、巡访关爱、适老化改造等比较成熟的新型居家社区养老服务，探索养老顾问、时间银行、智慧养老等新型服务，惠及更多居家老年人。

3. 朝着"老年人关心什么，我们就解决什么问题"的方向，加大和优化服务供给　指导社区养老服务机构通过签约合作、与医疗机构毗邻建设等方式提供医养结合服务,满足老年人对养老服务和医疗卫生服务的双重需求。促进老年用品创新升级。通过社区养老服务机构、为老服务组织等对老年人开展公益智能技术培训。

居家养老以社区服务为保障,将社区养老服务延伸到家庭,是体现家庭养老和社会养老双重优势的一种养老模式,尤其强调社区在居家养老中的重要作用,是老年人及其家属最愿意接受的养老方式,也是我国养老模式的主流。这种模式更注重对老年人心理和情感的关怀,目的是使老年人尽可能过上正常的生活,提高老年人的生活质量和主观幸福感。

(二)机构养老

机构养老模式是指老年人居住在专业的养老机构中,由养老机构的服务人员提供全方位、专业化服务的养老照顾,也是社会普遍认可的一种社会化养老模式,适用于高龄多病和无人照料的老年人。机构养老模式主要是以各种养老机构为载体,包括福利院、养老院、敬老院、老年公寓、托老所、老年护理院、临终关怀医院等。这些养老机构具有专业化、社会化、市场化的特征,可以为老年人提供高水准的生活服务及健康护理。

养老机构除配备医疗设施外,还设有活动室和阅览室,定期举办文化建设活动,可以丰富老年人的娱乐生活和精神生活。最新数据显示:目前我国共有养老机构3.8万多家,床位120多万张,仅占老年人口总数的1%。如果将养老床位发展到老年人口的3%,至少需要14000亿元,这在短期内是难以达到的。我国作为发展中国家,骤然进入老龄化社会,社会保障、服务系统无法很快解决老年人的生活服务、护理等养老问题,难以满足众多老年人的需求。另外,养老机构还存在资金不足,医疗、护理和生活照顾人员缺乏,管理不完善等问题。

养老机构按功能定位可分为供养型、养护型和医护型。供养型机构为一般照顾型养老机构,主要接收生活可以自理、身体基本健康、行为自由的老年人,提供膳食、文化娱乐和康复锻炼等方面的服务;养护型机构为护理照顾型养老机构,主要接收失能、半失能老年人,提供生活照料、监护和康复护理等服务;医护型机构为技术照顾型养老机构,主要接收全卧床及有医疗、护理和康复需求的老年人,如长期卧床的老年患者、残疾人、临终患者、癌症晚期患者和其他需要医疗护理的老年患者,为其提供基础护理、专科护理,根据医嘱进行支持治疗、姑息治疗、安宁疗护,以及消毒与隔离技术指导、社区老年保健、营养指导、心理咨询、卫生宣传教育和其他老年医疗等护理服务。

(三)医养结合

医养结合养老模式是指将医疗资源与养老资源相结合,将养老机构与医院功能相结合,集医疗、护理、康复、养生和养老于一体,实现社会资源利用的最大化,为老年人提供生活照料和医疗康复、护理服务的新型养老模式。医养结合养老模式在传统的生活护理服务、精神慰藉服务、老年文化服务的基础上,更加注重医疗、康复保健服务,涵盖医疗、健康咨询、健康体检、疾病诊治、护理服务以及临终关怀服务等,是对传统养老服务的延伸和补充。

2013年,国务院印发的《关于促进健康服务业发展的若干意见》提出:鼓励医疗机构与养老机构加强合作,在养老服务中充分融入健康理念,加强医疗卫生服务支撑,推行医养结合养老模式。统计数据显示:截至2021年底,全国参加基本养老保险的人数为10.3亿人,基本医疗保险覆盖13.6亿人,参保率稳定在95%以上,基本实现全民医保。长期护理保险试点城市达49个,参保人员达1.45亿。全国共有两证齐全医养结合机构6492个,机构床位总数175万张,医养结合养老服务签约数量近7.9万对。设有老年医学科的二级及以上综合医院达到4685个,建成老年友善医疗卫生机构约2.1万个,设有安宁疗护科的医疗卫生机构超过1000个。

(四)其他养老模式

1. **以房养老** 是指老年人为养老将自己购买的房屋出租、出售或抵押,以获取一定数额的养老金来维持自己的生活和养老服务的一种养老模式。在美国一些城市,以房养老已被认为是一种最有效的养老方式。

2. 乡村养老　乡村的空气新鲜、生态环境优越、生活成本低廉,国外一些喜欢大自然的老年人退休后会选择在乡村的田园、牧场、小镇等地方养老,颐养天年。

3. 旅游养老　国外很多老年人退休后,喜欢到各地去欣赏秀美景色,体会不同的风俗民情,在旅行过程中实现养老。旅游机构通过与各地的养老机构合作,为老年人提供医、食、住、行、游玩等一系列的服务。

四、老年人常见的健康问题与保健指导

随着人口老龄化进程的加快,老年人健康问题的发生率不断上升。据统计,约有 1/3 的老年人出现 2 种以上的日常生活能力下降,30% 的居家老年人和 50% 的住院老年人有尿失禁,80% 的老年人有营养不良,60% 的居家老年人租住护理院,老年患者占用 60% 的急诊量、49% 的住院日和 85% 的长期照护床位。近年来,有学者采用"老年综合征"一词描述老年人由于机体衰老、智能和感官以及运动功能障碍等引发的一系列健康问题。积极对老年人进行健康管理与护理,可有效预防老年人健康问题的发生,提高老年人的生活质量,降低医疗成本,节约医疗康复和护理费用。

> **知识链接**
>
> **老年综合征**
>
> 老年综合征是指老年人由于多种疾病或多种原因造成的同一种临床表现或问题综合征,包括日常活动能力下降、认知功能障碍、抑郁、谵妄、痴呆、沮丧、跌倒、骨质疏松、头晕、感觉丧失、营养不良和体重减轻、疼痛、药物滥用、尿失禁和医源性问题等。老年综合征严重影响老年人的身心健康,其相关护理内容已纳入 2006 年美国危重症护理及危重症急救护理的核心课程。

> **知识链接**
>
> **老年人能力评估规范**
>
> 《老年人能力评估规范》规定了老年人能力评估的指标与评分、组织实施、评估结果,还包括《老年人能力评估基本信息表》《老年人能力评估表》和《老年人能力评估报告》3 个规范性附录。其中,主要评估指标包括一级指标和二级指标,一级指标包括自理能力、基础运动能力、精神状态、感知觉与社会参与 4 个方面;二级指标包括进食、穿脱衣物、平地行走、上下楼梯、记忆、理解能力、视力、听力和社会交往能力等 26 个方面。根据评估结果,将老年人分为能力完好、能力轻度受损(轻度失能)、能力中度受损(中度失能)、能力重度受损(重度失能)、能力完全丧失(完全失能)5 个等级。

(一)跌倒

跌倒是一种不能自我控制的意外倒地现象,是指个体突发、不自主地、非故意的体位改变,倒在地上或更低的平面上。国际疾病分类(ICD-10)将跌倒分为两类:从一个平面跌落至另一个平面;在同一平面跌倒。

跌倒是老年人最常见,也是较严重的安全问题之一,是我国人群受伤致死的第 4 位原

因，而在 65 岁以上的老年人死亡原因中则居首位。老年人跌倒死亡率随年龄的增长而急剧上升。跌倒可导致骨折、软组织损伤及脑部损伤等，不仅可致残、致死，还可影响老年人的身心健康。例如，跌倒后的恐惧心理可使老年人的活动能力降低，使其活动范围受限、生活质量下降。

1. 危险因素

（1）内在因素

1）生理因素：老年人平衡能力、步态稳定性下降是引发跌倒的主要原因；视觉、听觉、触觉及本体感觉减退，中枢神经系统发生退行性改变，可影响智力、肌力、肌张力、感觉、反应能力、步态及协调运动能力，使跌倒的危险性增加。骨骼、关节、韧带及肌肉的结构、功能损害和退化是引发跌倒的常见原因。

2）病理因素：凡是能导致老年人步态不稳、平衡功能失调、虚弱、眩晕或意识障碍的急、慢性疾病，均可诱发跌倒。①神经系统疾病：如脑卒中、帕金森病和周围神经系统病变等；②心血管疾病：如直立性低血压、脑梗死和小血管缺血性病变等；③影响视力的眼部疾病：如白内障、青光眼和偏瘫等；④心理及认知因素：痴呆、抑郁症等；⑤其他：如晕厥、眩晕、惊厥、偏瘫、足部疾病及足或足趾畸形等，均可增加老年人跌倒的风险。

3）药物因素：某些药物可通过影响个体的意识、精神状态或视觉、步态和平衡能力等而引起跌倒。可能引起跌倒的药物包括：①精神药物，抗抑郁药、镇静催眠药、抗惊厥药等；②心血管药物，抗高血压药、利尿剂、血管扩张药等；③其他，降血糖药、非甾体抗炎药、镇痛药、多巴胺类药物和抗帕金森病药等。

4）心理因素：沮丧、抑郁、焦虑等不良情绪及其导致的社会隔离均可增加跌倒的风险。沮丧可能会使老年人注意力减退，导致老年人对环境危险因素的感知和反应能力下降。另外，害怕跌倒也可通过使行为能力降低、活动受限，影响步态和平衡能力而增加跌倒的风险。

（2）外在因素

1）环境因素：①室内环境因素，灯光昏暗、地面湿滑、不平或过道有障碍物等；②户外环境因素，雨雪天气、台阶和人行道缺乏修缮、拥挤等；③个人环境：鞋尺寸不合适、鞋底不防滑、裤腿或睡裙下摆过长等。

2）社会因素：老年人的教育和收入水平、卫生保健水平、享受社会服务和卫生服务的途径、室外环境的安全设计，以及老年人是否独居、与社会的交往和联系程度都是跌倒的影响因素。

2. 临床表现　主要检查是否出现与跌倒相关的损伤。老年人跌倒后容易并发多种损伤，如软组织损伤、骨折、关节脱位和内脏器官受损等。跌倒时的具体情况不同，表现即不同，故需要重点检查着地部位、受伤部位，并对老年人做全面、细致的体格检查。详细检查外伤及骨折的严重程度，同时进行头部、胸部、腹部、四肢等的全面检查；观察生命体征、意识状态、面容、姿势等；检查听觉、视觉、神经功能等。

3. 紧急处理　老年人跌倒后，不要急于将其扶起，应根据具体情况进行跌倒后的现场处理。

（1）意识不清：立即拨打急救电话。

1）对发生外伤、出血者，立即止血、包扎。

2）对发生呕吐者，应将其头偏向一侧，并清理口、鼻腔内呕吐物，保证呼吸通畅。

3）对发生抽搐者，应将其移至平整的软地或身体下垫软物，防止碰伤、擦伤，必要时使用牙间垫等，防止舌咬伤，注意保护抽搐肢体，防止肌肉、骨骼损伤。

4）对发生呼吸、心搏停止者，立即采取胸外心脏按压、口对口人工呼吸等急救措施。

5）如果需搬动老年人，应保证平稳，尽量使其平卧。

（2）意识清楚

1）询问老年人跌倒情况及对跌倒过程是否有记忆，若其不能回忆起跌倒过程，则提示可能为晕厥或脑血管意外，应立即护送老年人到医院诊治或拨打急救电话。

2）询问老年人是否有剧烈头痛，观察其有无口角歪斜、言语不畅、手足无力等，若有，则切忌立即将其扶起，否则可能加重脑出血或脑缺血。

3）对发生外伤、出血者，立即止血、包扎，并护送老年人到医院进一步处理。

4）若老年人试图自行站起，可协助其缓慢起立，稍待片刻，确认无碍后方可使其自行站立并继续观察。

4. 预防跌倒　社区护士应积极采取措施预防老年人跌倒，并重点指导老年人预防再次发生跌倒。积极开展预防老年人跌倒的指导干预，将有助于减少老年人跌倒的发生，减轻老年人跌倒所致伤害的严重程度。具体内容如下所述。

（1）创造安全的环境：①室内环境，老年人居住的环境应光线充足，夜间室内有照明；环境的布局应尽量符合老年人的生活习惯，室内布置无障碍物；各居室间尽量不设置门槛，保持地面平整、干燥，以防滑；盥洗室安装坐便器和扶手，浴池边铺防滑胶垫；调低床的高度，并安装护栏。②衣着舒适、合身，避免衣着过紧或过于宽松；选择大小合适的鞋，尽量避免穿拖鞋、鞋过大或鞋底过滑等。③起身缓慢、错峰出行，指导老年人从椅子、床上站起时，动作应缓慢或有人搀扶，待站稳后再开始走动；对行动不便者，应予以搀扶或使用拐杖；指导老年人外出时避开出行高峰，并鼓励老年人穿戴色彩鲜艳的衣帽，以便引起路人和驾驶员的注意，减少意外伤害的发生。

（2）合理运动：指导老年人坚持参加适度、规律的体育锻炼，如打太极拳、散步、游泳等，以增强其肌肉力量、柔韧性、协调性、平衡能力、步态稳定性和灵活性，从而减少跌倒的发生。

（3）合理用药：随着年龄的增长，老年人的听力、视力、理解力和记忆力等能力减退，可影响用药安全。社区护士应指导老年人遵医嘱正确、合理用药。①不滥用药物：必须遵医嘱用药，不随意更改用药的剂量与时间。②药物种类、剂量合理：原则上，老年人的用药剂量及间隔时间均应根据年龄、身体状况而定，尤其是高龄老人，用药剂量应参照成人剂量适当减量、需要时应从小剂量开始逐渐加大剂量。《中华人民共和国药典》规定，60岁以上的老年人，用药剂量应为成人用药剂量的3/4，不可自行增加药量。80岁以上的老年人，用药剂量应为成人用药剂量的1/2，并且为了减少不良反应，一般不推荐同时服用4种以上药物。③标识清楚：服用的药物应标志明显，详细注明用药时间、剂量和方法等，以防止发生服药过量或误服等意外。④体位恰当、防止呛噎：平卧位服药、服药速度过快、服药过程中说笑等容易引发呛噎。因此，老年人服药时应取合适的体位，尽量采取站立位、坐位或半卧位。服药速度宜慢，小口慢咽，不要边服药边说笑或看电视，以免发生呛咳或药物误吸入气管内。⑤温水送服：用温水吞服药片后应多饮几口水，以免药片粘在食管壁而使局部黏膜受刺激并影响药物的吸收。⑥加强观察、定期检查：注意观察老年人用药后的反应，定期检查老年人的服药情况，指导家属协助监督其准确、合理用药，以确保老年人用药安全。

（4）选择适当的辅助工具：指导老年人使用长度适宜、底部面积较大的拐杖，并将拐杖、助行器及经常使用的辅助用具等放在老年人触手可及的位置。

（5）调整生活方式：指导老年人及其家属，在日常生活中注意以下几点。①避免走坡度过陡的楼梯或台阶，上下楼梯、如厕时尽可能使用扶手；②转身、转头时动作一定要缓慢；③行走时保持步态平稳，尽量慢步行走，避免提重物；④尽量避免到人多或湿滑的地方；⑤乘坐交通工具时，应等车辆停稳后再上下车；⑥起身、下床时应减慢速度；⑦避免睡前饮水过多而导致夜间如厕频繁,夜间应在床旁放置小便器;⑧避免在他人观察不到的地方独自活动。

(6)保证良好的睡眠:夜间睡眠障碍可导致思维和判断能力下降,容易诱发跌倒。老年人体温调节能力差,夜间经常关闭门窗,导致室内空气不流通,加之白天活动少或白天睡眠时间过长,导致夜间入睡困难或易醒,故寒冷季节跌倒发生率较高。应指导老年人适当增加白天活动的时间,夜间保持室内空气流通,运用多种方法改善夜间睡眠。

(7)防治骨质疏松,减轻跌倒后损伤:指导老年人加强膳食营养,保持饮食均衡,适当补充维生素D和钙剂。对绝经期老年妇女,必要时应进行激素替代治疗,以增强骨骼强度,减轻跌倒所致损伤的严重程度。

(二)便秘

便秘是指排便次数减少(每周少于3次),粪便干结、坚硬或排便不畅、困难的现象。老年人便秘多属于慢性便秘。慢性便秘通常使用罗马Ⅱ标准来诊断。罗马Ⅱ标准是,在不用泻剂的情况下,过去12个月内至少有12周连续或者间断出现以下2种或2种以上症状:①大于1/4的时间排便困难;②大于1/4的时间粪便是团块或硬结;③大于1/4的时间有排便不尽感;④大于1/4的时间有排便时肛门阻塞或肛门梗阻;⑤大于1/4的时间排便需要用手协助;⑥大于1/4的时间每周排便少于3次。

便秘是老年人的常见健康问题,约有1/3的老年人有便秘症状。便秘可导致腹部不适、食欲减退,全身症状包括头晕、头痛、乏力、焦虑和坐卧不安等。便秘的主要并发症是粪便嵌塞,可导致肠梗阻、结肠溃疡、溢出性大便失禁。便秘不仅可影响老年人的正常生理功能,还可影响其生活质量,甚至可导致心、脑疾病患者的病情发生变化。

1. 原因

(1)生理因素:随着年龄的增长,老年人的进食量和体力活动明显减少,胃肠道分泌消化液减少,肠管的张力和蠕动能力减弱,腹腔及盆底肌肉收缩乏力,肛门内、外括约肌功能减弱等,使食物在肠道内的停留时间过长,水分被过多吸收而引起便秘。

(2)饮食问题:①膳食纤维摄入不足,日常生活中动物性食物较多,谷类食物、膳食纤维的摄入量减少,可使肠道蠕动缓慢、排便不畅而造成便秘;②饮水不足,老年人口渴感觉迟钝,对体内高渗状态的调节能力下降,容易发生轻度脱水,使便秘的发生风险增加;③不良的饮食习惯,如饮酒、喜食辛辣食物、偏食或挑食等不良的饮食习惯与便秘的发生有关。

(3)活动减少:体力活动可促进肠道运动,有利于保持正常的排便习惯。老年人,特别是慢性疾病或长期卧床不能自理的老人,缺乏体力活动,肠内容物长时间停留在肠腔,水分被过多吸收而造成粪质干结,排便困难。

(4)药物作用:抗胆碱药、阿片类镇痛药、非甾体抗炎药、利尿药、抗抑郁药、抗帕金森病药等可抑制肠蠕动;含铝离子和钙离子的抗酸药以及铋剂等,可导致肠内容物中的水分被过多吸收而引起便秘。

(5)神经系统疾病和心理障碍:中枢神经系统和末梢神经病变可导致便秘,如帕金森病、糖尿病性自主神经病变。此外,抑郁、焦虑等心理障碍患者及阿尔茨海默病患者也可出现主动排便能力下降。

2. 保健指导

(1)适当运动和锻炼:

1)参加一般运动:应指导老年人根据自身情况适当参加体育锻炼,如散步、慢跑、打太极拳等。

2)避免久坐、久卧:应指导老年人避免长期卧床或坐轮椅等。如果老年人不能自行活动,则可以借助辅助器械,帮助其站立或进行被动活动。

3）腹部按摩：应指导老年人进行腹部按摩，取仰卧位，用手掌从右下腹开始顺时针向上、向左、再向下至左下腹，按摩至左下腹时应加大力度，每天2～3次，每次5～15圈；站立时亦可进行腹部按摩。

4）收腹运动和肛提肌运动：指导老年人收缩腹部与肛门肌肉10 s后放松，重复训练数次，以提高排便辅助肌的收缩力，促进排便。

5）卧床锻炼方法：指导老年人躺在床上，将一条腿屈膝抬至胸前，每条腿练习10～20次，每天3～4次；或者从一侧翻身到另一侧（10～20次），每天4～10次。

（2）形成健康的生活方式

1）培养良好的排便习惯：应指导老年人养成定时排便的习惯，即使没有便意，也应坚持如厕练习排便，利用生物反馈方法，有意识地诱导定时排便。如在晨起时坚持如厕3～5 min或用餐后1 h如厕。

2）合理饮食：指导老年人多饮水，晨起、餐前饮用温水以促进肠蠕动，刺激排便反射。平时应当多饮水，在病情允许的情况下每天液体摄入量不少于2000 ml，温中可加入少量蜂蜜。多食用富含纤维素的食物（如麦麸或糙米；芹菜、菠菜和韭菜；含果胶丰富的水果，如芒果、香蕉等）。

3）避免用力排便：高血压、冠心病、脑血管意外患者应避免用力排便，若出现排便困难，则应及时告知医务人员，以便采取相应措施避免意外的发生。

4）鼓励适当活动，避免久坐不动：对卧床、高龄老人或行动不便的老年人，可协助其进行床上被动运动，每天至少运动15～20 min。

（3）正确使用通便药物：对便秘严重的老年人，可予以开塞露、甘油栓等粪便软化剂，必要时遵医嘱予以灌肠。若老年人发生粪便嵌塞，早期可使用栓剂、口服缓泻剂以润肠通便，必要时行油类保留灌肠，无效时行人工取粪。

（三）疼痛

疼痛是由疾病、创伤或潜在伤害性刺激引起的一种生理、心理反应及不愉快的主观体验和情绪上的感受。疼痛是老年人晚年生活中经常存在的一种症状。风湿、关节炎、骨折、胃炎、消化性溃疡、糖尿病、心绞痛、癌症等多种疾病均可诱发疼痛。

老年人疼痛的发生率较高。调查显示，65岁以上的老年人中80%～85%患有一种以上易诱发疼痛的疾病。老年人疼痛的特点是：①持续性疼痛的发生率高于普通人群；②骨骼肌疼痛的发生率增高；③疼痛程度加重；④功能障碍与生活活动受限等症状明显增加。很多老年人长期被各种疾病引起的疼痛困扰，不仅严重地影响了老年人的生活质量，而且增加了社会负担。因此，老年人疼痛已经成为全社会普遍关注的问题。

1. 疼痛的分类及原因

（1）根据起病缓急和持续时间分类

1）急性疼痛：是指近期产生且持续时间较短的疼痛。通常是由肌肉及内脏损伤、疾病或功能异常引发的伤害性刺激造成，如骨折、手术等，持续时间多在1个月内。患者常伴有自主神经症状，如心率加快、出汗，甚至血压轻度升高等。

2）慢性疼痛：是指发病缓慢或由急性疼痛转化而来，持续时间长，亦可呈间断发作的疼痛。有的患者病因不明，疼痛时间较长，一般超过3个月。疼痛多与慢性疾病有关，如糖尿病性周围神经病变、骨质疏松等。患者一般无自主神经症状，但常伴有心理障碍，如抑郁等。

（2）根据发病机制分类

1）躯体痛：是指由伤害性刺激激活皮肤、骨骼肌、骨筋膜、关节等躯体结构的痛觉感受器而产生的疼痛，定位比较明确，性质为钝痛或剧痛。

2）内脏痛：是指由伤害性刺激激活内脏器官痛觉感受器而产生的疼痛，通常缘于脏器浸润、压迫或牵拉，疼痛位置较深且定位不明确，可伴有牵涉痛。病因以腹腔脏器的炎症性疾病较为多见。

3）神经性疼痛：是指由神经系统任何部位的病损引起的疼痛。性质为放射性烧灼痛，疼痛剧烈，且弥散、持久，常伴有局部感觉异常。常见原因包括疱疹后神经痛、糖尿病性周围神经病、三叉神经痛等。

2. 保健指导

（1）缓解疼痛：应指导患者疼痛时尽可能采取舒适的体位，尽量深呼吸，以分散注意力；提倡清淡、高蛋白、低脂、无刺激性的易消化食物，少量多餐；保持排便通畅，减轻腹胀，以免诱发疼痛。

（2）用药指导：指导患者或家属遵医嘱按时服用镇痛药。心血管系统药物及中枢神经系统药物都是老年人的常用药物，当联合应用这些药物与镇痛药时，应注意药物的相互作用可能造成的影响。同时，应指导患者和家属使用常用的疼痛评估方法，以便予以有效镇痛。

（3）心理指导：对疼痛患者应予以安抚、关心，认真倾听患者的主诉，及时予以安慰，减轻其心理负担，缓解不良情绪。

（四）衰弱

衰弱是指一组由机体退行性改变和多种慢性疾病引起的机体易损性增加、应激易感性增加的老年综合征，是一种功能稳态失衡导致的病理生理状态，是多系统累积损伤的表达。其临床表现包括消瘦、耐力减低、平衡和运动功能下降、动作迟缓、活动度降低，还可伴有认知功能减退。老年人衰弱预防中国专家共识（2022）指出：我国 60 岁及以上的社区老年人中约有 10% 患有衰弱，75～84 岁老年人约有 15%，85 岁以上老年人约有 25%，住院老年人约有 30%。衰弱老年人在应激状态下可发生一系列临床不良事件，如功能下降、跌倒、行动不便、失能、住院和死亡风险增加，同时，也造成了医疗资源的消耗和家庭、社会负担的加重。

1. 危险因素

（1）遗传因素：不同种族的基因多态性可能影响衰弱的临床表现，如非洲裔美国人衰弱的发生率是其他美国人的 4 倍，墨西哥裔美国人衰弱的发生率比欧洲裔美国人高 4.3%。

（2）生长发育情况：个体生长发育阶段的营养供给、体力活动（劳动、体育锻炼）等尤为重要。如果机体生长发育不良，则可因体能积累不足而导致老年期衰弱综合征的发生。

（3）生理因素：年龄与衰弱的发生有关。随着年龄的增长，衰弱的发生率显著增高。

（4）病理因素：多种疾病共存是衰弱重要的危险因素。心血管系统疾病、血管异常、恶性肿瘤、肾衰竭、HIV 感染以及手术等均可导致衰弱的发生。此外，脑卒中、骨折、慢性阻塞性肺疾病、糖尿病、关节炎和肌少症等也与衰弱的发生有关。

（5）营养不良和营养素摄入不足：营养不良是衰弱发生和发展的重要生物学机制。营养不良和摄入营养素（包括蛋白质、锌、钙、叶酸和维生素 A、C、E）少于 3 种的老年人易发生衰弱。

2. 保健指导

（1）饮食指导：应指导老年人摄入充足的营养物质，包括微量元素和矿物质等。

（2）运动指导：锻炼是提高老年人生活质量和机体功能的有效方法。通过锻炼，可提高身体活动的灵活性和日常生活能力、改善步态、减少跌倒的发生、增加骨密度，并改善一般健康状况。应指导老年人进行自我锻炼，包括打太极拳等。此外，还有基于视觉反馈的平衡训练、家庭和社会支持的自我锻炼等。

（3）心理指导：应指导老年人通过放松、参加各种社交活动等方式缓解不良情绪（如焦虑、抑郁等)。

(五)阿尔茨海默病

阿尔茨海默病又称老年性痴呆,是一种中枢神经系统原发性退行性疾病,起病隐匿、病情进展缓慢且不可逆,是老年期痴呆的常见类型。主要表现为记忆力减退逐渐加重、认知功能障碍、人格改变及语言障碍等神经精神症状,严重影响社交、职业与生活功能。《2015年世界阿尔茨海默病报告》指出,全球每年约有990万例新发痴呆患者(每3 s就有1例)。随着世界人口老龄化程度的加快,阿尔茨海默病患者人数成倍增长。预计到2050年,全球患有阿尔茨海默病的人数将从目前的4600万增加到1亿3150万。

1. 危险因素

(1)年龄:年龄是阿尔茨海默病的主要诱发因素。阿尔茨海默病极少见于30岁以下的人群。

(2)遗传因素:双胎阿尔茨海默病的遗传致病性为70%~80%。家族性阿尔茨海默病患者多在30~55岁发病。

(3)神经生化改变:神经递质(如乙酰胆碱、去甲肾上腺素等)含量减少可影响记忆和认知功能。

(4)疾病因素:研究发现,阿尔茨海默病与脑血管供血不良、甲状腺功能减退等因素有关。

(5)心理社会因素:阿尔茨海默病与重大生活事件(如丧偶)、独居、经济状况差等因素有关。

2. 保健指导

(1)用药指导:阿尔茨海默病患者常忘记服药、错误用药或忘记已服药而重复用药。因此,老年人服药时应有人在旁陪伴,帮助老年人将药全部服下,以免遗忘或错服。有的老年人不承认患病而拒绝服药,应予以耐心解释、说服,监督并确认老年人服药,防止老年人在无人时将药吐掉。

(2)日常生活指导:应加强对老年人生活起居的照料及指导,督促老年人尽量按时自行完成穿衣、洗漱、进食、如厕等日常生活活动,以提高老年人的生活自理能力。①衣着:指导老年人按穿衣的先后顺序叠放衣物,避免衣物有过多纽扣等,以弹性腰带取代皮带,选择不用系带的鞋,选用宽松的内衣裤。②进食:指导老年人定时进食,进餐前清洁双手,允许老年人用手拿取食物,也可使用一些特殊设计的碗筷,以降低老年人用餐困难;进食时,应将固体和液体食物分开,以免老年人不加咀嚼就吞咽而引起窒息。食物应成分简单、软滑,最好切成小块。义齿必须正确安装,并每天清洗。③睡眠:指导老年人睡前先如厕,避免夜间醒来如厕而影响睡眠。

(3)安全指导:老年人外出时最好有人陪同或佩戴写有其姓名、家庭地址和联系电话的卡片,以备迷路时便于他人送回。应妥善保管药品,使老年人远离危险物品(如热水瓶、电插座、煤气和尖锐的器具等);有毒、有害物品应放入加锁的柜中,以免老年人误服或误食而导致中毒,防止意外事故的发生;老年人居住环境的布置应尽量简单,便于老年人识别,避免经常变换物品摆放位置,注意保持地面平整、防滑。

(4)康复指导:鼓励老年人多参加社交活动,通过动作、语言、声音、图像等信息刺激保持记忆力;通过一些有针对性的活动对老年人进行智力锻炼,如拼图游戏,对图片、实物、单词进行归纳和分类等;鼓励老年人回忆过去的生活经历,帮助其认识目前生活中的人和事,以恢复记忆并减少错误判断。

(5)心理支持:应关心、理解老年人,多鼓励、赞赏、肯定老年人在生活自理和适应方面做出的努力；鼓励家人多陪伴老年人，让老年人充分感受到家庭的温暖和家人的关爱；多安慰、鼓励老年人，注意老年人的情绪变化，谈话要亲切，态度温和，回答问题要有耐心，不使用刺激性语言，切忌使用"呆傻、愚笨"等词语。

（6）健康教育：重视疾病的早期发现，指导记忆力减退的老年人及早就医，尽量早发现、早干预；鼓励老年人积极用脑，注意脑力活动多样化；保证充足的睡眠，培养广泛的兴趣，保持乐观的心态，养成良好的饮食、卫生习惯。积极防治高血压、脑血管病、糖尿病等慢性病，保护脑功能，预防疾病。向老年人及其家属介绍阿尔茨海默病的相关预防知识及早期症状，提高其对疾病的认知。

自 测 题

一、选择题

A1 型题

1. 老年人健康问题的临床特点是
   A. 病情进展缓慢　　　B. 症状和体征典型　　　C. 不易出现危象
   D. 并发症多　　　　　E. 功能损害少

2. 我国最早进入老龄化的地区是
   A. 深圳　　　　　　　B. 上海　　　　　　　　C. 广州
   D. 香港　　　　　　　E. 台湾

3. 老年人最常见的安全问题是
   A. 坠床　　　　　　　B. 跌倒　　　　　　　　C. 误服药
   D. 烫伤　　　　　　　E. 呛噎

4. 根据世界卫生组织对老龄化社会的划分标准，老龄化社会是指发展中国家 60 岁及以上人口占总人口的比例达到或超过
   A. 5%　　　　　　　　B. 7%　　　　　　　　　C. 10%
   D. 12%　　　　　　　E. 15%

5. 比较可靠的评定个体的年龄和衰老情况的重要标志是
   A. 须发变白、脱落　　B. 眼睑、面颊下垂　　　C. 鼻毛出现白色化
   D. 牙齿松动、脱落　　E. 味觉敏感性降低

6. 以下关于老年人心理特点的描述，不正确的是
   A. 思维迟钝　　　　　B. 容易产生孤独感　　　C. 逻辑记忆能力明显下降
   D. 怀旧　　　　　　　E. 多疑

A2 型题

7. 张先生，78 岁。社区护士小陈对张先生及其家属进行老年人饮食指导，以下描述错误的是
   A. 保证饮水量，每天饮水在 5000 ml 左右
   B. 脂肪摄入以植物油为佳
   C. 进食高蛋白饮食，但应注意进食少量优质蛋白
   D. 进食不宜过饱
   E. 少食多餐

8. 社区护士小李在张女士家进行家庭访视时，张女士自诉失眠严重，"夜间很晚还无法入

睡，听到轻微的响动就会惊醒，早晨醒得早，白天精神不好，总爱打瞌睡。"小李对张女士进行了睡眠指导，强调为保证夜间睡眠质量，特别要注意的是

  A. 将白天睡眠时间限制在 1 小时左右

  B. 午休可作为夜间睡眠不足的补充

  C. 提倡早睡早起和午睡的习惯

  D. 睡前可用温水泡足

  E. 晚餐避免进食过饱

9. 王大爷，80 岁，身体健康，多年始终坚持运动。社区护士小周指导王大爷掌握测量心率的方法，根据靶心率来安排运动量。王大爷的靶心率为

  A. 80 次 / 分   B. 85 次 / 分   C. 90 次 / 分

  D. 95 次 / 分   E. 100 次 / 分

10. 赵先生是新入住护理院的老人，今年 70 岁，长年便秘。社区护士小王评估赵先生的情况后拟订了护理计划，以下措施不妥当的是

  A. 晨起餐前饮用温水   B. 腹部环行按摩   C. 定期保留灌肠

  D. 多吃蔬菜、水果   E. 每天至少运动 15～20 分钟

11. 王先生，肝癌晚期患者，目前最影响其生活质量的因素是疼痛，应用药物止痛时，为有效控制癌痛，以下首选的药物是

  A. 对乙酰氨基酚   B. 布桂嗪   C. 布洛芬缓释胶囊

  D. 吗啡   E. 曲马多

A3 型题

（12～13 题共用题干）

程阿姨，68 岁，3 年前老伴去世，目前独居。子女虽然在同城生活，但因工作忙，无暇照顾程阿姨。程阿姨患有多种疾病：肥胖、高血压、高血脂和糖尿病。程阿姨不愿意到养老院，向社区申请了养老服务，社区护理员定期上门为其提供护理服务。

12. 程阿姨目前的养老方式是

  A. 家庭养老   B. 日间照料   C. 居家养老

  D. 社区养老   E. 机构养老

13. 程阿姨由于患有多种疾病，社区护士对其进行用药指导。以下方法不妥当的是

  A. 必须遵医嘱用药

  B. 可以根据症状加重或好转而增减药量

  C. 用温水吞服药片后再多饮几口水

  D. 服药时不应取卧位，而应取站立位、坐位或半坐卧位

  E. 服用的药物应标注清楚，详细注明服用的时间、剂量和方法等

（14～15 题共用题干）

周婆婆，72 岁，与女儿一家同住，前两天发生走失，家人及社区民警共同努力，将其找回。女儿向社区护士反映："我妈妈记忆力减退明显，有时甚至连我的名字都想不起来，丢三落四，自己放的物品不记得在哪，还怀疑是被其他人弄丢了；她的性格也变了，有时会莫名其妙地生气；她过去很讲究，现在不太注意个人卫生。她这些表现是老年期正常的反应还是疾病表现？"

14. 根据周婆婆走失的表现及其女儿的叙述，她最可能患的疾病是

  A. 老年精神病   B. 老年抑郁症   C. 脑血管疾病

  D. 阿尔茨海默病   E. 脑肿瘤

15. 为避免周婆婆再次走失后方便找回，以下措施较为可取的是
    A. 不让老年人外出
    B. 对老年人进行康复训练，以提高其记忆力
    C. 外出时有人陪同
    D. 佩戴写有老年人姓名等信息的卡片
    E. 鼓励老年人回忆过去的经历，以恢复记忆

二、简答题

简述老年人的患病特点。

三、案例分析题

患者，男，72岁，2年前在省级医院被确诊为"阿尔茨海默病"。通过规范的智能康复训练，患者基本可以自行完成进餐等活动，但喜好饮酒，3年前发生过脑出血。目前最让患者家属担心的问题是患者不服药、出门就会走失的情况。

请回答：
1. 阿尔茨海默病的危险因素有哪些？
2. 结合上述案例，如何对患者家属进行保健指导？

（王　硕　王慧敏　秦素霞）

第六章　社区慢性病患者的护理与管理

第六章数字资源

学习目标

1. 能准确说出慢性病的概念、病因及分类。
2. 能列举慢性病的特点，归纳慢性病发生的危险因素。
3. 能解释慢性病患者自我健康管理的重要性以及社区管理的原则。
4. 掌握慢性病的社区居家护理方法，能解决慢性病的常见护理问题。
5. 能运用所学知识对慢性病患者进行正确的护理评估，并实施有效的护理措施和健康指导。
6. 通过对慢性病知识的学习，掌握社区慢性病的三级管理方法。
7. 进一步认识慢性病的危害，形成良好的职业道德素养，养成良好的生活习惯。

案例导入 6-1

刘某，男，54岁，5个月前无明显诱因出现刺激性干咳，偶尔有痰中带血，无胸痛、发热、盗汗。X线检查显示：右肺门处孤立性球形阴影，直径为 2.5 cm，诊断为右肺中央型肺癌。经询问得知，患者为石棉装饰材料公司生产车间员工。

问题与思考：

1. 慢性病的危险因素有哪些？该患者患病的危险因素是什么？
2. 什么是自我管理？自我管理的意义是什么？
3. 该患者可以从哪些方面进行自我管理？

随着社会经济的发展，人类生活环境、饮食结构、生活方式的改变以及人口老龄化进程的加快，疾病谱发生了变化，慢性病开始逐步取代急性传染病而成为威胁人类的主要健康问题。许多国家和政府也逐渐认识到，慢性病不仅是发达国家，而且是发展中国家的重大公共卫生问题，可显著影响经济社会发展和人群健康。因此，在社区开展慢性病患者的护理与管理，提高社区慢性病人群的自我健康管理能力，对降低慢性病的发病率、致残率和死亡率，以及改善和提高患者的生活质量具有积极的作用。

知识链接

老年慢性病现状调查

老年人是慢性病高发人群。国家卫生健康委员会发布的数据显示，2021年，我国患有慢性病的老年人口数量超过1.9亿，患有多种慢性病的比例高达75%以上，失能、失智老年人约有 4500 万。与健康老年人相比,老年慢性病患者面临着身体不适、心理压力过大、生活不便、经济负担重等多重问题。

第一节 概 述

一、慢性病的概念及其特点

(一)慢性病的概念

非传染性慢性疾病(non-communicable chronic disease,NCD)简称慢性病,是以恶性肿瘤、心血管疾病、慢性阻塞性肺疾病、糖尿病等为代表,具有病程长、病因复杂、损害健康、迁延性、无自愈性和很少治愈性等特点的一类疾病。慢性病不是特指某种疾病,而是一类发病率、致残率和死亡率高,严重耗费社会资源,危害人类健康的疾病,但是可预防、可控制的。

(二)慢性病的特点

1. 病因不明确 慢性病的病因尚未明确。现代病因学研究表明,其发病与遗传因素、年龄、环境因素、不良生活方式和行为因素以及卫生服务等多种因素有关。

2. 潜伏期与病程长 慢性病起病隐匿,潜伏期较长,患者无明确的起病时间,患病时间较长,可达数年或数十年,甚至终身。

3. 症状和体征不明显 发病初期,慢性病的症状和体征一般不明显,部分患者常在体检时被发现,器官损害逐渐积累,或者表现为某些症状急性发作、反复迁延并逐渐加重,患者不能忍受而就医时才得以确诊。

4. 病理改变不可逆 慢性病是一个长期且不可逆转的病理改变过程,在目前的医疗条件下是不可治愈的,表现为功能进行性受损或失能。但是,经过良好的健康管理与护理,以及积极的治疗,可以控制疾病的发展,缓解症状,降低致残率和死亡率。

5. 不可治愈 在目前的医疗水平下,慢性病是很难治愈的,患者需要长期的治疗和护理。慢性病最终可导致患者身体不同程度的残障,需要长期用药和康复治疗。同时,应根据病情需要予以患者生理、心理和社会等方面的指导和支持。

6. 预防效果明显 实践表明,实施三级预防措施,积极控制慢性病发生的危险因素,可以有效地降低慢性病的发生率和死亡率。

> **知识链接**
>
> **慢性病"零级预防"**
>
> 国家心血管疾病预防控制中心发布的《中国心血管健康与疾病年度报告 2022》显示,我国城乡居民疾病死亡构成比中,心血管疾病占首位,2020 年分别占农村、城市人口死因的 48.00% 和 45.86%;每 5 例死亡人口中就有 2 例死于心血管疾病。根据发达国家的经验,人群层面危险因素的干预对于减少冠心病死亡人数的贡献最大。我国心血管疾病的防控应坚持"以预防为主、以基层为主"的方针,实施以预防高血压、血脂异常、糖尿病发生为目标的"零级预防",以饮食、身体活动、肥胖、吸烟、睡眠和心理为干预对象,创造有利于形成健康生活方式的社会环境。

二、慢性病流行病学特点

(一) 慢性病的分类

1. 国际疾病分类（ICD-10） 按 ICD-10 标准将慢性病分为：①呼吸系统疾病，如慢性阻塞性肺疾病（chronic obstructive pulmonary disease，COPD）等。②循环系统疾病，如高血压、脑血管病和冠心病等。③消化系统疾病，如慢性胃炎、消化性溃疡和脂肪肝等。④精神和行为障碍，如阿尔茨海默病、抑郁等。⑤内分泌疾病、营养代谢性疾病，如血脂异常、糖尿病等。⑥肌肉、骨骼系统和结缔组织疾病，如骨关节病、骨质疏松症等。⑦恶性肿瘤，如肺癌等。

2. 按疾病影响程度分类 根据慢性病对患者的影响程度不同，可将慢性病分为 3 类：致命性慢性病、可能威胁生命的慢性病和非致命性慢性病。3 类慢性病又根据起病情况分为急发性和渐发性两种。

(1) 致命性慢性病：①急发性致命性慢性病，包括白血病、胰腺癌、转移癌、恶性黑色素瘤、肺癌和肝癌等。②渐发性致命性慢性病，包括肺癌中枢神经系统转移、获得性免疫缺陷综合征、肌萎缩侧索硬化等。

(2) 可能威胁生命的慢性病：①急发性可能威胁生命的慢性病，包括血友病、恶性贫血、脑卒中、心肌梗死和先天性心脏病等。②渐发性可能威胁生命的慢性病，包括肺气肿、慢性酒精中毒、阿尔茨海默病、1 型糖尿病和硬皮病等。

(3) 非致命性慢性病：①急发性非致命性慢性病，包括痛风、支气管哮喘、偏头痛和胆结石等。②渐发性非致命性慢性病，包括帕金森病、骨关节炎、类风湿性关节炎、慢性支气管炎、胃溃疡、高血压和青光眼等。

(二) 慢性病的危险因素

慢性病的主要危险因素包括行为因素、环境因素、精神心理因素和不可改变的因素四大类。其中，年龄、性别和遗传因素是不可改变的因素，而行为因素、环境因素和精神心理因素是可以改变的因素。

1. 行为因素

(1) 不合理膳食：平衡膳食是机体健康的基石，而不合理膳食是慢性病的诱发因素。不合理膳食具体表现为饮食结构不合理、烹饪方法不当和不良的饮食习惯等。饮食结构不合理包括进食高饱和脂肪酸、高胆固醇、高热量饮食和低纤维素饮食，高胆固醇饮食与动脉硬化的发生呈正相关；高盐饮食可导致高血压。烹饪方法不当包括烟熏和腌制肉类和咸菜等，此类食物的亚硝胺含量较高，长期食用易导致恶性肿瘤的发生。不良的饮食习惯表现为偏食、挑食、暴饮暴食、进食不规律等，可导致营养失衡，进而造成相关慢性病发病率升高。

(2) 运动量不足：世界卫生组织调查发现，运动量不足是造成过早死亡的主要危险因素之一。长期缺乏运动可导致器官功能下降、血液循环和新陈代谢速度减慢、骨关节力量减弱，而运动可以加快血液循环，促进机体新陈代谢，有利于维持各器官系统的正常功能。世界卫生组织的研究数据显示，超过 25% 的成年人运动量不足，青少年需要更大的运动量，但缺乏运动的青少年比例甚至达 80% 左右。如果人们加强体育锻炼，则全世界每年有 400 万～500 万人可免于过早死亡。

(3) 吸烟：吸烟是冠心病、脑卒中、恶性肿瘤和慢性阻塞性肺疾病等慢性病的重要危险因素；吸烟者心脑血管疾病的发病率较不吸烟者高 2～3 倍。吸烟可加重糖尿病，还可引起阿尔茨海默病。WHO 将烟草流行作为全球最严重的公共卫生问题，并将其纳入重点防控领域。

(4) 过量饮酒（酗酒）：饮酒对人体是否有益取决于饮酒量的多少。过量饮酒（酗酒）可导致中性脂肪合成旺盛，引起动脉硬化；脂肪还可大量沉积于肝内，使肝的解毒功能降低，甚至造成肝硬化。饮酒与多种癌症、心血管疾病、肝硬化等密切相关。中度饮酒可增加脑卒中和原发性高血压的危险性。

2. 环境因素

（1）自然环境：环境污染可破坏生态平衡和人们的正常生活条件，影响人们的生活质量、身体健康和生产活动。自然环境中的空气污染、水污染、土壤污染、生活污染、噪声污染和放射性污染等均与癌症或肺部疾病的发生密切相关。

（2）社会环境：国家的卫生政策、卫生资源配置、医疗卫生服务水平、医疗保健服务体系、社会风俗习惯、教育普及程度和居民居住条件等都会不同程度地影响人们的健康水平。

3. 精神心理因素　机体内环境失衡可导致疾病的发生。精神紧张、情绪激动、焦虑、失眠及各种应激状态，可导致个体的心理活动失去平衡。长期压力过大可导致神经系统功能失调、内分泌功能失调、机体免疫力降低、血压持续升高等变化，从而使慢性病发生的可能性增加。

4. 不可改变的因素　包括年龄、性别及遗传因素。这些因素在目前的医疗条件下是不可改变的。例如，许多慢性病的发病率与年龄呈正比，年龄越大，患病的概率越大。家庭对个体健康行为和生活方式的影响较大，很多慢性病（如高血压、糖尿病）具有家族遗传倾向，这可能与遗传因素或家庭成员共同的生活习惯有关。

三、慢性病社区管理的意义和原则

（一）慢性病社区管理的意义

慢性病是一类与不良行为和生活方式密切相关的疾病，社区对慢性病患者进行健康管理，可以有针对性地帮助患者建立健康的生活方式。通过定期进行健康检查，可以及早发现慢性病，并及时予以治疗，促进患者康复，减少并发症和伤残的发生，从而提高慢性病患者的生活质量。因此，社区护理对慢性病的预防与控制具有重要的意义。

1. 通过改变不良生活方式，提高治疗效果　社区卫生服务机构对慢性病患者进行健康管理，可以有针对性地改变其不良生活方式，从而减少或消除慢性病的危险因素，延缓慢性病的发生与发展，提高慢性病的治疗效果。

2. 有利于维护和促进社区居民的健康　社区卫生服务机构可针对社区全体人群和不同疾病的高危人群开展慢性病危险因素相关知识的健康教育，以预防和控制慢性病的危险因素，从而提高社区居民的健康水平。

3. 有利于降低医疗费用，减轻经济负担　在社区卫生服务机构对慢性病患者进行健康管理，具有投入低、效益高的特点，不仅可以缓解医疗费用的不断增长，而且可以减轻慢性病患者的家庭经济负担。

4. 可充分利用医疗资源，更好地发挥社区卫生服务机构的优势　社区卫生服务机构在防治慢性病方面有很多优势，如慢性病患者居住地距离社区卫生服务机构较近，社区卫生服务机构提供的服务收费较低，并且配备有相对完善的卫生组织与一定的卫生人力资源等，有利于持续追踪慢性病患者及其病情，使患者得到持续稳定的治疗、康复和护理，有利于预防和治疗疾病，也有利于分流患者，缓解医院的就诊压力，合理地利用卫生资源。

（二）慢性病社区管理的原则

1. 以社区为中心，以家庭为单位　强调以家庭为单位进行社区管理，减少或消除常见慢性病的共同危险因素，进行生命全程预防。

2. 三级预防并重　采取以健康教育、健康促进为主要手段的综合措施，把非传染性慢性疾病作为一类疾病加以共同防治。

3. **针对全体人群和高危人群** 即社区全体人群策略和不同疾病的高危人群策略并重。

4. **鼓励患者和家庭积极参与** 发展并鼓励患者共同参与、促进和支持患者自我管理、加强患者定期随访、加强与社区和家庭合作等内容的新型非传染性慢性疾病保健模式，加强社区非传染性慢性疾病防治行动。

5. **以政策及环境改变为主要策略** 通过行为改变预防非传染性慢性疾病时，应以生态健康促进模式及科学的行为改变理论为指导，开展以政策及环境改变为主要策略的综合性社区行为危险因素干预项目。

（三）慢性病社区管理的方法和流程

1. **慢性病社区管理的方法** 主要包括健康调查、健康评价和健康干预。

（1）健康调查：即收集社区居民的健康资料。

（2）健康评价：即根据所收集的健康信息对居民的健康状况及危险因素进行评估和分析。

（3）健康干预：即针对居民的健康状况和危险因素，制订并实施科学、合理的健康改善计划，以达到控制危险因素、促进健康的目的。

2. **慢性病社区管理的流程** 首先，由社区卫生服务机构通过健康体检、健康调查等方式收集社区居民的健康信息；其次，根据所收集的健康信息，确定居民的健康状况和危险因素，筛选出患病人群和高危人群；最后，针对不同人群进行重点干预。慢性病社区管理流程如图6-1所示。

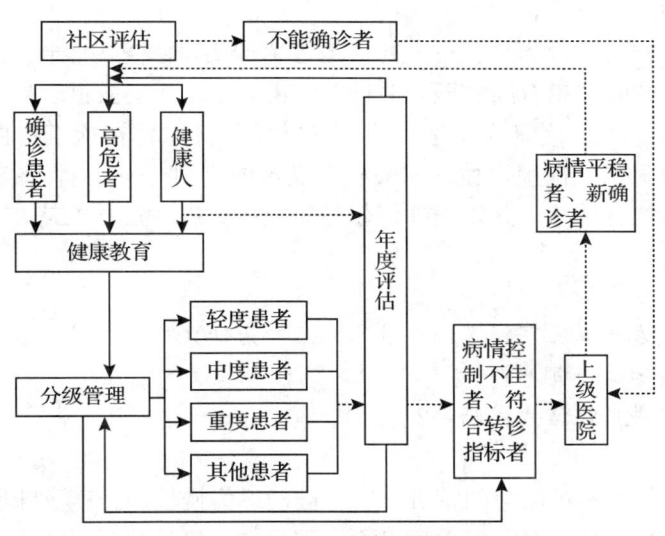

图6-1 慢性病社区管理流程示意图

（四）慢性病社区管理的模式

1. **慢性病群组管理模式** 群组管理模式是将医疗资源利用率较高的个体或者患有相同或不同疾病的个体组织在一起，然后由卫生服务人员对其实施健康教育和个体化诊疗的疾病管理模式。群组管理模式是一种集诊疗、管理、群体健康教育和个体化治疗为一体的新型疾病管理模式。主要包括以下两种形式。

（1）以患者为中心的群组管理模式：是指针对所有年龄段、具有相似慢性疾病的患者进行群组管理，并以相互交流讨论的形式替代原来正式的健康教育内容。该模式一般每组20～25例患者，每次活动持续2～2.5小时，其中1.5小时为群组活动、1小时为个体化诊疗。该模式至少需要1名医生和其他多名专业卫生人员共同参与，如护士、营养师、药剂师等可负责患者的健康教育。该群组管理模式强调医生和患者共同制订行为改变的行动计划，并克服潜在困难、努力实现目标,从而改变患者的不良行为,并且提高生活质量。

(2)以医生为中心的群组管理模式:又称自愿参与的群组诊疗模式。该模式的特点是并非根据患者的特点进行分组,而是将每名医生服务的人群分为1组,每名医生开展的群组管理活动仅对自己服务的人群开放,患者在接受群组管理的过程中不仅能够得到医生的支持,而且可以得到心理医生、社会工作者、家庭治疗师、护士、健康教育人员和患者家属等的支持。该模式一般每周活动1次,每次活动持续90分钟,每组10~15例患者。另外,每周参加活动的患者可以不是同一批患者。在活动过程中,患者之间可以通过交流互相帮助、互相支持。活动内容比较自由,可根据患者的需求而定,包括随访、开具处方药、预约检查、解释检查结果、转诊以及讨论各种健康相关问题等。

2. 慢性病自我管理模式　20世纪70年代中期,美国俄亥俄大学将自我管理模式引入儿童哮喘项目,随后,自我管理模式被广泛应用于慢性病(如糖尿病、高血压、关节炎、哮喘和慢性阻塞性肺疾病)患者的健康教育。自我管理模式对提高慢性病患者的生活质量具有重要的价值和意义,并且受到越来越多的关注。

第二节　常见慢性病患者的社区护理与管理

案例导入 6-2

患者张某,男,55岁,体重90 kg,近日经常感到头晕、乏力,伴视力减退、视物模糊,记忆力减退。患者母亲既往患有高血压,并且因脑出血于1年前去世。患者于1年前发现血压偏高,血压150/90 mmHg,因其无不适反应,未接受治疗。体格检查:血压165/100 mmHg。辅助检查:眼底检查显示视网膜出血;尿液检查显示尿蛋白(++)。将患者转至上级医院,确诊为高血压,经低盐饮食治疗,并以美托洛尔控制血压,患者血压维持在140/90 mmHg左右,1周后出院。

问题与思考:
1. 该患者属于原发性高血压还是继发性高血压?为什么?
2. 慢性病的危险因素有哪些?
3. 应如何对患者进行生活方式指导?

慢性病具有病程长、不可治愈的特点。一旦被确诊为慢性病,就意味着患者将与疾病做漫长的斗争,并接受终身治疗。对于慢性病患者,重要的不仅是控制症状,而且是能够进行正常生活。以社区护理为中心,对社区常见慢性病患者实施健康教育、规范化治疗、系统干预和动态管理,并鼓励患者积极参与,采取健康的生活行为方式,可以减轻慢性病对患者的不良影响,提高患者的生活质量。

一、高血压患者的社区护理与管理

高血压是以血压升高为主要临床表现,伴或不伴有心血管危险因素的综合征,是临床常见的慢性疾病之一。高血压的发病率较高,是多种心、脑血管疾病的重要病因和危险因素,并且可引起严重的心脏、脑、肾并发症,严重危害着人类的健康。原发性高血压是指由遗传和环境因素相互作用引发的高血压,占所有高血压的90%以上。

高血压是以血压升高为特点的全身性疾病。《中国居民营养与慢性病状况报告(2020年)》显示,我国18岁及以上居民高血压患病率为27.5%;其中,18~44岁、45~59岁和60岁及以上居民高血压患病率分别为 13.3%、37.8% 和 59.2%。我国居民高血压患病率总体呈上升趋势，目前成人高血压患者人数估计为 2.45 亿。

我国高血压人群的患病特点是"三高、三低、一复杂"，即患病率高、致残率高、致死率高；知晓率低、治疗率低、控制率低；发病机制复杂。我国居民对高血压的知晓率、治疗率和控制率分别只有 51.6%、45.8% 和 16.8%，总体处于较低水平。

（一）高血压的临床表现与诊断

1. 临床表现　原发性高血压大多起病隐匿，进展缓慢，早期患者大多无症状，可在精神紧张、情绪激动或劳累时出现血压升高；去除病因或休息后，血压可降至正常。随着病情进展，患者可出现相应的症状。高血压患者常见的症状有头痛、头晕、耳鸣、心悸、注意力不集中、记忆力减退、手足麻木、烦躁、易怒、失眠、乏力，甚至视物模糊、鼻出血等。严重者可导致心脏、脑、肾等靶器官损害。症状的轻重与血压升高的程度未必一致。听诊可闻及主动脉瓣第二音亢进，长期持续高血压患者可有左心室肥厚，并可闻及收缩期杂音。

2. 诊断　在未使用抗高血压药的情况下，非同日 3 次测量血压，收缩压（systolic blood pressure，SBP）≥140 mmHg 和（或）舒张压（diastolic blood pressure，DBP）≥90 mmHg（1 mmHg=0.133 kPa），即可诊断为高血压（表 6-1）。既往明确诊断为高血压且正在接受抗高血压药物治疗的患者，即使血压<140/90 mmHg，也应诊断为高血压。

表 6-1　高血压的分类及诊断标准

类别	收缩压（mmHg）		舒张压（mmHg）
理想血压	<120	和	<80
正常高值血压	130～139	和（或）	85～89
高血压	≥140	和（或）	≥90
1 级高血压（轻度）	140～159	和（或）	90～99
2 级高血压（中度）	160～179	和（或）	100～109
3 级高血压（重度）	≥180	和（或）	≥110
单纯收缩期高血压	≥140	和	<90

注：当收缩压与舒张压分属不同级别时，以较高的级别为准；单纯收缩期高血压按照收缩压水平进行分级。

高血压的分类依据是诊室血压测量结果。近年来，我国家庭自测血压与动态血压监测应用日益广泛。在应用符合计量标准的血压测量工具且测量操作规范的前提下，家庭自测血压与动态血压监测也可作为高血压诊断与疗效评价的依据。诊室血压与家庭自测血压、动态血压监测的高血压诊断标准见表 6-2。

表 6-2　诊室血压与诊室外血压测量的高血压诊断标准（mmHg）

血压	诊断标准
诊室血压	≥140/90
家庭自测血压	≥135/85
24 h 动态血压平均值	≥130/80
日间血压平均值	≥135/85

通过高血压分级,可以判断高血压的严重程度,以便进行心血管危险分层(表6-3),判断应用药物治疗的时机。

表6-3 高血压患者的心血管危险分层及其重要影响因素

高血压患者的心血管危险分层	分层依据
高危患者	1. 2级高血压患者收缩压≥140 mmHg和(或)舒张压≥90 mmHg者; 2. 1级高血压患者收缩压为130～139 mmHg和(或)舒张压为80～89 mmHg,伴有临床合并症、靶器官损害或≥3个心血管危险因素者
非高危患者	1级高血压患者收缩压为130～139 mmHg和(或)舒张压为80～89 mmHg且未达标到上述高危标准者

心血管危险因素:①男性年龄≥45岁,女性年龄≥55岁;②吸烟或被动吸烟;③高密度脂蛋白胆固醇<1.04 mmol/L(40 mg/dl);④低密度脂蛋白胆固醇≥3.4 mmol/L(130 mg/dl);⑤空腹血糖受损(即空腹血糖为6.1～6.9 mmol/L);⑥肥胖(体重指数≥28.0 kg/m²)。

靶器官损害:①左心室肥厚(心电图或超声心动图检查);②左心房扩大(超声心动图检查);③颈动脉粥样硬化斑块;④臂踝脉搏波传导速度≥18 m/s或颈股脉搏波传导速度≥10 m/s;⑤踝臂指数≤0.9

临床合并症:①脑出血、缺血性脑卒中、短暂性脑缺血发作;②冠心病、慢性心力衰竭、心房颤动;③低密度脂蛋白胆固醇≥4.9 mmol/L(190 mg/dl)或总胆固醇≥7.2 mmol/L(278 mg/dl);④慢性肾脏病,估算肾小球滤过率<60 ml/(min·1.73m²)或微量白蛋白尿≥30 mg/24 h,或尿蛋白/肌酐比值≥30 mg/g;⑤确诊为糖尿病;⑥主动脉疾病或外周血管疾病;⑦视网膜病变(眼底出血或渗出、视神经乳头水肿)

(二)高血压患者的社区管理

根据《国家基本公共卫生服务标准(2023年版)》的要求,高血压的社区管理主要包括以下几方面内容。

1. 筛查、评估并建立健康档案
(1)高血压筛查

1)对辖区内35岁及以上常住居民,每年在其第一次到乡镇卫生院、村卫生室、社区卫生服务中心(站)就诊时为其测量血压(非同日测量3次)。

2)对第一次发现收缩压≥140 mmHg和(或)舒张压≥90 mmHg的居民,在去除可能引起血压升高的因素后,预约其复查,非同日3次血压测量值高于正常值者,可初步诊断为高血压。如果有必要,建议将患者转诊到上级医院确诊,2周内随访转诊结果。将已确诊的原发性高血压患者纳入高血压患者健康管理,建立居民健康档案信息卡、高血压患者随访服务记录卡。对可疑的继发性高血压患者,应及时转诊。借助计算机数据库等信息资源,建立高血压患者健康档案,为高血压的治疗和护理提供依据。

3)对高危人群,建议每半年至少测量1次血压,并进行生活方式指导。具体高危因素包括:①血压高值,即收缩压130～139 mmHg和(或)或舒张压85～89 mmHg。②超重、肥胖和(或)腹型肥胖:超重,BMI 24.0～27.9 kg/m²;肥胖,BMI≥28 kg/m²;腹型肥胖,男性腰围≥90 cm,女性腰围≥85 cm。③高血压家族史(一级和二级亲属)。④长期高盐饮食。⑤长期过量饮酒(每日饮白酒≥100 ml)。⑥年龄≥55岁。

4)参照《城乡居民健康档案管理服务规范》,对高血压患者每年应至少进行1次全面健康检查,可与随访相结合。检查内容包括:体温、脉搏、呼吸、血压、身高、体重、腰围、皮肤、浅表淋巴结、心脏、肺部、腹部等常规体格检查,并对口腔、视力、听力和运动功能等进行判断。有条件的地区建议做以下检查:①血常规、血液生化(肝功能、肾功能、血脂、血糖、血钾、血钠、血尿酸、肌酐等)、尿常规检查;②心电图检查;③心脏超声检查;④胸部

X线检查；⑤腹部B超（肝、胆、胰腺、脾）检查；⑥眼底检查。

对老年患者，建议进行认知功能和情感状态初筛检查。

（2）高血压患者的随访评估：对原发性高血压患者，乡镇卫生院、村卫生室、社区卫生服务中心（站）每年应进行至少4次面对面随访。随访内容包括：①测量血压并评估是否存在危急症状，若出现收缩压≥180 mmHg和（或）舒张压≥110 mmHg；意识改变、剧烈头痛或头晕、恶心、呕吐、视物模糊、眼痛、心悸、胸闷、喘憋不能平卧，以及处于妊娠期或哺乳期，且血压高于正常值等危险情况之一，或存在无法处理的其他疾病时，须在处理后予以紧急转诊。对于紧急转诊的患者，乡镇卫生院、村卫生室、社区卫生服务中心（站）应在2周内主动随访转诊情况。②若不需紧急转诊，则应询问患者上次随访到此次随访期间出现的症状。③测量体重、心率，计算体重指数（BMI）。④询问患者的症状和生活方式，包括心脑血管疾病、糖尿病等疾病症状，以及吸烟、饮酒、运动、盐摄入情况等。⑤了解患者的服药情况。

（3）高血压患者的分类干预（图6-2）：根据患者的血压控制情况和症状、体征，对患者进行分类干预。①对血压控制满意、未出现药物不良反应、无新发并发症或原有并发症未加重的患者，预约下一次的随访时间。②对第一次出现血压控制不满意，即收缩压≥140 mmHg和（或）舒张压≥90 mmHg，或出现药物不良反应的患者，结合其服药依从性，必要时增加目前用药剂量、更换或增加不同类型的抗高血压药，并预约2周后随访。③对连续2次出现血压控制不满意或药物不良反应难以控制，以及出现新的并发症或原有并发症加重的患者，建议其转诊到上级医院，并在2周内主动随访转诊情况。

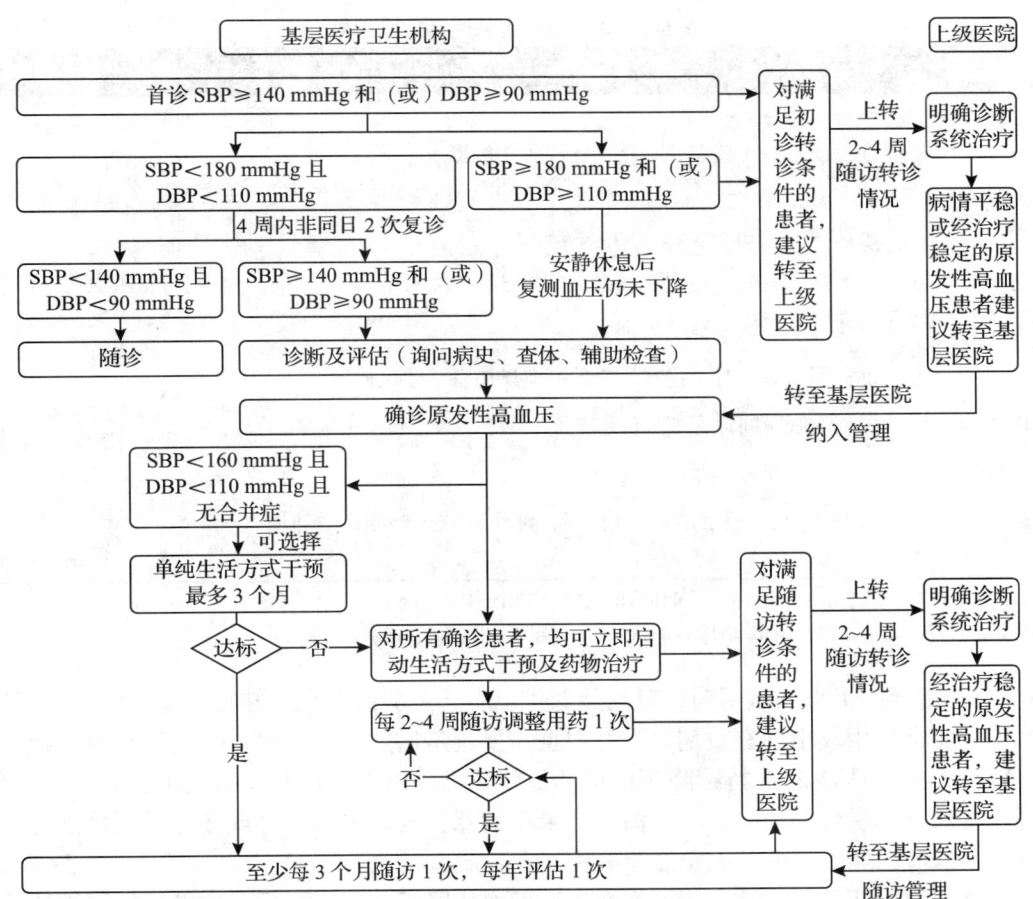

图6-2 高血压患者的分类干预流程示意图

（4）建立健康档案：通过初次建立健康档案的首次全面检查结果，筛选出慢性病管理患者名单，然后进行督导查体。同时，建立电子健康档案，定期完善每年4次的慢性病管理电子档案随访表，以便于查询患者信息。

2. 健康教育和健康促进

（1）健康教育

1）普及健康知识和高血压防治知识：针对高血压高危人群重点进行健康教育，提高高血压防治知识的普及率以及高血压患者的管理效果，使患者及家属认识到高血压的危害，了解高血压的病因、症状及治疗要点，加强与医护人员的沟通，在紧急情况下寻求医疗帮助。指导患者通过经验交流，提高自我管理能力，增强战胜疾病的信心。

2）生活方式指导：对确诊为高血压的患者，应立即启动并长期坚持生活方式干预。生活方式干预是降压治疗的基本措施，其主要内容包括：平衡膳食、戒烟限酒、保持理想体重指数、合理运动、改善睡眠、注意保暖与心理平衡。某些生活方式干预方法可降低血压，如减少钠盐摄入量、增加含钾食物摄入量、减轻体重、进行规律的中等强度运动（如快走、慢跑、骑车、游泳、打太极拳等常见的健身运动）等，均有直接的降压效果。戒烟、戒酒可降低心血管疾病的发生风险，更应大力提倡。血压可随环境温度的变化而变化，通常冬季测量的诊室收缩压/舒张压平均比夏季高约5/3 mmHg，故应指导患者保持室内温暖，经常通风换气；骤冷和大风降温时应减少外出，适当增添衣物。此外，帮助患者减轻精神压力、保持心理平衡，也是提高治疗效果的重要方法。

表6-4 高血压患者的生活方式指导

内容	目标	收缩压下降幅度
低钠、高钾饮食	盐摄入量<5 g；注意隐形盐（咸菜、鸡精、酱油等）的摄入	2~8 mmHg
减轻体重	BMI<20.0~23.9 kg/m²，男性腰围<90 cm，女性腰围<85 cm	5~20 mmHg/减重10 kg
规律运动	中等强度运动，每次30 min，每周5~7次	4~9 mmHg
戒烟	建议戒烟，避免被动吸烟	—
戒酒	推荐不饮酒；对于仍在饮酒的高血压患者，建议戒酒	—
改善睡眠	保证睡眠时间达到6~8 h	—
心理平衡	减轻精神压力，保持心情愉悦	—
注意保暖	保持室内温暖；经常通风换气；降温时减少外出，适当增添衣物	—

BMI：体重指数（body mass index），评价体重的指标，BMI=体重（kg）÷身高²（m²）

BMI判定标准：正常，18.5 kg/m²≤BMI<24.0 kg/m²；超重或肥胖，BMI≥24.0 kg/m²

3）用药指导：①小剂量用药，对高龄老年患者、衰弱或存在认知功能障碍的高血压患者，初始治疗时通常采用较小的有效剂量，并根据需要逐步增加药物剂量。②使用长效药物，尽可能使用每天1次、具有24 h持续降压作用的长效药物，以有效控制夜间血压、清晨血压和心、脑血管并发症。③联合用药，若单药治疗效果不满意，则可采用两种或多种低剂量抗高血压药联合治疗，以增加降压效果，优先推荐单片复方制剂。

强调遵医嘱用药的重要性，用抗高血压药使血压降至理想水平后，应继续服用维持量，以保持血压相对稳定。强调不能擅自突然停药或换药，对无症状者更应强调；经治疗，血压得到满意控制后，在医生的指导下方可逐渐减少剂量。如果突然停药，可导致血压突然升高，出现停药综合征，冠心病患者突然停用 β 受体阻滞剂可诱发心绞痛、心肌梗死等。

4）直立性低血压的预防和处理指导：直立性低血压在我国老年高血压人群中的发生率为 20.6%~28.8%。应当通过健康教育使患者了解直立性低血压的表现及危害，尤其是在联合用药、服用首剂药物或增加用药剂量时应注意预防。指导患者避免长时间站立，尤其是在服药后数小时内；更换体位时，特别是从卧位、坐位转变为站立位时动作宜缓慢；服药时间可选择在平静休息时，服药后继续休息一段时间再下床活动；如在睡前服药，则夜间起床排尿时应注意安全；洗漱时避免用过热的水，更不宜大量饮酒。指导患者发生直立性低血压时应取头低足高卧位，可将下肢抬高并超过头部高度，以促进下肢血液回流。

5）血压监测指导：指导患者使用符合国际标准的上臂式电子血压计，告知患者血压监测频率、血压控制目标、血压测量方法及注意事项。患者在家中应该注意以下几种情况的血压监测：①血压高峰时间段，上午 6~10 时和下午 4~8 时，这两个时间段的血压值是一天中最高的，测量这两个时间段的血压可以了解血压高峰。特别是每天清晨睡醒时，此时的血压水平可以反映服用的抗高血压药的降压作用是否可以持续到次日。②服药后：当药物的降压作用达到高峰时测量。短效制剂一般在服药后 2 h 测量；中效药物一般在服药后 2~4 h 测量；长效药物一般在服药后 3~6 h 测量。③血压不稳定或更换治疗方案时，应连续测量 2~4 周，掌握自身血压变化规律、了解新方案的疗效。需要每个月对患者进行随访，监测和评价药物治疗的安全性和治疗效果，直到降压效果达标。

（2）健康促进：社区卫生保健人员应采取干预措施，帮助高血压患者将高血压防治知识运用到实际生活中。干预措施主要包括：限制食盐摄入量，戒烟，限制饮酒，加强体力活动和体育锻炼，控制体重，以及进行必要的药物治疗等。

3.高血压患者的随访管理　应定期对高血压患者进行随访，为患者定时、定点（或上门）免费测量血压，并详细记录结果。科学管理随访资料，并对资料进行动态连续性管理。

知识链接

云随访管理系统

云随访管理系统作为全国首创一站式互联网＋物联网的患者管理系统，从"医护患"与医院的多个角度出发设计，并以智能自主随访引擎和云随访在线知识库为依托，以智能随访、智能提醒、智能宣传教育、健康监测、医护患沟通为主要手段，实现随访智能化、沟通多渠道化、数据对接平台标准化，客服随访便捷化的设计理念，为不同类型的医疗机构打造统一的随访平台，提供医院随访系统、出院随访系统、住院及门诊随访系统等符合不同应用场景的解决方案。

随着物联网、互联网行业的迅猛发展，新型护理模式不断涌现，其中，基于云随访平台的延续性护理将患者的具体需求和医护人员的专业特长相融合，较好地弥补了传统护理的不足，使医疗资源得到最大化的利用，可充分提高患者的自我管理能力，从而达到提高康复效果的目的。

（三）高血压患者的社区护理

高血压患者的社区护理应充分体现以患者为中心的现代护理观念，坚持社区管理、随访管理、家庭管理和自我管理等，从而提高患者的生活质量。

1.护理评估

（1）健康史及身体、心理-社会评估：包括询问患者的家族史和既往病史；了解患者的一般情况，测量生命体征；了解患者的生活方式与行为习惯、家庭与社会状况、心理状态及医疗状况等。

（2）辅助检查：如血糖、血脂、肾功能、心电图检查等。

2. 常见护理诊断/问题

（1）疼痛：头痛　与血压升高有关。

（2）有受伤的危险　与头晕、视物模糊、发生直立性低血压或意识改变有关。

（3）焦虑、恐惧　与血压控制不满意和发生并发症有关。

（4）潜在并发症：高血压急症。

（5）知识缺乏：缺乏改善生活和行为方式及服用抗高血压药的相关知识；缺乏自我监测血压的知识。

3. 护理目标

（1）患者头痛症状减轻或消失。

（2）患者掌握高血压的症状及直立性低血压的预防和护理措施，无受伤情况出现。

（3）患者了解非药物治疗对控制高血压的意义，能坚持遵医嘱用药，使血压控制在合适的范围。患者情绪稳定，未出现并发症。

4. 护理措施

（1）疼痛护理：

1）减少引起或加重头痛的因素：指导患者保持居住环境安静、温暖、舒适，嘱患者头痛时卧床休息，抬高床头，改变体位时动作应缓慢。向患者解释头痛主要与高血压有关，血压恢复正常且平稳后，头痛症状可减轻或消失。指导患者使用放松技术，如心理训练、音乐治疗、缓慢呼吸等。

2）用药指导：①指导患者自我监测血压并准确记录，注意观察药物的疗效和不良反应。②指导患者定时、定量服用抗高血压药，以保持血压相对稳定。③向患者强调不能擅自突然停药、随意减少药量或换药，以防止出现急性低血压反应。

（2）加强安全防护

1）避免受伤：定时测量患者的血压并做好记录。患者出现头晕、眼花、耳鸣、视物模糊等症状时，应嘱其卧床休息。患者如厕或外出时，应有人陪伴。

2）直立性低血压的预防及处理：向患者讲解发生直立性低血压时可有乏力、头晕、心悸、出汗、恶心、呕吐等不适症状。告知患者一旦发生直立性低血压，应平卧，并抬高下肢，以促进下肢血液回流。告知患者预防直立性低血压的方法。

（3）心理护理：应采取各种措施帮助患者预防和缓解精神压力，纠正和治疗异常心理，必要时建议患者寻求专业心理疏导或治疗。指导患者学会自我调节，减轻精神压力，避免情绪激动、紧张等不良刺激，保持健康的心理状态。提高患者和家属对高血压的认知和对治疗的重视程度，树立与疾病长期斗争的信心，自觉地、积极地参与治疗和护理，从而达到有效控制血压、预防并发症、提高生活质量的目的。

（4）潜在并发症的观察与处理：

1）避免诱因：向患者介绍高血压急症的诱因，指导患者避免情绪激动、劳累、寒冷刺激和随意增减药量等。

2）病情监测：定期监测血压，告知一旦患者出现血压急剧升高、剧烈头痛、呕吐、大汗淋漓、视物模糊、面色及神志改变、肢体运动障碍等症状，应立即住院治疗。

（5）健康指导

1）疾病知识指导：向患者讲解高血压的临床表现、分级、危险因素及危害，使其了解控制血压及终身治疗的必要性。向患者解释改变不良生活方式的重要性，使之理解其治疗意义，自觉地付诸实践并长期坚持，从而提高药物疗效，降低心血管事件的发生风险。

2）用药指导：增强患者按医嘱合理、正确、规律服用药物的意识，提高患者药物治疗的依从性，将血压控制在理想水平。使患者了解药物的不良反应，并警惕服药后出现急性低血压反应。

3）饮食指导：指导患者以低盐、低脂、低胆固醇、低热量、富含维生素的食物为主，多吃水果、蔬菜，控制体重；养成良好的饮食习惯，细嚼慢咽，避免过饱，少吃零食等；同时限制食盐摄入量，戒烟，限制饮酒。

4）运动指导：指导患者根据年龄、病情及有无并发症等进行适当、有规律的运动，循序渐进，长期坚持。以低至中等强度的持续、有序、适度的有氧运动方式为宜，如快走、慢跑、游泳、健身操、跳舞、打太极拳等。每次30~60 min，每天1次或每周4~5次。注意劳逸结合，不做剧烈活动，以免血压突然升高。

二、糖尿病患者的社区护理与管理

糖尿病（diabetes mellitus，DM）是由遗传和环境因素相互作用引起的一组以慢性高血糖为共同特征的代谢异常综合征。由于胰岛素分泌和（或）作用缺陷，可导致糖类、蛋白质、脂肪、水和电解质等代谢紊乱。随着病程的迁延，患者可出现多系统损害，导致眼、肾、神经、心脏、血管等组织器官出现慢性进行性病变、功能减退和衰竭。病情严重或应激时，患者可发生酮症酸中毒、高渗性昏迷等急性代谢紊乱。目前，糖尿病主要分为四种类型：1型糖尿病、2型糖尿病、其他特殊类型糖尿病和妊娠糖尿病。1型糖尿病占5%~10%；2型糖尿病占90%~95%，是临床上最常见的糖尿病类型；其他特殊类型糖尿病仅占不足1%；妊娠糖尿病患者分娩后血糖可恢复至正常水平，但大部分患者之后可发展为2型糖尿病。

> **知识链接**
>
> **糖尿病的流行病学特点**
>
> 糖尿病已成为发达国家继心血管疾病和肿瘤之后的第三大慢性病。据国际糖尿病联盟（International Diabetes Federation，IDF）统计，2019年全球有4.63亿成年人患有糖尿病，中国糖尿病患病总人数约为1.164亿。预计到2030年，全球糖尿病患者人数将增加至5.78亿，到2045年将增加至7亿。糖尿病防控工作面临着严峻的挑战。我国糖尿病的发病特点是：以2型糖尿病为主，1型糖尿病及其他类型糖尿病少见；男性患者略多于女性；经济发达地区的糖尿病患病率明显高于经济不发达地区，城市地区患病率高于农村地区；未诊断的糖尿病患者比例较高；肥胖人群糖尿病患病率逐年升高。BMI越高，患病率越高。

（一）糖尿病的临床表现与诊断

1. 临床表现　1型糖尿病多见于青年和儿童，起病急、病情重、症状明显，患者可出现"三多一少"的典型症状，即多饮、多尿、多食和体重减轻。2型糖尿病多见于成年人，起病缓慢、症状相对较轻，容易被忽视。此外，患者还可出现疲劳感、视物模糊、皮肤瘙痒、性欲减退、月经失调、便秘、四肢酸痛、伤口愈合缓慢、容易饥饿等。也有一部分患者无明显症状，只是在体检时偶然被发现。

2. 诊断标准　中华医学会糖尿病学分会采纳的诊断标准是：①糖尿病的症状加任意时间血浆葡萄糖水平≥11.1 mmol/L（200 mg/dl）；②空腹血浆葡萄糖（fasting plasma glucose，FBG）

≥7.0 mmol/L（126 mg/dl）；③口服葡萄糖耐量试验（oral glucose tolerance test，OGTT）服糖后2 h血浆葡萄糖水平≥11.1 mmol/L（200 mg/dl）。在上述诊断标准中，糖尿病的症状是指多尿、烦渴、多饮和体重减轻；空腹是指8～10 h内无任何热量摄入；血浆葡萄糖推荐采用葡萄糖氧化酶法测定静脉血浆葡萄糖；空腹血浆葡萄糖正常为3.9～6.0 mmol/L（70～108 mg/dl）；任意时间是指一天内的任何时间，无论上一次进餐时间及食物摄入量如何；任意时间血浆葡萄糖水平与OGTT 2 h血浆葡萄糖水平相同，均以≥11.1 mmol/L（200 mg/dl）作为诊断标准。

（二）糖尿病患者的社区管理

1. 糖尿病患者社区管理的服务内容　根据《国家基本公共卫生服务规范（第三版）》的要求，糖尿病患者的社区管理主要包括以下内容。

（1）糖尿病筛查：社区卫生服务机构需对辖区内35岁及以上的2型糖尿病患者进行规范化社区管理。对工作中发现的2型糖尿病高危人群进行有针对性的健康教育，每年至少测量1次空腹血糖，并予以健康指导。

（2）糖尿病患者的随访：对确诊的2型糖尿病患者，每年进行4次免费空腹血糖检测，至少进行4次面对面随访（附录）。随访内容包括：①测量空腹血糖和血压，并评估患者是否存在危急情况，若出现血糖≥16.7 mmol/L或血糖≤3.9 mmol/L，收缩压≥180 mmHg和（或）舒张压≥110 mmHg；有意识或行为改变、呼出气有烂苹果味、心悸、出汗、食欲减退、恶心、呕吐、多饮、多尿、腹痛、呼吸深大、皮肤潮红；持续性心动过速（心率超过100次/分）；体温超过39℃或有其他突发异常情况（如视力骤降、妊娠期及哺乳期血糖高于正常等危险情况），或存在无法处理的其他疾病时，须予以处理后紧急转诊患者。对于紧急转诊者，乡镇卫生院、村卫生室、社区卫生服务中心（站）应在2周内主动随访转诊情况。若不需要紧急转诊，则应询问患者上次随访到此次随访期间出现的症状。③测量体重，计算体重指数（BMI），检查足背动脉搏动情况。④询问患者疾病情况和生活方式，包括心脑血管疾病、吸烟、饮酒、运动和饮食情况等。⑤了解患者的用药情况。

（3）分类干预：①对血糖控制满意（空腹血糖值<7.0 mmol/L）、无药物不良反应、无新发并发症或原有并发症未加重的患者，预约进行下一次随访。②对第一次出现空腹血糖控制不满意（空腹血糖值≥7.0 mmol/L）或药物不良反应的患者，结合其服药依从情况进行指导，必要时增加现有药物剂量、更换或增加不同类的降血糖药物，并于2周内随访。③对连续两次出现空腹血糖控制不满意或药物不良反应难以控制，以及出现新的并发症或原有并发症加重的患者，建议转诊到上级医院，并于2周内主动随访转诊情况。④对所有患者进行有针对性的健康教育，与患者一起制订生活方式改进目标，并在下一次随访时评估改进情况。告知患者出现异常情况时应立即就诊。

（4）健康体检：对确诊的2型糖尿病患者，每年进行1次全面的健康体检，体检可与随访相结合。体检内容包括体温、脉搏、呼吸、血压、身高、体重、腰围、皮肤、浅表淋巴结、心脏、肺部、腹部等常规体格检查，以及口腔、视力、听力和运动功能等检查。

2. 糖尿病患者社区管理的服务要求

（1）2型糖尿病患者的健康管理由医生负责，应与门诊服务相结合。对未能按照健康管理要求接受随访的患者，乡镇卫生院、村卫生室、社区卫生服务中心（站）应主动与其联系，保证管理的连续性。

（2）随访方式包括预约患者到门诊就诊、电话追踪和家庭访视等。

（3）乡镇卫生院、村卫生室、社区卫生服务中心（站）应通过本地区社区卫生诊断和门诊服务等途径筛查和发现2型糖尿病患者，掌握辖区内居民2型糖尿病的患病情况。

（4）发挥中医药在改善临床症状、提高生活质量、防治并发症方面的特色和作用，积极应用中医药方法开展糖尿病患者的健康管理服务。

（5）加强宣传，告知糖尿病患者服务内容，使更多的患者愿意接受服务。

（6）每次提供服务后，应及时将相关信息录入患者的健康档案。

（三）糖尿病患者的社区护理

1. 护理评估

（1）健康史及身体、心理-社会评估：详细询问患者与患病有关的因素，如是否有糖尿病家族史、病毒感染等；了解患者的生活方式、饮食习惯、体力活动情况；了解患者对疾病的认知程度，是否有焦虑、恐惧等心理反应；了解患者的检查和治疗经过及效果；了解患者是否有"三多一少"症状，有无皮肤瘙痒；了解患者的睡眠、运动及膳食情况，是否出现并发症。观察患者的生命体征、体重、精神状态和神志变化等情况。

（2）辅助检查：包括空腹及餐后血糖、糖化血红蛋白、血脂、肾功能、电解质、心电图和眼底检查等。

2. 护理诊断

（1）营养失调：低于或高于机体需要量　与胰岛素分泌或作用缺陷引起糖、蛋白质、脂肪代谢紊乱有关。

（2）有体液不足危险　与血糖升高、尿渗透压增高有关。

（3）生活自理缺陷　与视觉障碍有关。

（4）焦虑　与糖尿病慢性并发症、长期治疗导致经济负担加重有关。

（5）知识缺乏　缺乏糖尿病的预防和自我护理知识。

（6）有感染的危险　与血糖增高、脂代谢紊乱、营养不良和微循环障碍有关。

（7）潜在并发症　低血糖、糖尿病足、酮症酸中毒、高渗性昏迷。

3. 护理目标　患者体重恢复至正常水平并保持稳定，血糖正常或维持在理想水平；患者焦虑减轻或消失，能正确对待当前的健康状态；患者能采取适当措施预防和控制感染，了解疾病相关知识，并积极配合治疗；患者未发生糖尿病急性并发症或发生异常情况时能被及时发现和处理。

4. 护理措施　对已确诊的糖尿病患者，应告知糖尿病是慢性疾病，目前尚无法根治，需要长期甚至终身治疗。糖尿病健康教育是糖尿病的治疗手段之一。通过良好的健康教育，可以提高患者的主观能动性，使其积极配合治疗，从而控制病情，防止各种并发症的发生和发展，提高患者的生活质量。

（1）饮食护理：饮食护理的目的是限制患者的总热量，增强胰岛素敏感性，降低血糖。饮食控制是重要的基础治疗措施，必须严格并长期执行。饮食护理的原则是平衡膳食，合理营养；严格限制高糖、油腻食物，多吃富含膳食纤维的食物，以清淡为主；定时、定量进食，注意少量多餐，尽量达到并维持理想体重。

（2）运动疗法与护理

1）运动疗法的作用：规律运动可促进血液循环，有助于2型糖尿病患者减轻体重；提高胰岛素的敏感性，减轻胰岛素抵抗，改善糖代谢，有助于减少1型糖尿病患者的胰岛素用量；有助于降低血脂，抗血小板聚集，降低血栓形成的概率，降低心血管疾病的发生风险，改善心肺功能，促进全身代谢。

2）运动的方式：最好选择有氧运动，如散步、慢跑、骑自行车、做广播操、打太极拳和球类活动等。其中，散步最为安全，可作为首选的锻炼方式。

3）运动的注意事项：①运动时间应相对固定，餐后0.5 h开始运动为宜；②如果进行高强度运动，则应在运动前后测血糖，血糖较低者应先加餐再运动，血糖过高时暂不运动；③运动时衣裤、鞋袜等应穿着舒适；④如果在运动过程中出现胸痛、胸闷、视物模糊等症状，则应立即停止运动，并及时处理；⑤发生低血糖时，应立即停止运动，口服含糖饮料或食物，若仍未能缓解，则应立即就医；⑥运动时，患者应随身携带糖尿病急救卡，卡片上标明本人姓名、年龄、家庭地址、电话号码和病情，以备急用；⑦运动后应检查皮肤、足部和关节有无异常；⑧运动后应及时写运动日记，以观察疗效和不良反应。

（3）用药护理：药物治疗包括口服降血糖药和胰岛素治疗。口服降血糖药主要用于2型糖尿病患者，或1型糖尿病患者由于肥胖等存在胰岛素抵抗的情况。对口服降血糖药的患者，社区护士应指导其遵医嘱服药，根据所用药物的特点，掌握正确的服药方法，避免擅自更换药物或随意增减药物剂量。同时，应告知患者药物可能引起的不良反应及处理方法。对使用胰岛素的患者，应教会患者或其家属正确的注射方法及注意事项。注射过早、过量均容易引起低血糖。告知患者若出现食欲减退、进食量减少或呕吐、腹泻，则应相应减少药物剂量；活动量增加时，应减少胰岛素的用量并及时加餐。

（4）血糖监测：进行血糖监测有助于及时了解血糖控制情况，为治疗方案的调整提供依据。在血糖平稳的情况下，对使用胰岛素治疗者，建议其每日自我监测至少3次；对非胰岛素治疗者，建议其根据治疗方案进行自我监测。对于妊娠糖尿病患者，建议每周安排1~2天进行全天自我监测。对于老年糖尿病患者，应教会其正确使用简易血糖仪，并告知自我血糖监测的记录方法。对于不能独立完成自我监测血糖的患者，可请家属或其他人员协助完成。

（5）并发症的观察与护理

1）低血糖：是糖尿病治疗过程中常见的并发症。患者血糖低于2.8 mmol/L时可出现低血糖症状，表现为头晕、心悸、饥饿感、出汗、软弱无力等，严重时可发生抽搐甚至昏迷。预防低血糖的方法：药物剂量应逐渐增加，谨慎调整；注意定时、定量进食；进行体力活动前应适当增加食物摄入量。若出现低血糖症状，对意识清醒的患者应尽快予以糖溶液、含糖饮料或饼干、面包等。对病情严重、神志不清的患者，应立即予以静脉注射50%葡萄糖溶液40~60 ml，或静脉滴注10%葡萄糖溶液。待患者清醒后，可予以米、面等食物，以防止其再度昏迷。应注意及时查明发生低血糖的原因，并予以纠正。

2）糖尿病足：糖尿病患者由于血管病变和神经病变造成足部供血不足、感觉缺失或并发感染，可导致足部坏疽或感染。糖尿病足的主要表现有下肢疼痛、皮肤溃疡、间歇性跛行或足部坏疽，是糖尿病患者致残的主要原因之一。预防糖尿病足的方法是：每天检查双足1次，了解足部有无感觉减退、麻木、刺痛感；观察足部皮肤有无颜色、温度改变及足部动脉搏动情况；选择合适的鞋袜，避免足部受压；保持足部清洁，避免发生感染；对于足部有小伤口者，应先用消毒剂（如乙醇）彻底清洁，然后用无菌纱布覆盖。避免使用碘酊等具有强烈刺激性的消毒剂。不要使用水杨酸苯酚软膏等腐蚀性药物，以免发生皮肤溃疡。若伤口在2~3天仍未愈合，则应尽早就医。

（6）心理护理：由于长期患病，糖尿病患者常出现紧张、忧虑、恐惧、愤怒、孤独、抑郁甚至绝望等心理问题。应针对患者的具体情况予以支持和指导，帮助患者摆脱不良情绪的困扰，保持乐观、稳定、积极的心态。①告知患者糖尿病的相关知识和预后，使患者了解糖尿病虽然不能根治，但可以通过终身治疗、饮食控制、规律生活、适当锻炼等避免并发症的发生；②耐心倾听患者的诉说，并积极与患者沟通、交流，指导患者及时排解不良情绪。

（7）糖尿病患者自我管理教育指导：糖尿病是一种长期慢性疾病，患者的日常行为和自我管理能力对于病情的控制具有重要的作用。确诊为糖尿病后，患者应接受糖尿病自我管理教育，掌握相关知识和技能，并且不断学习。糖尿病自我管理教育和支持应以患者为中心，尊重并符合患者的个人爱好、需求和价值观，以此指导临床决策。糖尿病自我管理教育应包括预防

2型糖尿病的内容，并注重个体化。对患者进行糖尿病自我管理教育和支持时，健康教育提供者应该考虑患者的治疗负担和自我效能，以及社会与家庭支持的程度。鼓励患者家属支持并积极参与糖尿病的控制，使患者感受到家人的支持与关心。

5. 护理评价　评价护理目标是否达到，若未达到，则需查找原因，修订计划；若患者病情发生变化，则需请示医生或与其协商，重新制订计划。

（四）糖尿病的三级预防

1. 一级预防　一级预防的目的是纠正可控制的糖尿病危险因素，预防糖尿病的发生。针对一般人群，应加强糖尿病知识的宣传教育，提高居民对糖尿病及其危害的认识；提倡健康的生活方式；定期体检，一旦发现有糖耐量减低或空腹血糖受损，即应及早实施干预。针对高危人群（如糖耐量减低或空腹血糖受损、肥胖者），应开展糖尿病相关知识的健康教育，强调控制糖尿病危险因素（如肥胖、缺乏体力活动、不合理的膳食及不健康的生活方式等）的重要性。加强糖尿病筛查，尽早发现疾病。进行生活方式干预，如减少主食摄入、增加运动时间、减轻体重等。

2. 二级预防　二级预防的目的是预防糖尿病的并发症。对每一位糖尿病患者，都应确立血糖控制目标。为患者制订饮食计划、运动计划、血糖监测计划；教会患者如何监测血糖及尿糖；纠正可能导致并发症的危险因素；进行并发症筛查。

3. 三级预防　三级预防的目的是降低糖尿病的致残率和死亡率，提高糖尿病患者的生活质量。督促患者定期进行肾功能、视网膜、周围血管、周围神经等检查，发现问题应及时处理，从而减少糖尿病肾病、糖尿病眼病、糖尿病神经病变等慢性并发症的发生。

案例导入6-3

王先生，40岁，多饮、多食、多尿、消瘦半年，怀疑为糖尿病。

问题与思考：

1. 为明确诊断，最佳的检查方法是什么？
2. 患者运动时发生低血糖应如何处理？

第三节　临终关怀

随着社会的进步，死亡作为生命的结束阶段，临终作为每个人必须经历的阶段，越来越受到人们的重视。如何让老年人在生命的最后阶段宁静地面对死亡，减轻其生理和心理上的痛苦，使其舒适、安详地告别人生，走完人生的最后旅程；如何让患者家属得到情感支持，达到维护或促进身心健康的目的，是社区临终关怀的主要内容，也是社区护士的主要职责。

临终关怀（hospice care）又称善终服务、安宁疗护、安息护理、临终护理等，是对已失去治愈希望的临终患者及其家属所提供的一种全面支持和照顾，包括生理、心理及社会等方面。

知识链接

临终关怀与舒缓治疗

舒缓治疗又称姑息治疗。根据世界卫生组织的定义，舒缓治疗是指为已失去治愈希望的患者提供积极的、人性化的服务，主要通过控制疼痛、缓解躯体的其他不适症状和提供心理、社会和情感支持，尽可能提高患者和家属的生活质量。舒缓治疗体现了人类对生命的尊重与关怀，使患者人生的最后一段旅程过得舒适、安宁、有尊严。舒缓治疗的主要服务对象是癌症晚期患者,而临终关怀是对处于生命终末期的患者(即临终患者)提供的一种综合性的医疗护理服务。舒缓治疗是临终关怀服务中的主要治疗手段,但并非仅限于临终关怀服务,还可应用于老年长期照护服务。

一、临终关怀的目的与服务理念

临终关怀是以提高临终患者的生活质量为目的而提供的全面照顾和护理服务,以尽量减轻患者的疼痛和不适症状,尽可能使患者安宁、平静、舒适地走完人生的最后旅程,使家属的身心健康得到维护和增强。近年研究认为,提高生活质量比延长生命更重要。

(一)以临终照料为主

临终照料是对已失去治愈希望的患者在生命即将结束时所实施的一种积极的综合护理,是临终关怀的重要组成部分。对于这种照料,不是完全按照医护人员的主观想法去实施,而是以重视患者个人的实际需求为前提,尽量按照患者及其家属的意愿实施护理,使患者感到舒适。

(二)维护临终患者的尊严和权利

临终关怀强调,在死亡前的临终阶段,患者的尊严不应由于生命活力的降低而丧失,其权利也不应由于机体衰竭而被剥夺。社区护士应尊重、维护和支持患者的权利。例如,患者有权知晓预后、参与治疗和护理方案的制订、选择死亡方式,以及保留个人隐私。

(三)提高临终患者的生活质量

临终关怀强调,正确认识并尊重临终患者生命的价值,提高其生活质量,是对临终患者最有效的服务,可以使他们安然面对死亡,感受到家人和医护人员的关怀,安详、舒适地走完人生的最后阶段。

(四)关心、帮助家属

对临终患者提供全面照料的同时,社区护士还应对患者家属提供心理、社会支持,帮助他们建立正确的死亡观,坦然地面对死亡、接受死亡,使家属既为临终患者生前提供照料,又能顺利度过居丧期。

二、临终患者的生理和心理特点

(一)生理特点

1. **呼吸困难** 表现为呼吸费力,呼吸由快转慢、由深变浅,甚至出现潮式呼吸、张口呼吸和点头呼吸等,最终呼吸逐渐停止。

2. **胃肠道功能减弱** 患者可出现食欲减退、恶心、呕吐、腹胀、便秘或腹泻、脱水等症状。

3. **肌张力丧失** 表现为全身肌肉松弛、软瘫,患者可出现眼球内陷、上睑下垂、吞咽困难等。若肛门及膀胱括约肌松弛,则可能出现排尿、排便失禁。

4. **循环功能衰竭** 表现为皮肤苍白、湿冷,四肢发绀,脉搏细速、不规则或测不到,血压逐渐降低,甚至测不到。

5. **感知觉以及意识的改变** 表现为视觉功能逐渐减退,由视物模糊发展到仅有光感;眼睑干燥、分泌物增多,听觉是最后丧失的感觉。患者意识改变,可出现嗜睡、意识模糊、昏睡,甚至昏迷。

6. **疼痛** 临终患者尤其是晚期癌症患者在生命的最后阶段通常都遭受着疼痛的折磨,表现为表情痛苦、呻吟不止、辗转反侧及无法入睡。

（二）心理特点

心理学家认为，临终患者的心理活动通常分为否认期、愤怒期、协议期、抑郁期和接受期 5 个发展阶段。

1. 否认期　当患者初次得知疾病晚期的诊断时，第一反应往往是否认诊断或质疑诊断，继而会要求再次检查，希望能否定之前的诊断。这是否认期的突出表现。

2. 愤怒期　当患者面对患病已无法改变的现实时，可能会产生愤怒、怨恨的情绪，并容易迁怒于医护人员、家属及照顾者。

3. 协议期　当患者被迫接受现实时，为了延长生命，患者可能会提出各种协议性要求，并寻求各种方法缓解症状，乞求"奇迹"的出现。

4. 抑郁期　当病情持续发展、治疗无明显效果时，患者可能会陷入极度痛苦、绝望的心理状态。

5. 接受期　当病情进一步恶化、死亡已无法避免时，患者的情绪相对稳定，表情淡漠。由于机体极度衰竭，患者常处于嗜睡状态。

上述心理活动的发展阶段因人而异，有的阶段可以重合，有的可以提前或延后，也有的可能始终停留在某一阶段，而且并非所有的临终患者都会依次经历各个阶段。

三、临终关怀的具体内容及措施

（一）疼痛护理

有效地控制疼痛是提高临终患者生活质量的重要途径，也是临终关怀的主要内容之一。

根据 WHO 的分级标准，可将疼痛分为以下 4 级。

0 级：无痛。

1 级：有疼痛，但不严重，可以忍受，不影响睡眠。

2 级：疼痛明显，无法忍受，影响睡眠。

3 级：疼痛剧烈，无法忍受，严重影响日常生活。

1. 药物镇痛　社区护士应在准确评估患者的疼痛情况后，协助医生实施相应的镇痛方案。目前，我国主要采用 WHO 提出的"癌症三阶梯止痛"治疗策略。

第一阶梯：轻度疼痛，使用非麻醉性镇痛药，如阿司匹林。

第二阶梯：中度疼痛，使用弱麻醉性镇痛药，如可待因。

第三阶梯：重度疼痛，当上述治疗无效时，可使用强麻醉性镇痛药，如吗啡、哌替啶等。

为确保镇痛方案的有效实施，社区护士应切实做到按时给药、按需给药，同时，还应注意观察患者用药后的反应，指导家属妥善管理麻醉性镇痛药，以防止发生意外。

2. 非药物镇痛　常用的方法有针灸法、按摩法、音乐疗法以及心理疗法等。

（二）心理护理

1. 否认期　应加强与患者及其家属的沟通，逐步使患者了解病情，不回避问题、不欺骗患者、不隐瞒病情，以免失去患者的信任。引导患者逐步面对现实，积极配合治疗。

2. 愤怒期　应理解患者的愤怒是面对死亡的正常反应，包容、谅解患者，同时与患者积极沟通，引导患者消除内心对于死亡的恐惧和对未来的忧虑。

3. 协议期　此期患者对医护人员态度友好、积极配合治疗，可能对治疗效果有过高的期望。这种情绪对患者是有益的，应鼓励患者表达内心的想法和诉求，尽量满足患者的合理需求。

4. 抑郁期　此时患者情绪低落，护理人员应加强安全防护，防止患者采取极端行为。尽量多陪伴患者，鼓励和倾听患者表达自身的痛苦感受。有的患者需要有人陪伴，护理人员应当积极帮助其联系家人、朋友或社区临终关怀志愿者。

5. 接受期　此时患者的身体功能衰竭、对外界的反应减弱，护理人员应提供安静、整洁的环境，为患者清洁身体，询问其是否有未完成的心愿，并尽可能帮助其完成。

（三）临终患者家属的护理

临终患者家属的心理护理是临终护理的重要组成部分。社区护士应从以下几个方面关心、帮助家属。

1. 提供心理支持　给予家属精神和心理支持，帮助家属尽快接受事实。
2. 提供护理指导　指导家属正确照顾患者，以满足家属照顾患者的需要。
3. 提供居丧服务　应协助家属做好善后处理。
4. 提供社会支持　调动社会资源支持患者家属，帮助家属顺利度过居丧期。

自 测 题

一、选择题

A1 型题

1. 慢性病的特点是
   A. 潜伏期与病程长　　　　　　　　　　B. 症状与体征明显
   C. 绝大多数可以治疗，但不可治愈　　　D. 病理改变可逆
   E. 病因明确

2. 在国家政策支持下，社区卫生服务中心快速、稳步发展，社区护理人员在慢性病管理中的作用不包括
   A. 与团队成员一起完成社区慢性病管理工作
   B. 利用专业知识和技能延伸护理服务范围
   C. 以综合服务能力满足社区群众多方面的需求
   D. 在社区卫生服务中心、社区居民委员会和社区人群中起到桥梁和纽带作用
   E. 深入每个家庭，与他们进行沟通，建立相互信任的人际关系

3. 关于高血压患者的社区护理，下列描述错误的是
   A. 避免紧张和情绪激动
   B. 根据个体健康状况选择适当的体育运动
   C. 根据血压情况间断服用抗高血压药
   D. 予以低盐、低脂饮食
   E. 监测血压

4. 高血压患者的社区管理措施不包括
   A. 血压及症状监测　　　B. 健康体检　　　C. 高血压患者筛查
   D. 随访评估　　　　　　E. 分类干预

5. 高血压的"三低"是
   A. 发病率低、服药率低、诊断率低
   B. 知晓率低、服药率低、控制率低
   C. 知晓率低、治愈率低、发病率低
   D. 患病率低、致残率低、致死率低
   E. 患病率低、知晓率低、服药率低

6. 了解居家高血压患者自我监测血压与规律服药行为的最佳方法是
   A. 建立居民健康档案
   B. 定期进行家庭访视
   C. 定期进行电话随访
   D. 开展问卷调查
   E. 开展定量调查

7. 关于高血压患者的运动指导，下列描述不正确的是
   A. 每周至少运动 3～5 次
   B. 每次运动时间为 30 min 左右
   C. 运动适宜的时间为上午 6～10 时
   D. 避免短时间剧烈运动
   E. 运动心率（次/分）=170－年龄

8. 下列与糖尿病的发生有关的因素是
   A. 遗传
   B. 劳累
   C. 年龄
   D. 情绪
   E. 自身免疫

9. 糖尿病患者的社区管理措施不包括
   A. 糖尿病患者筛查
   B. 随访评估
   C. 健康体检
   D. 分类干预
   E. 空腹血糖测定

A2 型题

10. 患者，女，60 岁，既往有高血压病史，突然出现头痛、恶心 1 天，血压 190/135 mmHg。该患者可能发生的是
    A. 1 级高血压
    B. 2 级高血压
    C. 3 级高血压
    D. 临界高血压
    E. 高血压危象

11. 李某，女，57 岁。近 2 个月来体重减轻 9 kg，出现食欲增加、饮水多、排尿次数增多、皮肤瘙痒等症状，查空腹血糖为 7.9 mmol/L；初步考虑是
    A. 甲状腺功能亢进症
    B. 糖尿病
    C. 泌尿系统感染
    D. 皮肤病
    E. 高血压

12. 患者，女，69 岁，既往患高血压 8 年；3 个月前，患者时常发生间断胸骨后或心前区疼痛，持续 3～5 min，入院检查确诊为心绞痛，医嘱予以硝酸甘油治疗。确诊以来，患者又间断出现数次心前区疼痛，遂来社区医院咨询。医生发现其用药方法不正确，下列关于该药物的使用方法描述不正确的是
    A. 应取坐位或卧位服药，以免发生直立性低血压
    B. 该药应舌下含服，不可吞服或嚼服
    C. 该药可扩张外周血管，以减轻心脏负担
    D. 一旦出现不良反应，需立即停药，不可再服用
    E. 该药的不良反应有头面部皮肤潮红、搏动性头痛等

13. 近日，某社区卫生服务中心筛查出大量糖尿病、高血压患者。社区计划开展慢性病健康教育系列讲座，王大夫向社区居民介绍了慢性病相关知识。下列关于慢性病的描述不正确的是
    A. 慢性病已成为人类死亡的主要原因
    B. 慢性病的危险因素日益增多
    C. 全球化和城市化对不健康生活方式和环境变化的发展起推动作用
    D. 慢性病相关医疗费用下降
    E. 常见的危险因素可以表现或发展为慢性病更直接的危险因素或中间因素，如高血压、糖尿病

14. 患者，女，45岁，既往有高血压病史1年，今日来社区卫生服务中心就诊，自诉经常在起床时感到头晕，血压80/55 mmHg。下列关于预防此类现象再次发生的方法不正确的是

    A. 避免长时间站立

    B. 可选择在平静休息时服药，服药后休息一段时间后再下床活动

    C. 可大量饮酒

    D. 不要用过热的水洗澡

    E. 更换体位时，应注意动作缓慢

15. 患者，男，46岁，患有高血压2年，平时比较爱吃鱼类、肉类，不注意控制饮食，血压一直不稳定，护士小王对高血压发病有关的饮食因素叙述不正确的是

    A. 素食过多　　　　　B. 钠盐摄入过多　　　　　C. 低钾饮食

    D. 动物蛋白摄入过多　　E. 植物蛋白摄入过多

A3 型题

（16～20题共用题干）

李某，女，59岁，确诊为糖尿病。起初通过饮食控制治疗4个月，因无法接受口服降血糖药治疗，空腹血糖控制在6.3 mmol/L以下；之后，患者未能坚持按医嘱服药及加强饮食控制，空腹血糖在6.2～12.5 mmol/L范围波动。2天前，患者于饱餐后2 h出现昏迷，急诊入院，诊断为糖尿病高渗性昏迷。

16. 该患者在居家期间最主要的护理诊断是

    A. 饮食控制不良　　　B. 运动量不足　　　　　C. 活动无耐力

    D. 营养不良　　　　　E. 服药依从性差

17. 针对护理诊断制订的相应的预期护理目标是

    A. 加强营养

    B. 坚持锻炼

    C. 饮食控制良好

    D. 长期严格按医嘱服用降血糖药和进行饮食控制

    E. 需要及时服药

18. 为达到预期目标，社区护士应采取的最主要的护理措施是

    A. 家属动员　　　　　B. 心理护理　　　　　C. 加强用药护理

    D. 健康教育　　　　　E. 行为干预

19. 如果该患者出现糖尿病足，下列社区护理的内容正确的是

    A. 伤口处予以消毒并保持干燥

    B. 对伤口较小者可用碘酊消毒处理

    C. 每天坚持小腿和足部运动30～60 min

    D. 鞋袜尽量紧，以防止发生水肿

    E. 若有皮肤溃疡，则应予以早期截肢，以防止溃疡蔓延至整个腿部

20. 社区护士对糖尿病患者的饮食指导是

    A. 低纤维素饮食　　　B. 低糖饮食　　　　　C. 低钙饮食

    D. 低钾饮食　　　　　E. 低盐饮食

（21～22题共用题干）

舒某，68岁，肺癌晚期，患者认识到自己已失去治疗希望，身心非常痛苦，表现出绝望、悲伤、消沉的心理状态。

21. 根据临终患者的心理反应阶段划分，该患者所处的阶段是
    A. 否认期　　　　　　B. 愤怒期　　　　　　C. 协议期
    D. 抑郁期　　　　　　E. 接受期
22. 作为社区护士，此阶段应指导患者家属注意防止患者出现的行为是
    A. 四处求医　　　　　B. 及时宣泄愤怒情绪　　C. 大哭
    D. 自杀　　　　　　　E. 迁怒家属

二、简答题

1. 简述慢性病的危险因素。
2. 简述高血压患者的生活方式指导。
3. 简述糖尿病患者的自我管理教育指导。
4. 如何做好临终患者及其家属的心理护理？

三、案例分析题

2016年，某社区糖尿病患病率为15.5%，高于同年全国糖尿病患病率的抽样调查结果（11.6%）。糖尿病是危害该社区人群健康的主要疾病，社区卫生服务中心高度重视糖尿病的社区管理。糖尿病患者的检出是目前糖尿病社区管理的首要任务。

请回答：
1. 如何进行糖尿病筛查？
2. 如何对筛查出的糖尿病患者开展社区管理？

（杨先芬　曹　俊）

附录

2型糖尿病患者随访服务记录表

姓名:　　　　　　　　　　　　　　　　　　　　　　　　　　编号 □□□-□□□□□

	随访日期	□/□/□/□/□	□/□/□/□/□	□/□/□/□/□	□/□/□/□/□
	随访方式	1门诊 2家庭 3电话 □	1门诊 2家庭 3电话 □	1门诊 2家庭 3电话 □	1门诊 2家庭 3电话 □
症状	1. 无症状 2. 多饮 3. 多食 4. 多尿 5. 视物模糊 6. 感染 7. 手足麻木 8. 下肢水肿 9. 体重明显减轻 其他				
体征	血压(mmHg)	/	/	/	/
	体重(kg)				
	体重指数(kg/m²)				
	足背动脉搏动	1 触诊正常 □ 2 减弱（双侧 左侧 右侧） 3 消失（双侧 左侧 右侧）	1 触诊正常 □ 2 减弱（双侧 左侧 右侧） 3 消失（双侧 左侧 右侧）	1 触诊正常 □ 2 减弱（双侧 左侧 右侧） 3 消失（双侧 左侧 右侧）	1 触诊正常 □ 2 减弱（双侧 左侧 右侧） 3 消失（双侧 左侧 右侧）
	其他				
生活方式指导	日吸烟量(支)	/	/	/	/
	日饮酒量(g)	/	/	/	/
	运动	次/周 分钟/次	次/周 分钟/次	次/周 分钟/次	次/周 分钟/次

续表

			/	/	/	/
生活方式指导	主食（g/d）					
	心理调整		1良好 2一般 3差 □	1良好 2一般 3差 □	1良好 2一般 3差 □	1良好 2一般 3差 □
	遵医行为		1良好 2一般 3差 □	1良好 2一般 3差 □	1良好 2一般 3差 □	1良好 2一般 3差 □
辅助检查	空腹血糖（mmol/L）					
	其他检查*		糖化血红蛋白 % 检查日期： 月 日	糖化血红蛋白 % 检查日期： 月 日	糖化血红蛋白 % 检查日期： 月 日	糖化血红蛋白 % 检查日期： 月 日
	服药依从性		1规律 2间断 3不服药□	1规律 2间断 3不服药□	1规律 2间断 3不服药□	1规律 2间断 3不服药□
	药物不良反应		1无 2有	1无 2有	1无 2有	1无 2有
	低血糖反应		1无 2偶尔 3频繁 □	1无 2偶尔 3频繁 □	1无 2偶尔 3频繁 □	1无 2偶尔 3频繁 □
	此次随访分类		1控制满意 2控制不满意 3不良反应 4并发症	1控制满意 2控制不满意 3不良反应 4并发症	1控制满意 2控制不满意 3不良反应 4并发症	1控制满意 2控制不满意 3不良反应 4并发症
用药情况	药物名称1					
	用法与用量		每日 次 每次	每日 次 每次	每日 次 每次	每日 次 每次
	药物名称2					
	用法与用量		每日 次 每次	每日 次 每次	每日 次 每次	每日 次 每次
	药物名称3					
	用法与用量		每日 次 每次	每日 次 每次	每日 次 每次	每日 次 每次
	胰岛素		种类： 用法和用量：	种类： 用法和用量：	种类： 用法和用量：	种类： 用法和用量：
转诊	原因					
	机构及科别					
下次随访日期						
随访医生签名						

填表说明：

1. 本表为 2 型糖尿病患者在接受随访服务时由医生填写。每年的健康体检应填写健康体检表。若患者失访，则应在随访日期处写明失访原因；若患者死亡，则应写明死亡日期和死亡原因。

2. 体征：体重指数（BMI）= 体重 / 身高 ^{2}（kg/m^2），体重和体重指数斜线前填写目前的情况，斜线后填写下次随访时应达到的目标。如果是超重或肥胖患者，则要求每次随访时测量体重，并指导患者控制体重；正常体重人群可每年测量 1 次体重及体重指数。如有其他阳性体征，请填写在"其他"一栏。

3. 生活方式指导：询问患者生活方式时，应同时对患者进行生活方式指导，与患者共同制订下次随访目标。

日吸烟量：斜线前填写目前的吸烟量，不吸烟填"0"，吸烟者写出每天的吸烟量"××支"，斜线后填写吸烟者下次随访目标吸烟量"×× 支"。

日饮酒量：斜线前填写目前的饮酒量，不饮酒填"0"，饮酒者写出每天的饮酒量相当于白酒"×× g"，斜线后填写饮酒者下次随访目标饮酒量相当于白酒"×× g"（啤酒 /10= 白酒量，红酒 /4= 白酒量，黄酒 /5= 白酒量）。

运动：填写每周几次，每次多少分钟，即"×× 次 / 周，×× 分钟 / 次"。横线上填写目前 d 情况，横线下填写下次随访时应达到的目标。

主食：根据患者的实际情况估算主食（米饭、面食、饼干等淀粉类食物）的摄入量，应为每天各餐的合计量。

心理调整：根据医生的印象选择对应的选项。

遵医行为：是指患者是否遵照医生的指导改善生活方式。

4. 辅助检查：对患者进行空腹血糖检查，并记录检查结果。若患者在上次随访到此次随访期间到各医疗机构进行过糖化血红蛋白（控制目标为 7%，随着年龄的增长，标准可适当放宽）或其他辅助检查，则应如实记录。

5. 服药依从性："规律"即按医嘱服药，"间断"即未按医嘱服药，频次或数量不足，"不服药"即为医生已开具处方，但患者未使用该药。

6. 药物不良反应：如果患者服用的降血糖药引起明显的药物不良反应，则应具体描述是哪种药物，有哪些不良反应。

7. 低血糖反应：即上次随访到此次随访期间患者出现的低血糖反应情况。

8. 此次随访分类：根据此次随访时的分类结果，由责任医生在 4 种分类结果中选择一项在"□"中填上相应的数字。"控制满意"是指血糖控制满意，无其他异常；"控制不满意"是指血糖控制不满意，无其他异常；"不良反应"是指出现药物不良反应；"并发症"是指出现新的并发症或原有并发症加重。如果患者同时存在几种情况，则应填写最严重的一种情况，同时结合上次随访情况确定下次随访时间，并告知患者。

9. 用药情况：根据患者的整体情况，为其开具处方，并填写在表格中，写明用法、用量，同时记录其他医疗卫生机构为其开具的处方药。

10. 转诊：如果需要转诊，则应写明转诊的医疗机构及科室类别，如 ×× 市人民医院内分泌科，并在原因一栏写明转诊原因。

11. 下次随访日期：根据患者此次随访分类，确定下次随访日期，并告知患者。

12. 随访医生签名：随访完毕，核查无误后由随访医生签署其姓名。

第七章　社区传染病患者的护理与管理

第七章数字资源

学习目标

1. 能描述社区传染病的概念、传播流行的环节及其预防原则。
2. 能描述社区传染病的分类和社区常见传染病及其家庭访视要求、隔离和消毒措施。
3. 能完成传染病的社区访视管理。
4. 能指导社区传染病患者正确实施居家护理和管理。
5. 树立以"预防为主、防治结合"的理念，积极做好社区传染病防控工作。
6. 帮助患者树立战胜疾病的信心，以达到良好的防治效果，最大限度地控制传染病的发生、传播和流行。

在人类历史发展过程中，传染病不仅威胁着人类的健康和生命，而且影响着人类文明的进程。传染病曾经在人类历史上引起极大的灾难，如鼠疫、霍乱、天花等传染病给人类带来了巨大的灾难。新中国成立后，积极推行"预防为主、防治结合"的卫生工作方针，使传染病的防治工作取得了巨大的成效，消灭了天花，许多传染病的发病率明显下降。但是，部分传染病（如病毒性肝炎、结核病、肾综合征出血热、感染性腹泻等）仍广泛存在。某些已经被控制的传染病，如登革热、结核病、疟疾等，由于各种原因又呈现出发病率逐渐升高的趋势。因此，传染病防治工作仍是我国重要的公共卫生问题，传染病患者的护理和社区管理是社区卫生服务工作的重要内容之一。

第一节　概　述

案例导入 7-1

唐某，女，62 岁，因发热，咽部不适 3 天，新型冠状病毒核酸检测呈阳性 1 天入院。患者 3 天前无明显诱因出现发热、咽部不适，无咽痛，无咳嗽、咳痰，无味觉及嗅觉减退。入院查体：体温 37.9℃，脉搏 88 次 / 分，血压 127/86 mmHg，神志清楚，精神正常，自主体位，查体合作，发育正常，营养良好，体型适中，正常面容，表情自如，步态正常，步入病房。双肺呼吸音清，未闻及干、湿啰音及胸膜摩擦音。

血常规：白细胞计数 3.83×10^9/L，红细胞计数 35.16×10^{12}/L，中性粒细胞比例 76.71%，血氧分压 72.9 mmHg，二氧化碳分压 34.28 mmHg。胸部 CT 检查显示：双肺上叶及下叶胸膜下多发斑片状实变及磨玻璃密度影。

问题与思考：

1. 请根据病史信息，进行病情分析，并写出依据。
2. 应对患者采取哪些紧急处理措施？

一、传染病的概念、流行条件及分类

（一）概念

传染病是由各种病原体引起的能在人与人、动物与动物或人与动物之间相互传播的一类疾病。传染病具有传染性和免疫性等特点，通过一定的传播途径进行播散，在一定条件下可造成流行的一种特殊类型感染病。

（二）流行条件

传染病具有传染性，不仅可引起个体发病，还可在人群中流行。传染病在人群中发生、发展和转归的过程称为流行过程。传染病在人群中流行必须具备传染源、传播途径和易感人群三个环节，若切断其中任何一个环节，即可终止传染病流行。

1. 传染源　是指体内已有病原体生长繁殖并能排出病原体的人或动物，包括患者、隐性感染者、病原携带者和受感染的动物。

（1）患者：是重要的传染源，不同临床类型或不同病程的患者作为传染源，在不同传染病中的流行病学意义各异。轻型患者数量多、症状不典型而不易被发现，慢性患者可长期排出病原体，成为长期的传染源。

（2）隐性感染者：隐性感染者由于无任何症状和体征而不易被发现。某些传染病（如脊髓灰质炎、流行性脑脊髓膜炎等）的隐性感染者在病原体被清除前是重要的传染源。

（3）病原携带者：病原携带者（尤其慢性病的病原携带者）能排出病原体而成为传染源，由于不出现症状而不易被识别，对某些传染病（如伤寒、细菌性痢疾）的流行病学有重要意义。

（4）受感染的动物：在人类传染病中，约有1/3的病种是以动物为传染源的。例如，牛、羊是炭疽病、布鲁氏菌病等的传染源，猪是钩端螺旋体病、流行性乙型脑炎、猪囊尾蚴病等的传染源，犬是狂犬病的主要传染源。

2. 传播途径　是指病原体离开传染源后，传播到达另一个易感染者所经过的途径。一种传染病可有多种传播途径。传播途径一般分为呼吸道传播、消化道传播、接触传播、血液传播、体液传播、虫媒传播和土壤传播等。

3. 易感人群　是指对某种传染病缺乏免疫力而容易被感染的人群。易感者在某一特定人群中的比例决定了该人群的易感性。人群对某种传染病易感性的高低将影响该传染病的发生和传播。易感者越多，人群易感性越高，传染病越容易发生和流行。普遍推行人工自动免疫，可把人群易感性降到最低。

> 💡 **考点提示**
>
> 传染病在人群中发生、发展以及流行必须具备的条件。

（三）分类

我国于 1989 年颁布了《中华人民共和国传染病防治法》，并于 2013 年进行了第三次修订。我国法定传染病分为甲类、乙类和丙类三类。

1. 甲类传染病　包括鼠疫、霍乱。

2. 乙类传染病　包括重症急性呼吸综合征、新型冠状病毒感染、艾滋病、病毒性肝炎、脊髓灰质炎、人感染高致病性禽流感、麻疹、流行性出血热、狂犬病、流行性乙型脑炎、登革热、炭疽、细菌性痢疾和阿米巴痢疾、肺结核、伤寒和副伤寒、流行性脑脊髓膜炎、百日咳、白喉、新生儿破伤风、猩红热、布鲁氏菌病、淋病、梅毒、钩端螺旋体病、血吸虫病、疟疾。

3. 丙类传染病 包括流行性感冒、流行性腮腺炎、风疹、急性出血性结膜炎、麻风病、流行性和地方性斑疹伤寒、黑热病、包虫病、丝虫病，除霍乱、细菌性痢疾和阿米巴痢疾、伤寒和副伤寒以外的感染性腹泻，以及手足口病。

国务院卫生行政部门根据传染病暴发、流行情况和危害程度，可以决定增加、减少或者调整乙类、丙类传染病的病种并予以公布。对乙类传染病中的重症急性呼吸综合征、炭疽中的肺炭疽和人感染高致病性禽流感，采取甲类传染病的预防、控制措施。其他乙类传染病和突发原因不明的传染病需要采取甲类传染病预防、控制措施的，由国务院卫生行政部门及时报经国务院批准后予以公布、实施。根据2013年《国家卫生计生委关于调整部分法定传染病病种管理工作的通知》，将甲型H_1N_1流感从乙类调整为丙类，并纳入现有流行性感冒进行管理；解除对人感染高致病性禽流感采取的甲类传染病预防、控制措施。经国务院批准，自2023年1月8日起，解除对新型冠状病毒感染采取的《中华人民共和国传染病防治法》规定的甲类传染病预防、控制措施，将新型冠状病毒感染从"乙类甲管"调整为"乙类乙管"。

二、传染病的预防原则

由于传染病具有传染性，所以在传染病患者的社区护理中更需要强调隔离、消毒和疫情报告等。通过隔离控制传染源，采取消毒措施以切断传播途径，进而防止交叉感染和病原体的扩散。

知识链接

新型冠状病毒感染

新型冠状病毒感染是由新型冠状病毒（以下简称新冠病毒）引起的一种传染病。新冠病毒对紫外线和热敏感，乙醚、75%乙醇、含氯消毒剂、过氧乙酸等脂溶性溶剂均可有效将其灭活。人群对新冠病毒普遍易感。传染源主要是新冠病毒感染者；主要传播途径是经呼吸道飞沫和密切接触传播，在相对封闭的环境中经气溶胶传播，接触被病毒污染的物品也可能造成感染。

国家卫生健康委员会建议：注意个人卫生、保持人际距离、佩戴口罩、少去人员密集的场所、接种疫苗等是预防新冠病毒感染的关键。

（一）控制传染源

1. 传染病患者的管理 必须做到"五早"，即早发现、早诊断、早报告、早隔离和早治疗。

（1）早发现、早诊断：应当健全社区卫生组织，提高医务人员的业务水平，加强工作责任心，开展社区卫生宣传教育，提高群众对传染病的识别能力；有计划地对集体单位人员进行健康检查，对早期发现和诊断传染病具有重要意义。

（2）早报告：准确、迅速、全面地进行传染病报告是各级卫生人员的重要职责，也是防疫部门掌握疫情、做出判断、制定疫情控制策略及采取控制措施的重要依据。

1）报告人：执行职务的医疗保健人员、卫生防疫人员是法定报告人，其他行业的职工、干部和居民等各类人员也都有报告的义务。

2）报告种类：《中华人民共和国传染病防治法》规定的报告病种均需报告。

3）报告时限和方式：发现甲类传染病和乙类传染病中的肺炭疽、严重急性呼吸综合征、新型冠状病毒感染、脊髓灰质炎、人感染高致病性禽流感患者或疑似患者，或发现其他传染病和不明原因疾病暴发时，城镇要求在发现后2h内通过传染病疫情监测信息系统上报，农村不超过6h。未实行网络直报的责任报告单位应于2h内以最快的通信方式（电话、传真）向当地县级疾病预防控制机构报告，并于 2 h 内寄出传染病报告卡。对其他乙类、丙类传染病，应于 24 h 内上报。

（3）早隔离、早治疗：发现传染病患者或疑似患者时，应将其安置在一定的场所，使其不与健康人接触，便于集中管理、消毒和治疗，以防止传染病蔓延。早治疗不仅能使患者早治愈，降低病死率，减少后遗症的发生，而且能及早消除病原携带状态，终止患者继续作为传染源，减少疾病传播的机会。

 考点提示

我国规定管理的法定传染病分为哪三类？

2. 病原携带者和接触者的管理　对于传染病患者和疑似患者，应做到"五早"管理。除传染病患者外，病原携带者往往也是重要的传染源，应争取尽早发现并采取相应措施，消除其病原携带状态。各种传染病的病原携带者对于疾病传播的重要性不同，处理措施也不尽相同，应根据病种有针对性地进行检查、治疗和健康教育，建立健康登记卡，调整传染病患者和病原携带者的工作岗位，并进行随访观察。

对密切接触传染源、可能受到感染的接触者，应采取应急预防接种、药物预防、医学观察、隔离或留验等措施，以防止其发病而成为传染源。

3. 动物传染源的管理　对有经济价值的动物（如家禽、家畜），应尽可能加以治疗。对无经济价值的动物（如鼠类），则应杀灭并妥善处理尸体。患病动物的分泌物、排泄物须予以彻底消毒。

（二）切断传播途径

切断传播途径是以消灭被污染环境中的病原体及传递病原体的生物媒介为目的的措施。然而，由于各种传染病的传播途径不同，采取的措施也不尽相同。例如，对于肠道传染病，重点是粪便等污染物的处理及环境的消毒；对于呼吸道传染病，重点是空气消毒、通风换气及个人防护等；对于虫媒传染病，应以杀虫、防虫为主；某些传染病（如血吸虫病），由于传播因素复杂，应采取综合性措施才能切断其传播途径。切断传播途径的主要措施包括消毒和隔离。

（三）保护易感人群

易感者在传染病发生后能否被感染致病，取决于其对病原体防御能力的强弱。保护易感人群可以提高人群对传染病的免疫力和抵抗力，降低传染病的发病率。

1. 增强非特异性免疫力　主要措施包括加强体育锻炼、养成良好的生活习惯、合理饮食、改善居住环境、协调人际关系、保持心情愉快等。

2. 增强特异性免疫力　特异性免疫力可通过隐性感染、患传染病后或预防接种获得。其中，预防接种对人群特异性免疫力的获得具有重要作用。预防接种分为人工自动免疫和人工被动免疫。

3. 药物预防　对某些尚无特异性免疫方法或免疫效果尚不理想的传染病，在传染病流行期间可给予患者周围的易感人群口服预防性的药物进行预防，如口服磺胺类药可以预防流行性脑脊髓膜炎。

三、传染病的社区访视管理

（一）初访要求

1. 核实诊断　要求各级各类医疗卫生机构发现传染病后，立即填报传染病报告卡、就诊依据卡，由医院相关部门收集，并根据患者的居住地址或所在地址分发给地段责任医务人员。社区护士应于 24 h 内进行访视管理。

2. 调查传染源　调查该传染病在何时、何地、通过何种途径传播。

3. 判断疫情　判断疫情的性质和蔓延的情况。

4. 采取切实可行的防疫措施　通过社区宣传，使居民了解常见传染病的传播方式以及隔离、消毒和护理等知识，了解社区服务的功能，明确需要对传染病患者进行访视及其重要意义。

5. 及时记录　及时填写传染病初访表，对访视情况进行详细记录。

（二）复访要求

1. 了解患者的情况　了解患者病情的发展和痊愈情况，进一步明确诊断。
2. 了解患者周围的情况　了解患者周围的继发情况，并对继发患者进行建档管理。
3. 检查防疫情况　检查防疫措施的落实情况，及时发现问题并予以整改。
4. 做好记录　应及时填写传染病复访表。
5. 结束管理的情况　患者痊愈或死亡，即结束本案例管理。

第二节　社区常见传染病患者的护理与管理

案例导入 7-2

王某，男，46 岁，因"乏力伴食欲减退 3 周，尿液颜色加深、巩膜黄染 1 周"入院。入院后第 2 天，王某出现烦躁、不能正确回答问题，无发热、腹痛，无酱油色尿。

既往史：患者 1 年前体检时发现 HBsAg 阳性，半年前自行停用抗病毒药物；有嗜酒史和吸烟史。

体格检查：神志清楚，精神状态差，肝掌（＋），皮肤、巩膜重度黄染，腹部移动性浊音（＋），肝、脾未触及。

实验室检查：ALT 230 U/L，TBiL 360 μmol/L，ALB 32 g/L，PTA 28%。

问题与思考：

1. 王某最可能的诊断是什么？诊断依据是什么？
2. 社区护士应如何指导患者进行居家护理和管理？

一、病毒性肝炎患者的社区护理与管理

病毒性肝炎是由肝炎病毒引起的一组以肝损害为主的传染病。目前确定的肝炎病毒有甲型、乙型、丙型、丁型及戊型肝炎病毒等。各型肝炎的病原体不同，但临床表现基本相似，以食欲减退、恶心、呕吐、肝功能异常为主要表现，部分患者可出现黄疸。甲型及戊型肝炎主要为急性感染，乙型、丙型及丁型肝炎多呈慢性感染，少数患者可发展为肝硬化或肝细胞癌。

（一）社区预防性护理措施

1. 管理传染源　做好疫情报告及各类患者的隔离、消毒工作。特殊行业（饮食、托幼和水源管理等）人员应定期体检，发现患者应立即予以隔离、治疗。

2. 切断传播途径　甲型、戊型肝炎的传播途径相同，主要是经消化道传播，即经粪-口传播。因此，应在社区开展卫生宣传教育，使居民养成良好的卫生和饮食习惯，饭前、便后要洗手，把好"病从口入"这一关。水产品不宜生食，生食蔬菜要洗净后再食用。对于已经出现甲

型、戊型肝炎患者的家庭，除应将患者送至传染病医院进行隔离、治疗外，还需要对患者所用物品进行消毒处理。

乙型、丙型、丁型肝炎的传播途径主要是经血液、体液（如精液、阴道分泌物等）传播。因此，应重点做好以下几项工作。

（1）各种医疗及预防注射须保证"一人一针一管"，医疗器械及用具实行"一人一用一消毒"，提倡使用一次性医疗用品，严格进行血液污染用具的消毒处理。

（2）日常生活中应注意防止皮肤黏膜损伤、感染，如避免到卫生条件差的地方进行文眉、文身、刮脸等。

（3）严格加强对血液制品的管理，做好血液制品的 HBsAg 和抗 HCV 检测，阳性者不得出售和使用。

（4）加强母婴传播的阻断工作。

3. 保护易感人群　甲型肝炎极少有二次发病者，故其免疫预防对象是未感染者，主要是儿童以及与肝炎患者有密切接触者，可予以接种甲型肝炎疫苗，从而提高人群免疫力，预防甲型肝炎的发生和暴发流行。对于乙型肝炎，进行乙型肝炎疫苗的预防接种是最有效的预防措施。对于乙型肝炎易感的高危人群，如乙肝病毒携带者的家人、医护人员，尤其是牙科、外科、血液透析单位、检验科等经常接触血液的工作人员，均应接种乙型肝炎疫苗。

（二）家庭访视管理

1. 访视要求　所在社区发现病毒性肝炎患者后，社区护士应于 24 h 内进行初访。初访后 1 周进行第 1 次复访；自患者发病后 42 天进行第 2 次复访。对于慢性肝炎患者，应每年提交 1 次疫情报告卡，社区护士应每年至少访视 1～2 次。

2. 指导患者家庭做好隔离和消毒

（1）甲型、戊型肝炎：自发病之日起予以隔离 3 周，按肠道传染病对患者进行隔离和消毒。患者接触的餐具、毛巾、衣物和床单等要单独处理，可用 0.3%～0.5% 托克络辛钠（优氯净）或 1%～5% 含氯消毒剂浸泡 15 min 后，再用清水清洗。其他已被污染的用具可使用上述消毒剂进行擦拭消毒。被污染的手可在流动水下用肥皂液洗刷 1～2 min 或用 0.2% 优氯净浸泡 2 min 后洗净。患者的呕吐物、排泄物要用漂白粉或 5% 优氯净混合静置 2 h 后再倾倒。

> **考点提示**
>
> 甲型、戊型肝炎患者的呕吐物、排泄物应如何处理？

（2）乙型、丙型、丁型肝炎：病程较长（3 个月左右），其隔离期应视患者的情况而定，一般持续到肝功能正常、肝炎抗原消失后方可解除。由于这几类肝炎是经血液、体液传播，所以患者的牙刷、剃须刀和指甲剪等应做到患者专用。

3. 指导患者

（1）日常生活指导：对急性肝炎、慢性肝炎活动期、丙氨酸转氨酶升高者，应强调卧床休息，重症肝炎患者应绝对卧床休息。卧床期间，应鼓励患者在床上缓慢活动肢体，以保持肌力。待症状好转、黄疸消退、肝功能改善后，可逐渐增加活动量，但以不感到疲劳为度。待肝功能恢复正常 1～3 个月后，患者可进行日常活动及恢复工作，但应避免过度劳累及进行重体力劳动。

（2）饮食指导：急性肝炎期应给予患者清淡、易消化、富含维生素的食物。对热量摄入不足者应，予以静脉补充葡萄糖。慢性肝炎期可适当增加蛋白质的摄入量，以优质蛋白为主，如牛奶、鸡蛋、猪瘦肉、鱼肉等。向患者及其家属解释合理饮食可以改善营养状况，促进肝细胞再生和修复，有利于肝功能恢复。各型肝炎患者均应戒酒和禁酒。腹胀者应减少产气食物（如牛奶、豆制品）的摄入。

（3）用药指导：嘱患者遵医嘱按时服药，忌滥用药物，以免增加肝的负担，不利于疾病恢复。

二、肺结核患者的社区护理与管理

肺结核是由结核分枝杆菌引起的肺部慢性感染性疾病，主要通过呼吸道传播，其次可通过被结核分枝杆菌污染的食物或餐具而引起肠道感染。活动性肺结核患者的痰液是本病的主要传染源，飞沫传播是最主要的传播途径。数量少、毒力弱的结核分枝杆菌可被人体防御机制杀灭，只有数量多、毒力强的结核分枝杆菌侵入人体，并且机体免疫力低下时才会引起发病。世界卫生组织（WHO）2022年发布的《2022年全球结核病报告》显示，2021年全球有新发肺结核患者1060万例（$95\%CI$ 990～1100万例），比2020年增加4.5%，包括600万例成年男性患者、340万例成年女性患者以及120万例儿童患者。另外，HIV感染者占6.7%，耐药结核病患者数量也有所增加。我国2021年估算的结核病新发病例数量为78.0万（2020年为84.2万），估算结核病发病率为55/10万（2020年为59/10万）。30个结核病高负担国家占全球所有估算发病患者数量的87%，其中8个国家约占2/3：包括印度（28%）、印度尼西亚（9.2%）、中国（7.4%）、菲律宾（7.0%）、巴基斯坦（5.8%）、尼日利亚（4.4%）、孟加拉国（3.6%）和刚果（2.9%）。

（一）社区预防性保护措施

1. 健全社区预防体系　应建立健全社区预防体系。
2. 对易感人群进行卡介苗接种　接种对象为婴幼儿及学龄儿童。
3. 日常生活指导　勤洗手，经常开窗通风，积极锻炼身体，提高机体抵抗力。
4. 保持公共场所环境卫生　咳嗽、打喷嚏时注意掩住口鼻，不要对着他人，不随地吐痰。
5. 发现患者及时予以隔离、治疗和环境消毒　如果身边有肺结核患者，应尽快使其离开集体环境接受正规治疗，并对集体环境进行消毒。
6. 社区人群的健康教育　以讲座、宣传册、微信公众号、自媒体、虚拟技术体验等方式，在社区相关机构（如学校、居民委员会等）进行结核病的病因、病原体、传播途径、临床表现、检查及治疗方法、治疗原则和预防等方面的健康教育，使社区居民养成良好的卫生习惯，预防结核病的发生。
7. 接触者的检测及预防　患者家庭成员均应定期接受检查。对15岁以下儿童可做结核菌素试验，检测呈强阳性者需要服用抗结核药加以预防；对15岁以上青少年及成人，可进行胸部X线检查，以利于早期发现患者；学校中如果有结核病患者，则应至少对患者所在班级学生或所在年级学生做结核菌素试验，对强阳性者也需要予以预防性治疗。

（二）家庭访视管理

1. 访视要求　通常，在初次药物治疗期间，应每月访视1次；对于再次治疗的患者，应每3个月访视1次；对于慢性肺结核患者，应每6个月访视1次。
2. 指导患者家庭做好隔离和消毒

（1）隔离措施：肺结核患者咳嗽、打喷嚏时要掩住口、鼻，避免直接面对他人，以减少结核分枝杆菌的传播，注意避免大声说话，以免细菌播散。肺结核患者应该停工、休学，接受隔离治疗，独居一室，尽量避免到公共场所，尤其是封闭的场所。处于疾病传染期的患者到公共场所时，应主动佩戴口罩，避免随地吐痰。患者的痰液应用纸包裹后进行焚烧。

（2）消毒措施：家庭中有传染性肺结核患者时，患者的餐具需要经常用水煮沸消毒，衣物、被褥等物品可置于阳光下暴晒。使用75%乙醇、0.5%含氯消毒剂（"84"消毒液）擦拭物品也可以杀灭结核分枝杆菌。对于室内物品，可购置紫外线灯进行消毒，房间要经常开窗通风。密切接触者如果出现咳嗽、咳痰超过2周，或痰中带血，则须立即到结核病门诊就诊。

3. 指导患者

（1）日常生活指导：肺结核患者处于疾病进展期，病变处于活动状态。当患者出现严重的中毒症状或咯血时，应卧床休息。当患者病情好转且无不适反应时，可在护理人员的指导下进行适当锻炼，如散步、打太极拳等。

（2）饮食指导：肺结核是一种消耗性疾病，补充足够的热量和营养素可加速结核病灶的钙化，提高机体免疫力，促进患者康复。结核病的营养治疗原则是高热量、高蛋白及富含维生素和矿物质的半流质饮食或普通饮食。食物应保证色、香、味俱全，同时应当为患者提供舒适的进食环境，以增进患者的食欲，增加进食量，保证营养充足。

（3）合理化疗指导：化学药物治疗（简称化疗）对结核病的控制起决定性作用。合理化疗是指对活动性结核病患者坚持早期、联合、适量、规律和全程使用敏感药物的原则。应向患者及其家属介绍结核病化疗的相关知识和重要性、药物的不良反应及观察要点，如注意是否有巩膜黄染、是否有肝区疼痛和胃肠道反应等。

 考点提示

肺结核化疗的原则。

（4）病情观察：指导患者密切观察病情变化，告知患者出现大量咯血、胸痛、呼吸困难且伴有大汗淋漓、血压下降等症状时，应立即到医院就诊。

知识链接

结核病免费治疗的相关政策

根据《中国结核病防治规划实施工作指南》的相关规定，县（区）级疾病预防控制机构（结核病防治机构）负责对肺结核和疑似肺结核患者实行免费检查和治疗。

肺结核免费治疗的对象和政策

对象	免费治疗政策
初治涂阳肺结核患者（痰涂片阳性）	未使用过抗结核药或使用抗结核药30天内；结核病防治机构提供6个月标准的免费抗结核药，治疗期间免费查痰3次
复治涂阳肺结核患者	初治涂阳肺结核治疗失败、既往治愈后复发或使用抗结核药超过30天；结核病防治机构提供8个月标准的免费抗结核药，治疗期间免费查痰3次
重症涂阴肺结核患者	痰涂片检查呈阴性，X线检查显示粟粒型或新发空洞型肺结核；结核病防治机构提供6个月标准的免费抗结核药，治疗期间免费查痰3次
初治涂阴肺结核患者	痰涂片检查呈阴性；结核病防治机构提供6个月标准的免费抗结核药，治疗期间免费查痰3次

三、艾滋病患者的社区护理与管理

获得性免疫缺陷综合征（acquired immune deficiency syndrome，AIDS）简称艾滋病，是由人类免疫缺陷病毒（human immunodeficiency virus，HIV）引起的一种病死率极高的传染病。主要通过性接触传播，以及血液、体液传播和母婴传播。HIV感染人体后，可破坏机体的免疫系统，逐渐引起严重的免疫缺陷，进而导致各种严重的机会性感染、肿瘤或其他危及生命的功能失调，最终导致患者死亡。本病尚无疫苗可以预防，也无治愈疾病的有效药物或方法，是当前较为棘手的医学难题之一。

> **知识链接**
>
> **预防艾滋病，关爱健康**
>
> 预防艾滋病要牢记"三要""三避免"。"三要"即要学习艾滋病预防知识，要采取防护措施，要及时阻断和检测。"三避免"即避免与感染情况不明的人发生无保护性行为；避免在醉酒、意识不清的情况下发生性行为；避免滥用精神活性物质。

（一）社区预防性护理措施

1. **管理传染源** 患者和无症状病毒携带者是本病的传染源，尤其是后者。病毒主要存在于血液、精液、子宫和阴道分泌物中。其他体液（如唾液、泪液和乳汁）也可含有病毒，故均具有传染性。对新发病例及HIV感染者，应依法报告疫情，对患者应予以隔离、治疗。HIV感染者每半年左右应到指定医院进行健康检查。禁止感染者献血、捐献精子及器官。对患者的血液、排泄物及分泌物，须进行彻底消毒。

2. **切断传播途径**

（1）开展性道德教育，使居民树立健康、积极的恋爱、婚姻和家庭观念，禁止卖淫、嫖娼。

（2）倡导社区居民拒绝毒品，珍爱生命。不与注射毒品者发生性行为。

（3）加强血液和血液制品的检验工作，限制及严格管理一切进口的血液制品。其他凡是侵入人体的治疗、美容等器械均应严格消毒，做到"一人一用一消毒"。外出旅游时最好自带牙刷、剃须刀和指甲剪等。

（4）为减少母婴传播，已感染的育龄妇女应避免妊娠、哺乳。

（5）社区内的宾馆等涉外单位要做好床上用品、用具的消毒。

考点提示

艾滋病的主要传播途径是什么？应如何预防艾滋病？

3. **保护易感人群** 对密切接触者，应给予具体的医学指导，使其加强个人防护。对密切接触者或怀疑接触者，应进行病毒检测，定期进行血液检测。医疗机构应建立完善的制度，并采取有效的消毒、隔离措施，以保障医护人员的安全。

（二）社区健康教育

1. **加强艾滋病防治重点人群的针对性宣传教育** 深入开展针对流动人口、青年、学生、老年人、被监管人员等重点人群的宣传教育活动。针对艾滋病患者开展"感染到我为止"等专题宣传教育活动，加强患者的自我健康管理。在教育内容方面，要强化艾滋病感染风险及道德法制教育，提高居民的自我防护能力，避免和减少易感行为。充分运用多种形式开展艾滋病防治知识和政策宣传，如利用广播、电视、报刊、杂志等传统媒体大力开展宣传的同时，灵活运用微博、微信、客户端等网络新媒体宣传渠道，采用广大人民群众喜闻乐见的多种形式，广泛宣传艾滋病的危害、防治知识及有关法规政策。

2. **开展有效的社区组织动员，做好社区艾滋病预防工作** 积极组织动员社区志愿者参与艾滋病防治宣传教育活动，充分调动社区居民的积极性，通过同伴教育等方法，引导有易感行为的人群主动寻求咨询和检测服务。强化社会主义核心价值观教育，弘扬公序良俗，增强群众的自我防护意识，倡导健康、文明的生活方式，自觉抵制社会丑恶现象，为艾滋病防治工作创造良好的社会环境。

3. 关心 HIV 感染者及其家属　注意保护患者及其家属的隐私，尊重、不歧视患者，鼓励和帮助他们树立战胜疾病的信心，使其积极配合治疗，从而延长生命，提高生活质量。

4. 指导并监督患者配合治疗　艾滋病是一种慢性病，潜伏期较长，尚无特效治疗药物，应对患者予以积极的抗病毒治疗，按时予以抗病毒药，做好隔离措施，定期检测患者体内的病毒数量。治疗的目标是最大限度地抑制病毒复制，重建或维持机体免疫功能，降低病死率和 HIV 相关疾病罹患率，提高患者的生活质量，减少艾滋病的传播。因此，护理人员应向患者及其家属强调积极坚持并配合治疗与检查的必要性和重要性，介绍治疗方法及其不良反应的观察和应对措施。

（三）家庭访视管理

已确诊的中、晚期艾滋病患者需要住院治疗。对 HIV 感染者或艾滋病早期患者，应进行访视管理。

1. 访视要求　所在社区发现艾滋病患者或 HIV 感染者后，社区护士应于 24 h 内进行初访。一般初访后应每月复访 1 次。

2. 指导患者家庭做好隔离和消毒　对患者及病毒携带者，应按照血液、体液隔离要求进行隔离。护理患者时，须戴手套、口罩和护目镜，穿隔离衣。对患者使用过的物品或医疗器械应严格消毒，可用 10% 次氯酸钠溶液浸泡。用 0.2% 次氯酸钠溶液消毒地板、桌、椅。应严格消毒患者的排泄物和被患者血液、体液等污染的一切物品。有条件者应在执行血液、体液隔离的基础上，实施保护性隔离，防止继发感染。

3. 健康指导

（1）日常生活指导：应为患者营造安静、舒适、空气清新的环境，协助患者做好生活护理。急性感染期和艾滋病期患者应绝对卧床休息，出现症状时应尽量休息，症状减轻后可逐步起床活动。无症状感染者可从事正常的工作与学习。

（2）饮食指导：患者由于长期发热、腹泻，机体热量消耗明显增多，应予以高热量、高蛋白、高维生素、易消化的饮食，以改善患者的营养状况，增强机体抵抗力。必要时应予以静脉补充营养和补液。

4. 防止感染　通常，人体感染 HIV 后很长一段时间可以无症状，因此应尽量为患者提供正常的生活环境，注意卫生条件，防止患者继发感染。对患者的一般性感染应予以积极治疗，以免引发严重的并发症。

5. 心理护理　应做到不歧视患者，尊重患者的人格。鼓励患者的亲友多关心、支持患者。社区护士应多与患者沟通，了解患者的心理状态，有针对性地予以心理疏导。尽量满足患者的合理要求，及时消除患者的孤独、恐惧心理。应告知家庭成员与患者及病毒感染者的日常生活和工作接触不会导致艾滋病，如拥抱、握手、共同进餐、共用工具和办公用品等均无感染的危险。

6. 定期复查指导　告知患者在医生指导下服用提高免疫力的中药和西药，密切观察病情变化，一旦出现异常变化，应及时就诊。

思政园地

当好自身健康第一责任人

2023 年全民健康生活方式日主题为"'三减三健'从我做起"，倡导社区居民从自身做起，从现在开始。

"三减"是指减盐、减油、减糖;"三健"是指健康口腔、健康体重、健康骨骼。倡导居民饮食清淡,控制盐、油、糖的摄入,关注口腔、体重和骨骼健康。具体内容包括以下几方面。

减盐:成人每天食盐摄入量不超过 5 g。

减油:每人每天食用油摄入量不超过 25 g。

减糖:每人每天糖摄入量不超过 50 g,最好在 25 g 以下。

健康口腔:应注意口腔卫生,保护口腔功能健全,避免口腔疾病。

健康体重:健康饮食、适量运动是控制体重的关键。

健康骨骼:钙是决定骨骼健康的关键元素,应注意适当补充体内钙质。

自 测 题

一、选择题

1. 小李是某卫生院的护士,为 6 床患者拔针时不小心刺伤左手示指,6 床为乙型肝炎患者。为此,小李很紧张,担心自己会感染乙型肝炎病毒。属于乙型肝炎传播途径的是

　　A. 呼吸道传播　　　　B. 消化道传播　　　　C. 虫媒传播

　　D. 血液传播　　　　　E. 一般生活接触传播

2. 小婷,女,高三学生,感冒后咳嗽、咳痰 3 周,到医院检查确诊为肺结核。目前结核病最主要的治疗方法是

　　A. 化学疗法　　　　　B. 手术方法　　　　　C. 放射治疗

　　D. 中医药治疗　　　　E. 免疫疗法

3. 老年人和儿童属于易感人群,保护易感人群最主要的措施是

　　A. 使用转移因子等免疫激活剂

　　B. 使用高价免疫球蛋白

　　C. 预防性使用抗生素

　　D. 接种疫苗、菌苗或类毒素等

　　E. 加强营养,提高机体抵抗力

4. 患者,女,28 岁,因乏力、食欲减退、恶心 5 天,尿液颜色加深 3 天就诊。查体:血压 100/70 mmHg,皮肤及巩膜黄染,肝肋下 2 cm,轻度触痛,肝区叩击痛呈阳性。下列项目中不需要考虑的检查是

　　A. 肝功能检查　　　　B. 乙型肝炎五项　　　C. 甲型肝炎抗体检测

　　D. 腹部 B 超检查　　　E. HIV 检测

5. 患者,男,45 岁,近 10 天出现食欲缺乏、恶心、呕吐,伴乏力,尿液颜色加深来医院就诊。体格检查:巩膜黄染,可见肝掌和数枚蜘蛛痣,肝肋下未触及,脾肋下 1.0 cm。肝功能检查:ALT 450 U/L,AST 510 U/L,T-Bil 86.5 μmol/L,ALB 42 g/L,GLB 35 g/L,抗 HAV-IgM 呈阳性,乙型肝炎病毒检测呈阴性。患者 10 年前因外伤后行手术治疗,术中输血 1 600 ml。对患者的病情进行全面评估,下列检查不必要做的是

　　A. B 超检查　　　　　B. 肝纤维化指标检查　　C. 胃镜检查

　　D. 胸部 CT 检查　　　E. 肝穿刺检查

6. 患者，男，40岁，既往有不洁性生活史。近2周出现乏力、低热、咳嗽、全身不适，食欲减退，伴体重减轻。查体：体温37.3℃，下颌下及腋下有多个淋巴结肿大，质软，无压痛、无粘连。胸部X线检查提示陈旧性肺结核。该患者可能性最大的诊断是

    A. 艾滋病　　　　　　B. 肺结核　　　　　　C. 淋巴结核

    D. 结节病　　　　　　E. 流行性斑疹伤寒

（7～9题共用题干）

患者，男，55岁，既往确诊为肝硬化、腹水；1周前出现呕血、黑便，近日表情淡漠，言语减少，反应迟钝，疑似有发生肝性脑病的可能。

7. 与肝性脑病发生无关的因素是

    A. 血氨增高　　　　　B. 芳香氨基酸增高　　　C. 短链脂肪酸增高

    D. 血糖增高　　　　　E. 硫醇增高

8. 下列治疗肝性脑病的措施不正确的是

    A. 可给予复方甘草合剂止咳、祛痰

    B. 静脉滴注谷氨酸钠

    C. 口服甲硝唑

    D. 上消化道出血时可用等渗氯化钠溶液低压灌肠

    E. 便秘时可用米醋稀释后灌肠

9. 对肝性脑病患者使用乳果糖的主要作用是

    A. 改变肠道pH，减少血氨的吸收

    B. 增加糖的供给，保护肝功能

    C. 抑制肠道细菌繁殖

    D. 导泻

    E. 抑制血氨生成

（10～11题共用题干）

患者，男，29岁，因全身淋巴结肿大2个月，低热伴全身不适1个月来医院就诊。发病以来，患者精神状态较差。患者未婚，有多个性伴侣。查体：体温37.5℃，脉搏84次/分，呼吸17次/分，血压112/76 mmHg；颈部、腋下和腹股沟淋巴结肿大，直径分别为1.0 cm、1.5 cm和1.7 cm，无压痛，可自由活动。HIV抗体（＋）；淋巴结活检显示反应性增生；$CD4^+$T淋巴细胞35.2个/Ul。

10. 以下接触中不会导致艾滋病的是

    A. 与艾滋病病毒感染者共用注射器

    B. 与艾滋病病毒感染者共用餐具

    C. 与艾滋病病毒感染者共用拔牙器具

    D. 同性性行为

    E. 输入被艾滋病病毒污染的血液制品

11. 关于职业暴露后的处理，下列描述正确的是

    A. 眼部等黏膜被患者的血液、体液污染时，应用大量0.9%氯化钠溶液反复冲洗

    B. 不用肥皂液和流动清水清洗被污染局部

    C. 针刺伤后应立刻用无菌纱布进行包扎

    D. 用95%乙醇溶液或0.5%聚维酮碘对伤口局部进行消毒

E. 存在伤口时，应轻柔挤压伤处，尽可能挤出损伤处的血液

（12～13题共用题干）

患者，男，22岁，近1个月来出现乏力、食欲减退、体重减轻、低热、夜间盗汗、咳嗽、咳少量黏液痰。查体：体温37.8℃，脉搏90次/分，呼吸19/分，血压110/70 mmHg。听诊右锁骨上、下及肩胛区可闻及湿啰音。X线检查显示右侧肺结核。痰涂片找到结核分枝杆菌。诊断：右侧肺结核。

12. 对肺结核患者应采取的隔离措施是
   A. 严密隔离预防　　　B. 保护性隔离预防　　　C. 消化道隔离预防
   D. 接触隔离预防　　　E. 空气隔离预防
13. 肺结核的传播途径是
   A. 空气传播　　　　　B. 粪便传播　　　　　C. 接触传播
   D. 血液传播　　　　　E. 体液传播

二、简答题

1. 简述传染病的流行过程。
2. 应如何做好肺结核患者的居家护理和管理？

三、案例分析题

患者严某，男，20岁，在学校体检时发现HIV抗体呈阳性。他高考考入北京一所师范大学，由于性格开朗、外向，被推选为学生会干部，因为工作原因结识了不少新朋友，其中包括同性恋者。严某与他人发生过多次无保护的同性性行为。

请回答：
1. 艾滋病的主要传播途径是什么？
2. 大学生应如何预防艾滋病？

（邱雪珍）

第八章数字资源

第八章 社区康复护理

学习目标

1. 说出康复、社区康复、康复护理和社区康复护理的概念。
2. 简述社区康复护理的内容和社区康复的模式。
3. 能运用社区常用康复技术和方法对病残者进行社区康复护理。
4. 说出社区常见病、伤、残者的康复护理措施。
5. 运用护理程序完成社区常见病、伤、残者的护理评估。
6. 列举常见病、伤、残者的康复护理目标。
7. 通过对病、伤、残者康复护理措施的学习,强化"爱伤、护伤"意识,培养关爱残疾人的良好职业道德。

康复是针对病、伤、残者功能障碍,以提高功能水平为重点,以提高生活质量并最终回归社会为目标,使病、伤、残者最大可能恢复或重建身心和社会功能,以达到最佳状态。随着医学科学的进步和发展、生活条件和环境卫生的改善,康复医学已经深入到医学的各个学科并贯穿于健康管理的全过程。社区康复护理是社区康复医学的重要组成部分,其实施质量直接影响社区病、伤、残者的康复水平和生活质量。

第一节 概 述

案例导入 8-1

某社区进行残疾普查后,发现该社区有 20 名因脑卒中致残的患者,该社区没有康复服务中心,这些残疾人存在不同程度的生活自理问题,基本都待在家里,生活质量很低,但他们都有接受康复训练的意愿。

问题与思考:
作为社区护士,应当为上述患者提供哪些社区康复护理服务?

一、相关概念

(一)康复

1969 年,世界卫生组织提出,康复(rehabilitation)是指综合、协调地应用医学、社会、教育、职业以及其他措施,对病、伤、残者进行训练或再训练,以提高其活动能力的过程。1981 年,世界卫生组织对康复的定义进行了修订:康复是指应用各种有用的措施,以减轻残疾的影响和使残疾人重返社会。目前对康复的定义是:综合、协调地应用各种措施,使病、伤、残者已经损伤的功能尽快尽可能得到恢复和重建的过程,包括生理、心理和社会功能的恢复,从而增强其自理能力,提高其生活质量,使其重返社会。某些病、伤、残使个体发生的病理变化无法彻底消除，个体的功能无法完全恢复，但经过康复后，个体仍然可以恢复生活、学习和工作。康复的最终目标是使病、伤、残者重新恢复生活、工作能力，回归社会。康复不仅针对疾病，而且着眼于整体的人，从生理、心理和社会功能等各方面促进恢复。全面康复即包括医疗康复、教育康复、职业康复和社会康复等多个方面。

（二）康复护理

康复护理（rehabilitation nursing）是康复医学的重要组成部分，也是护理学的重要分支。康复护理是在总体康复医疗计划下，为实现全面康复目标，与康复医学和其他康复专业人员共同协作，对残疾者、慢性病伴功能障碍的患者进行符合康复要求的专业护理和各种专门的功能训练，以预防残疾的发生、发展及继发性残疾，减轻残疾的影响，从而最终使患者达到最大限度的康复并重返社会的过程。

（三）社区康复

社区康复（community-based rehabilitation）是在社区层次上采取的综合性康复措施，主要是利用和依靠社区资源，使残疾人能得到及时、合理和充分的康复服务，改善和提高其躯体和心理功能，提高生活质量，以便回归正常的社会生活。社区康复主要是利用和依靠社区的人力资源而实施的，包括依靠病、伤、残者本身及其所在的家庭和社区，以及其他卫生、教育、职业、社会机构等。社区康复被视为一种社区发展的战略，致力于解决世界各国伤残者在其社区中的需要。社区康复的目标是使病、伤、残者的身心功能得到改善和提高，日常生活活动能够自理，能积极参与社区活动；能享受与健康人均等的机会；能融入社会，不受歧视，不被孤立和隔离，并能得到必要的方便条件和支持，以参与社会生活，从而提高生活质量。

（四）社区康复护理

社区康复护理（community-based rehabilitation nursing）是将整体护理融入社区康复，在康复医师（护师）指导下，在社区层面上，以家庭为单位，以健康为中心，依靠社区护士和社区内的各种力量，包括残疾者家属、义务工作者和所在社区的卫生、教育、劳动就业及社会服务等部门的合作，对社区伤残者进行的护理。

二、社区康复体系

（一）社区康复护理对象

1. **残疾人** 是指生理功能、解剖结构、心理和精神状态异常或丧失，使得部分或全部失去以正常方式从事个人或社会生活能力的人。

世界卫生组织按残疾的性质、程度和影响，将残疾分为以下3个等级。

（1）残损：是指由于各种原因造成身体结构、外形、器官或系统生理功能以及心理功能损害，导致身体和（或）精神与智力活动受到不同程度的影响，但个人生活仍能自理。其影响体现在组织器官水平上。

（2）残疾或失能：是指由于残损使个体的活动能力受限或丧失，个体无法按正常的方式和范围进行活动，但可借助辅助设施解除活动受限。其影响体现在个人水平上。

（3）残障：是指由于残损或残疾限制或妨碍病、伤、残者施行正常职能（取决于年龄、性别、社会和文化等因素）的某种缺损。其影响体现在社会水平上。

2. **老年人** 个体进入老年期后，由于机体生理功能退化，新陈代谢水平降低，日常生活活动能力和对周围环境的适应力减退，加之老年人患病率高且常同时患有多种疾病，在生活自理、参与家庭和社会活动等方面存在着不同程度的康复需求。

3. **慢性病患者** 慢性病患者患病时间长，疾病不易治愈，在病程缓慢进展过程中出现的各种功能障碍可导致原发病的病情加重并形成恶性循环。因此，他们对康复护理的需求非常迫切。社区常见慢性病患者在出院后或门诊康复后仍然需要社区护士对其进行康复护理指导，以促进功能恢复、防止原发疾病恶化和并发症的发生。

（二）社区康复模式

社区康复模式是在社区进行的残疾预防、医疗康复、教育康复、职业康复、社会康复等全面康复的模式。根据康复对象的不同，采用不同的社区康复模式。我国目前采用的社区康复模式主要有以下几种。

1. 社会化综合康复服务模式　在社区康复中，政府起主导作用，强调各部门各级人员积极参与，针对社区内需要康复的患者、伤残者和慢性病患者进行医疗、教育、职业和社会等方面的康复，有利于康复对象重返社会。

2. 社区服务保障模式　社区服务保障模式主要由民政部门负责，结合基层社会保障，对社区内的老、幼、伤、残者进行简单的护理和运动治疗；对有劳动能力的伤残者进行针对性的职业康复训练，使其掌握一门技术，并将其安排到社区相关部门就业，享受政府优惠的相关政策。

3. 社区卫生服务模式　主要由社区卫生机构的医务人员负责，利用初级卫生保健服务网络，以伤残者为服务对象，以家庭为单位，开展康复、预防和治疗服务。根据实际条件，对社区身心功能障碍的伤残者进行康复训练，尤其是日常生活活动能力的训练。对营养不良的儿童进行专门的膳食补充和药物治疗等。

4. 家庭病床模式　是一种对社区康复对象在家庭建立家庭病床，进行医疗、预防、保健、护理和康复服务的社区康复模式，主要由社区卫生部门和医疗康复机构负责。

5. 特殊类型残疾人的社区康复模式　是一种专门为特殊类型的残疾人提供社区康复服务的社区康复模式，主要由民政部门与社区卫生部门、社区康复组织负责。如残疾儿童社区康复中心、脑血管病后遗症社区康复站、精神病患者社区康复院等。

> **知识链接**
>
> **社区康复团队**
>
> 　　社区康复团队由专业的康复医师和各类康复专业治疗服务人员组成，包括康复医师、康复治疗师（物理治疗师、作业治疗师、语言治疗师、心理治疗师等）、康复护士、社会工作者等。康复团队为残疾人制订个体化综合康复方案、对康复训练计划及疗效进行评估和评定，方式是每天或每周进行入户康复1～2次，或不定时进行电话康复指导或上门对患者进行康复训练。同时，聘请专家对团队成员及家属进行培训。此外，也有一些团队由康复专家、康复治疗师、社区责任医生、社区康复协调员组成。社区责任医生入户进行残疾筛查、功能评估、建档，并在康复专家的指导下，负责对需要进行康复治疗和训练的残疾人制订康复计划并实施治疗和训练；康复治疗师定期到社区帮助社区责任医生根据患者的病情调整康复治疗方案，确定个体化康复目标，同时进行康复专业知识培训和健康教育；社区康复协调员负责在残疾人中组织适当的生产劳动、文娱体育活动和其他康复活动，并根据残疾人在文化教育、职业培训、劳动就业、生活保障、无障碍环境改造及社会生活等方面的需求，联系有关部门和单位，提供有效的转介服务。

第二节 社区康复护理的内容和方法

案例导入 8-2

患者，男，57岁，因脑出血伴右侧肢体无力住院治疗。治疗1个月后，患者病情稳定，转入社区医院。患者意识清楚，右侧上、下肢肌力为2级，不能自主翻身，不能自主进食。

问题与思考：
1. 作为社区护士，应如何为患者进行体位更换？
2. 如何指导患者进行日常生活活动能力训练？

一、社区康复护理的内容

社区康复是利用社区资源进行的全面康复服务，其内容包括残疾预防、医疗康复、教育康复、职业康复和社会康复等。

1. **残疾预防** 主要是依靠社区的力量，采取各项有关残疾预防的措施。例如，做好优生优育工作，对适龄儿童进行预防接种，开展环境卫生、营养卫生、精神卫生、保健咨询、安全防护和卫生宣传教育等工作。

2. **残疾普查** 主要是依靠社区的力量，在本社区范围内进行调查，对残疾人员及其分布进行登记，做好残疾人员总数、分类和致残原因等统计分析，为制订残疾预防和康复计划提供依据。

3. **医疗康复** 主要是为社区内的康复对象提供有关的功能评定、康复治疗、康复护理和家庭康复病床服务等。在家庭和（或）社区康复站，为康复对象制订具体的康复计划，实施必要的、可行的具体康复方案，并评估康复治疗效果。

4. **教育康复** 主要是帮助残疾儿童解决入学问题，或在社区内组织残疾儿童的特殊教育学习班。

5. **职业康复** 主要是依靠社区的力量，对社区内尚有一定劳动能力和就业潜力的青壮年残疾人提供就业咨询和辅导，或将其介绍到区、县、市的职业辅导和培训中心，进行就业前评估和训练；对个别残疾人，指导其掌握自谋生计的技能和方法。

6. **社会康复** 主要是依靠社区的力量，组织残疾人参与文娱、体育和社会活动；帮助残疾人解决医疗、住房、交通、参加社会生活等方面的困难和问题；对社区的群众、残疾人及其家属进行宣传教育，使其能正确地对待残疾和残疾人，为残疾人重返社会创造良好的社会环境。

7. **转介服务** 对接受过机构内康复、病情稳定的康复对象及时向社区转介，使其在社区内接受进一步或后续的康复；同时，对于某些在社区康复中难以解决的问题或经过社区康复治疗效果不理想的对象，适时向上级医院康复科或康复医院转诊。此外，还有一些需要政府和社会共同帮助解决的非医疗问题，如就业、劳动、教育、养老等，则需要进行横向转介。

8. **独立生活指导** 协助病、伤、残者建立独立生活互助中心等团体组织，提供有关独立生活的咨询和服务，如有关经济、法律、权益的咨询和维护，有关病、伤、残者用品和用具的购置、使用及维修服务，以及独立生活技能咨询和指导等。

二、社区常用的康复护理技术与方法

（一）环境改造

由于残疾人行动不便且常需要使用助行器等辅助器具，因此，在社区创建理想的康复环境有利于实现康复目标,而无障碍设施是良好康复环境的最基本要求。社区护士应了解和掌握康复环境及设施的要求,重视康复环境的选择与建立。例如,家庭环境中的各种电源开关、桌面、房间窗户和窗台的高度均应略低于一般房间的高度;卧室、卫生间等房门应当以推拉式为宜,门把手宜采用横执把手;楼梯、走廊和卫生间、浴室等房间的墙壁上应安装扶手;室内地面应平坦、防滑;门厅应有足够的照明且保证夜间光照适宜。社区环境中的非机动车道宽度一般不小于 2.5 m;人行道应设置坡道,宽度不小于 1.2 m;公共卫生间应设有残疾人厕位,安装坐便器等。

(二)体位摆放

大部分颅脑损伤患者处于疾病急性期时,患侧肢体呈弛缓状态。急性期过后,患肢则逐渐呈痉挛状态。大部分患者的患侧上肢以屈肌痉挛为主,患侧下肢以伸肌痉挛为主。长时间肢体痉挛可造成关节挛缩、关节半脱位和关节周围软组织损伤等并发症。早期实施良肢位的摆放可有效预防各种并发症的发生,为患者后期的康复打下良好的基础。颅脑损伤患者的良肢位摆放包括患侧卧位、健侧卧位、仰卧位、床上坐位等。

1. **患侧卧位** 患侧在下,健侧在上,头部垫枕,患臂外展、前伸、旋后,患侧肩部尽可能向前伸,以免受压和后缩,上臂旋后,肘与腕均伸直,掌心朝上;患侧下肢轻度屈曲置于床上,健腿屈髋、屈膝向前置于长枕上,健侧上肢放松,置于胸前的枕上或躯干上方。

2. **健侧卧位** 健侧在下,患侧在上,头部垫枕,患侧上肢伸展置于枕上,使患侧肩胛骨向前、向外伸,前臂旋前,手指伸展,掌心朝下;患侧下肢向前屈髋、屈膝,并完全由枕头支撑,注意足不能内翻悬在枕头边缘。

3. **仰卧位** 头部垫枕,患侧肩胛和上肢下垫一长枕,上臂旋后,肘与腕均伸直,掌心朝上,手指伸展,整个上肢平放于枕上;患侧髋下、臀部、大腿外侧放垫枕,防止下肢外展、外旋;膝下稍垫起,保持伸展、微屈。

4. **床上坐位** 在病情允许的情况下,应鼓励患者尽早在床上坐起。但是床上坐位难以使患者的躯干保持端正,容易出现半卧位姿势,促使躯干屈曲,进而加重下肢伸肌痉挛。因此,在无支持的情况下应尽量避免采取这种体位。取床上坐位时,患者背部应以多个软枕垫实,使脊柱伸展,达到直立坐位的姿势,头部无需支持固定,以便于患者主动控制头部活动。患侧上肢抬高,放置于软枕上,有条件者可给予一个横跨床的可调节桌,桌上放一软枕,将患者的上肢放置于软枕上。髋关节屈曲近 90°,患侧肘及前臂下垫软枕。

(三)体位转移

体位转移是指通过一定的方式改变患者姿势或位置的过程。根据康复训练的要求,需要有体位转移的配合,才能实现康复训练目的。定期进行体位转移,可促进血液循环,预防因静止卧床而引起的坠积性肺炎、压疮、肌肉萎缩、关节挛缩和深静脉血栓形成等并发症,最大限度地保持各关节的活动范围。因此,体位转移对于促进康复和改善康复效果具有极其重要的意义。

1. 床上翻身

(1)主动向患侧翻身:患者取仰卧位,双侧髋、膝关节屈曲,Bobath 握手,伸肘,肩部上举约 90°,以健侧上肢带动患侧上肢先摆向健侧,再反方向摆向患侧,借助摆动的惯性使身体翻向患侧。

(2)主动向健侧翻身:患者取仰卧位,健侧足置于患侧足下方,Bobath 握手,伸肘,肩部上举约 90°,向左右两侧摆动,借助躯干旋转和上肢摆动的惯性向健侧翻身。

(3)被动向患侧翻身:患者取仰卧位,护士向健侧移动枕头和患者头部,并将患者的肩部、腰部和臀部分段抬起移向健侧床边。然后,护士站在患者患侧,协助患者将患侧上肢外展

90°。嘱患者健侧屈膝,向患侧转动头颈部。然后,嘱患者用健手握住患侧护栏。护士一手扶住患者健侧肩部,另一手扶住其患侧髋部,双手同时用力,协助患者翻向患侧。

(4)被动向健侧翻身:患者取仰卧位,护士向患侧移动枕头和患者头部,并将患者的肩部、腰部和臀部分段抬起移向患侧床边。然后,护士站在患者健侧,患者用健侧手握住患侧手放在胸前,双下肢交叉,患侧足放在健侧足上方。嘱患者向健侧转动头、颈部。护士一手扶住患侧肩部,另一手扶住患侧髋部,双手同时用力将患者翻向健侧。

2. 卧位与坐位转换

(1)从卧位到坐位

1)主动从健侧坐起:患者取健侧卧位,健侧足置于患侧足下方。用健侧前臂支撑自身体重,头、颈部和躯干向上方侧屈。用健侧腿带动患侧腿移到床缘下,改用健侧手支撑,使躯干直立。

2)主动从患侧坐起:患者取患侧卧位,用健侧手将患侧上肢置于胸前,以健侧手作为支撑点。头、颈部和躯干向上方侧屈,健侧腿跨过患侧腿,在健侧腿的帮助下将双腿置于床缘下。然后,健侧上肢横过胸前置于床面上支撑,侧屈抬起躯干、坐直。

(2)从坐位到卧位

1)主动从患侧躺下:患者坐于床边,患侧手置于大腿上。健侧手从前方横过身体,置于患侧髋部旁的床面上。患者将健侧腿置于患侧腿下方,利用健侧腿将患侧腿抬至床面。当双腿置于床上后,逐渐将患侧身体放低,最后躺在床面上。

2)主动从健侧躺下:患者坐于床边,患侧手置于大腿上,健侧腿置于患侧腿后方。躯干向健侧倾斜,以健侧肘支撑床面,利用健侧腿将患侧腿抬至床面。当双腿置于床上后,逐渐将身体放低,最后躺在床面上。

3)被动从坐位到卧位:患者坐于床边,患侧手置于大腿上,健侧腿置于患侧腿下方。护士站于患者患侧,一手托住患者的颈部和肩部,另一手置于患者的腘窝处,帮助其将双下肢抬至床面。然后,护士转到床的另一侧,将双侧前臂置于患者的腰部及大腿下方。患者用健侧足和健侧手用力向下支撑床面,同时护士向床的中央拉患者的髋部。最后帮助患者调整好姿势,取舒适卧位。

3. 从椅坐位到站立位

(1)主动从椅坐位到站立位:患者坐于床边,双足分开与肩同宽,双足跟落后于双膝,患侧足稍靠后,以利于负重及防止健侧代偿。双手Bobath握手,双臂前伸。躯干前倾,使重心前移,患侧下肢充分负重。臀部离开床面,双膝向前移,双腿同时用力缓慢站起,站立时双腿同等负重。

(2)被动从椅坐位到站立位:患者坐于床边,健侧足在后,躯干前倾。护士屈膝,身体前倾,双手托住患者臀部或抓住其腰带,将患者向前上方拉起,与患者同时用力完成抬臀、伸膝至站立的动作。调整患者站立位的重心,使双下肢承重,维持站立平衡。

(四)日常生活活动训练

日常生活活动(activities of daily living,ADL)是指个体为了满足日常生活的需要每天必须反复进行的最基本的、最具有共性的活动,包括运动、自理、交流、家务活动和娱乐活动等。日常生活活动训练是以改善或恢复患者的日常生活活动能力为目的而进行的有针对性的各项康复训练。自理的内容主要包括进食、更衣、如厕、个人的清洁卫生等。根据患者的功能状况,针对性地进行自我照顾性日常生活活动训练,有利于发挥患者的潜能,提高患者的生活质量。

1. 进食训练　患者保持直立的坐姿,身体靠近餐桌,患侧上肢放置于桌面上。卧床患者取健侧卧位。将食物及餐具放在便于使用的位置，并防止其滑动，必要时在餐具下面安装吸盘或防滑垫。使用盘挡，以免饭菜被推出盘外。用健侧手持食物进食，或用健侧手把食物放在患侧手中，用患侧手进食。对于视空间失认、全盲的患者，食物应按顺时针方向摆放并告知患者；对于偏盲患者，应将食物放在健侧。对丧失抓握能力、协调性差或关节活动受限者，可将餐具进行改良，如使用加长、加粗的叉、勺或橡皮餐具持物器等协助进食。对存在吞咽障碍的患者，必须先进行吞咽训练，再进行进食训练。

2. 穿脱衣物训练

（1）穿、脱套头上衣：先将患侧穿好衣袖，并将衣袖拉到肘部以上，再穿健侧衣袖，最后套头、整理。脱衣时，先将衣服脱至胸部以上，再用健侧手将衣服拉住，从背部将头脱出，脱出健侧手后再脱患侧手。

（2）穿、脱开襟上衣：先穿患侧，再穿健侧。具体步骤为：将衣袖穿至患侧手臂上，继而将衣领拉至患侧肩部上方。健侧手转到身后，将衣服沿患侧肩拉至健侧肩，然后将健侧手臂穿入另一侧衣袖，把衣服拉好，系好衣扣。脱衣顺序与穿衣顺序相反，先脱健侧，再脱患侧。

（3）穿、脱裤子：穿裤时，应将患侧腿屈髋、屈膝放在健侧腿上，套上裤腿后拉至膝部以上。然后放下患侧腿，全足掌着地，将健侧腿套上裤腿后拉至膝部以上。继而抬臀或站起将裤子向上拉至腰部，然后整理系紧。脱裤顺序与穿裤顺序相反，先脱健侧，再脱患侧。

（4）穿、脱袜子和鞋：穿袜子和鞋时，先将患侧腿抬起放在健侧腿上，用健侧手为患侧足穿袜子和鞋，然后放下患侧足，双足着地，使重心转移至患侧；再将健侧腿放到患侧腿上方，穿好健侧袜子和鞋。脱袜子和鞋时，顺序相反，先脱健侧，再脱患侧。

3. 个人卫生训练

（1）洗脸、洗手训练：患者坐在洗脸池前，用健侧手打开水龙头放水，调节水温，洗脸、患侧手和前臂；洗健侧手时，患侧手贴在水池边伸展放置或将毛巾固定在水池边缘，用健侧手及前臂在患侧手或毛巾上搓洗；拧毛巾时，可将毛巾套在水龙头上，然后用健侧手将毛巾两端合拢，使毛巾向一个方向旋转拧干。

（2）刷牙训练：借助身体将牙膏固定（如用膝夹住），用健侧手将盖旋开，刷牙由健侧手完成。也可采用辅助器具协助进行，如用环套套在手掌，将牙刷插入套内使用。

（3）剪指甲：将指甲剪固定在桌子上，一端突出桌沿，伸入需修剪的指甲至剪刀口内，然后用患侧手掌下压指甲剪柄，即可剪去指甲。双手力量均较差者，可用下颌操作指甲剪。

（4）洗澡

1）盆浴：患者坐在浴盆外的座椅上（最好是木制座椅，高度与浴盆边缘相同），脱去衣物。先用健侧手将患侧腿置于浴盆内，再用健侧手扶住盆沿，健侧腿撑起身体前倾，臀部抬起并移至浴盆内的座椅上，再将健侧腿放于浴盆内。另一种方法是患者将臀部移至浴盆内的横板上，先将健侧腿放入浴盆内，再将患侧腿放入浴盆内。洗浴完毕，出浴盆的顺序与入浴盆的顺序相反。

2）淋浴：患者坐在座椅上，先开冷水管，再开热水管调节水温。洗澡时，可用健侧手持毛巾或用长柄海绵刷协助擦洗背部和肢体远端。如果患侧上肢肘关节以上有一定的控制能力，则可将毛巾一侧缝上布套，套于患侧手臂上协助擦洗。将毛巾压在腿下或夹在患侧腋下，用健侧手拧干。

（5）轮椅训练

1）从床移到轮椅：将轮椅置于患者健侧，面向床尾，与床呈 30°～45°角，关好轮椅闸。患者按照床上体位转移训练方法坐起。坐稳后，用健侧手抓住护栏并支撑身体，将身体大部分重量放在健侧腿上。健侧手扶住轮椅远侧扶手，以健侧腿为轴心旋转身体，缓慢而平稳地坐在轮椅上。调整位置，用健侧足抬起患侧足，用健侧手将患侧腿放在脚踏板上，松开轮椅闸，轮椅后退即可离床。

2）从轮椅移到床：将轮椅移动至患者健侧靠近床边，朝向床头，与床呈30°～45°角，关好轮椅闸。患者用健侧手提起脚踏板并将其移向一边，身体前倾并向下撑而移至轮椅前缘，双足下垂，使健侧足略靠后于患侧足。健侧手抓住病床扶手，身体前移，用健侧上、下肢支撑身体站立，然后转向坐到床边，推开轮椅，双足收回放置于床上。

（6）步行训练

1）准备活动：指导患者在辅助下（他人扶持或靠墙）完成步行的分解动作，包括重心转移练习、患肢负重练习、交叉侧方迈步、前后迈步，以及加强膝、髋部控制能力的练习等。

2）平行杠内训练或扶持步行训练：步行训练初期，为保证安全，最好让患者在平行杠内进行向前行走、向后倒走以及转身、侧方行走等。偏瘫患者扶持行走时，护士应站在患者偏瘫侧，一手握住患者的患侧手，使其拇指在上，掌心向前；另一手从患侧腋下穿出置于患者胸前，手背靠在其胸前处，使患侧手伸直，然后与患者一起向前缓慢步行。

3）室内步行训练：当在平行杠内不用扶杠能行走时，即可进行室内步行训练。开始应在室内平坦的地面上短距离行走，可使用助行器、拐杖等，但某些有可能恢复功能的患者应尽量不使用助行器具。

4）上下台阶训练：通常情况下，偏瘫患者应按照健侧足先上、患侧足先下的原则上下台阶。上台阶：双足站齐，用健侧手抓住扶手，健侧足上台阶，利用健侧手和健侧足将身体重心引向上一级台阶，患侧下肢尽量以内收、内旋的状态上抬，与健侧足站在同一级台阶上。下台阶：健侧手抓住前下方的扶手，用健侧手和健侧足支撑身体，将患侧足移至下一级台阶上，然后将健侧足下到与患侧足同一级台阶上。当患者熟练掌握上述方法后，可练习一足一阶法。

> **思政园地**
>
> **保障残疾人民生，促进残疾人发展**
>
> 国务院于2021年7月印发了《"十四五"残疾人保障和发展规划》（以下简称《规划》）。《规划》提出以下重点任务：一是完善残疾人社会保障制度，为残疾人提供更加稳定更高水平的民生保障；二是帮扶城乡残疾人就业创业，帮助残疾人通过生产劳动过上更好更有尊严的生活；三是健全残疾人关爱服务体系，提升残疾人康复、教育、文化、体育等公共服务质量；四是保障残疾人平等权利，为残疾人提供无障碍环境和便利化条件。另外，《规划》还从8个方面完善支持保障条件，包括强化党委领导、政府负责的领导体制，健全多元化投入格局，加强基础设施和信息化建设，加快科技创新和人才培养，促进残疾人事业城乡、区域协同发展，增强基层为残疾人服务的能力，发挥残疾人组织的桥梁纽带作用，积极营造残疾人事业发展的良好国际环境。

第三节　社区常见病、伤、残者的康复护理

案例导入8-3

患者，男性，30岁，因撞伤导致第5、6颈椎开放性、粉碎性骨折，并伴有65%的骨断端错位，四肢及胸部以下躯干失去运动和感觉功能，被诊断为高位截瘫。患者病情稳定后回到社区继续进行康复训练。

问题与思考：
1. 请按照美国脊髓损伤学会 2006 年提出的分级标准对患者的脊髓损伤程度进行分级。
2. 患者可能出现的并发症有哪些？应如何预防并发症的发生？
3. 作为社区护士，应如何指导患者进行康复功能训练？
4. 请正确指导患者进行功能康复训练。

一、脑血管意外患者的社区康复护理

（一）概述

脑血管意外又称脑卒中，是一种急性脑血管疾病，是指脑血管疾病患者由于各种诱发因素引起脑内动脉狭窄、闭塞或破裂，造成急性脑血液循环障碍，临床上表现为一过性或永久性脑功能障碍的症状和体征。脑血管意外包括出血性疾病（脑出血、蛛网膜下腔出血）和缺血性疾病（短暂性脑缺血发作、脑血栓形成、脑梗死）。其中，脑梗死和脑出血的发病率最高。

脑血管意外是严重危害人类健康和生命安全的常见难治性疾病，具有发病急、死亡率高、致残率高的特点。脑血管意外患者常有运动、感觉、语言、认知等功能障碍，患者本人往往存在极大的痛苦，患者家庭及社会也承受着沉重的负担。因此，积极开展脑血管意外患者的社区康复护理，改善其功能障碍，促使其最大限度地回归家庭和社会，具有非常重要的意义。

（二）脑血管意外患者的功能障碍

1. **运动功能障碍** 表现为病变大脑半球对侧肢体的中枢性瘫痪、弛缓性瘫痪、痉挛性偏瘫和运动异常等。
2. **感觉障碍** 表现为患侧肢体感觉减弱或丧失、偏盲、本体感觉缺失、失认症和失用症等。
3. **认知障碍** 发生脑卒中后，最常受到影响的认知功能有注意、记忆以及执行功能。在康复过程中，认知功能障碍是阻碍患者肢体功能与日常生活活动能力改善和提高的重要因素。
4. **言语与吞咽功能障碍** 言语障碍主要表现为失语症和构音障碍。吞咽功能障碍主要表现为吞咽困难、咀嚼无力、进食或饮水呛咳等。
5. **心理障碍** 脑卒中发生后，患者可出现思维方式、行为方式以及情绪控制能力等方面的改变。常见的心理问题有抑郁症和焦虑症。
6. **脑卒中的继发障碍** 包括肩-手综合征、肩痛、肩关节半脱位、关节挛缩、骨质疏松症、直立性低血压、深静脉血栓形成和排尿、排便障碍等。

（三）康复护理评估

1. **运动功能的评定** 一般采用 Brunnstrom 六阶段评估法（表 8-1）、FuglMeyer 评估法等。

表 8-1 Brunnstrom 六阶段评估法

阶段	临床表现
I	患侧肌肉呈迟缓状态，肌张力消失
II	出现肌张力痉挛和联合反应
III	随意引起不同程度的协同运动，痉挛明显，达到病程高峰
IV	协同运动模式被打破，出现分离运动，痉挛程度减轻
V	分离运动进一步改善，可以完成较难的功能活动，痉挛明显减轻
VI	协同运动模式消失，痉挛基本消失，协调运动、运动速度大致正常

2. 其他功能的评定　日常生活活动能力评估多采用巴塞尔指数（Barthel index）和功能独立性评定（functional independence measure，FIM）量表；认知功能评估可采用简易智力状态检查（mini-mental state examination，MMSE）量表；失语症评估可采用波士顿诊断性失语检查、汉语失语成套测验等；构音障碍评估可采用 Frenchay 构音障碍评定法；吞咽障碍评估可采用饮水试验；抑郁状态程度评估可采用美国流行病学调查中心的流调用抑郁自评量表（center for epidemiological survey-depression scale，CES-D）。

> **知识链接**
>
> **巴塞尔指数**
>
> 1. 小便控制　0=失禁　5=偶尔失禁　10=能控制
> 2. 大便控制　0=失禁　5=偶尔失禁　10=能控制
> 3. 个人卫生　0=需要帮助　5=独立完成洗脸、梳头、刷牙、剃须
> 4. 如厕　0=完全依赖他人　5=需要部分帮助　10=独立完成
> 5. 进食　0=完全依赖他人　5=需要部分帮助　10=独立完成
> 6. 床-椅转移　0=完全依赖他人　5=需要大量帮助　10=需要适当帮助或口头指导　15=能独立完成
> 7. 步行　0=完全依赖他人　5=可独立操作轮椅活动　10=步行需要帮助或指导　15=独立步行（可用辅助工具）
> 8. 穿脱衣　0=完全依赖他人　5=需要部分帮助　10=独立完成
> 9. 上下楼梯　0=完全依赖他人　5=需要帮助或指导　10=独立完成
> 10. 洗澡　0=完全依赖他人　5=独立
>
> 0～20 分：代表存在严重的功能障碍，日常生活完全依赖他人。
> 21～40 分：代表生活需要很大的帮助，重度依赖他人。
> 41～60 分：代表生活需要中等程度的帮助，中度依赖他人。
> 61～99 分：代表生活大部分可以自理，轻度依赖他人。
> 100 分：代表生活基本可以自理，不需要他人的帮助和照顾。

3. 家庭状况和社区环境的评估　包括居住条件、经济水平、家庭照顾者的情况、社交状况及社区卫生保健设施等。

（四）社区康复护理目标

1. 改善功能　改善患者的运动、认知、语言、心理等功能。
2. 减少并发症，预防疾病复发　通过康复护理，减少并发症的发生，预防疾病复发。
3. 提高患者的生活质量　促进患者尽快恢复生活自理能力，从而提高生活质量。
4. 提高患者自我管理能力和家庭护理质量　提高患者及其家属的康复护理技术，提高患者的自我管理能力，提高家庭护理质量。

（五）社区康复护理措施

1. 日常生活活动训练　积极鼓励患者进行日常生活活动训练。指导患者用健侧手按摩患侧肢体，用健侧肢体带动患侧肢体活动。指导患者进行翻身或移动身体、起床时，用健侧手抓扶床沿，或将布带系于床尾，用健侧手牵拉协助坐起。鼓励患者进行健侧肢体的屈伸、抬腿练习，促进血液循环，为早日下床做准备。指导患者进行坐位训练，应避免突然坐起，以免发生直立性低血压。指导患者出现面色苍白、出冷汗、恶心、呕吐、眩晕等不适时，应平卧休息。

先从头部抬高 30° 开始，每天增加 5°～10°，直到 80° 为止；每天坐位时间从 5 分钟过渡到 30 分钟，再到 1 小时，并逐日增加坐位时间和次数。患者可先采取抓扶床沿、牵拉绳索或用健侧手支撑的办法坐起，也可使用活动靠背床、后背靠垫被褥、将带有靠背的座椅倒扣于床头等办法支撑身体；待患者有一定的靠背坐起耐力后，可改为独立坐起，逐渐过渡到在床边坐起、在座椅上坐起，为早日下床和进行室外活动做准备。指导患者早期下床活动并进行适当锻炼，尽量做到日常生活自理，并进行一些力所能及的家务、学习、娱乐及社交活动，逐渐恢复对社会的适应。

2. 疼痛护理　针对疼痛的病因，采取适当的药物治疗和物理治疗，以缓解疼痛。①遵医嘱用药：指导患者遵医嘱正确使用药物，密切观察药物的疗效及不良反应，勿滥用镇痛药，以免过度使用药物。②适当休息，指导患者避免过度活动和剧烈运动，以免使疼痛加重。③局部热敷或按摩：当患者出现肌肉疼痛或关节疼痛时，可予以局部热敷或按摩，以缓解疼痛；④针灸：配合康复治疗，可以缓解疼痛，尤其是对于慢性疼痛和神经性疼痛，效果较为明显；⑤心理抚慰：持续的疼痛可使患者感到不安和烦躁，及时抚慰患者有助于缓解疼痛。

3. 肢体功能训练　脑血管意外往往可导致患者偏瘫或瘫痪。运动疗法是康复治疗中一个重要手段。肢体功能训练是一个循序渐进的过程，需要每日坚持，患者及家属都要有耐心。

（1）足趾运动和训练：足趾是下肢运动、感觉的末端，其功能恢复情况可影响整个下肢的恢复程度；刺激诱发所需要的背屈肌肉反应可提高踝关节的背屈能力，促进下肢运动功能的恢复。因此，足趾运动和训练十分关键。足趾训练宜尽早开始，患者度过危险期后即可进行。足趾训练初期可由医师或家属协助患者进行，用双手握住患者足趾，使其反复感觉足趾的屈、伸动作，同时摩擦足背肌肉，以刺激患者对足趾屈、伸的感觉。每次做 20 次，每日训练 2～3 次。

（2）全方位运动疗法：对偏瘫患者的运动疗法必须是全方位的，不仅应包括足趾和踝关节，还应包括膝关节的伸展运动和髋关节的内收、外旋及上肢的关节运动等，这样才能使患者在较短的时间内得到最大限度的恢复。当患者能够感觉到足趾的屈、伸位置后，即可在治疗师或家属的帮助下，逐渐使患者增加自主运动的力量，完成足趾伸展及踝关节背屈动作，然后带动整个足部背屈。

（3）上肢训练：训练目的主要是防止患肢肌肉萎缩，恢复患肢的日常动作，如解衣扣、梳头、洗漱、用餐、穿衣等。指导家属协助、鼓励患者尽量使用患肢。教会患者自行按摩患侧肢体，或由家属进行被动按摩，防止患侧肢体发生失用性萎缩。

（4）下肢训练：协助患者从床旁站立到迈步行走，开始时速度要慢，以防止摔伤，之后可逐渐增加行走时间和行程。家属可站于患者患侧，借助自身的内侧腿部力量拖带患者的患肢向前迈步，也可用绷带系于患者患侧足踝部并向前提拉，协助患者行走。

4. 保持功能位　除日间活动和锻炼外，患者夜间及卧床时仍应保持功能位，且应定期更换体位。偏瘫患者宜取患侧卧位，以增加对患侧肢体的知觉刺激，并使整个患侧肢体被拉长，从而减轻痉挛，也有利于健侧肢体的自由活动。

（1）患侧卧位：头部可用枕头予以支撑，躯干稍向后旋转，后背亦可用枕头稳固支撑，患侧上肢前伸，健侧上肢可放在胸前或枕部下方，下肢向前呈迈步位，健侧髋、膝屈曲，并用枕头在下方予以支撑。

 考点提示

偏瘫患者取患侧卧位的目的。

（2）健侧卧位：头部用枕头予以支撑，以确保患者舒适；躯干与床面呈直角，即患者未向前呈半卧位；患侧上肢用枕头支撑在患者的前面，并上举100°；健侧上肢可采取任意舒适体位，可屈曲在枕头下方，或放在胸、腹部；患侧下肢向前屈髋、屈膝，并完全由枕头支撑。注意足不能内翻悬在枕头边缘。

（3）仰卧位：头部用枕头予以支撑，在患侧臀部、大腿下方放置一个枕头，在患侧肩胛下方放置一个枕头，使其前伸，置于抬高的位置，使患者伸肘、腕部背伸和伸指。患者应尽可能避免采取该体位，因为容易受到颈部紧张性反射和迷路反射的影响，使异常反射活动增多，进而导致骶尾部、足跟外侧和外踝处发生压疮的可能性显著增大。

（4）床边坐位：患者将患侧上肢横放在腹部，健侧下肢勾住患侧下肢，健侧上肢支撑身体坐起，双腿摆放在床边坐好。

（5）坐位：宜选择质硬、不软，有扶手的座椅。患者坐于椅子中央，上身坐直，抬头，患侧上肢放在椅子的扶手或支架上，或放于大腿上，用枕头支撑。总之，患侧上肢不可悬垂在椅子旁。患者双下肢分离，膝部垂直，双足平放在地板上或椅子踏板上。

5. 语言功能训练　脑血管意外患者中约有20%存在言语障碍，主要表现为失语、语言辨别障碍、失读和失写。无论是哪种情况，都会严重影响患者的日常生活活动。为促进患者语言功能的恢复，满足其人际交往的需求，应指导家庭成员利用各种机会对患者进行语言功能训练。①对于不能发音的患者，训练从喉部发出"啊、啊"声开始，也可让其用口吹灭火柴诱导发音，因为唇音最容易恢复。②对于能发音的患者，可指导其先练习读字和词，然后让其独立练习，逐步由最常用的单音词（如吃、喝、走、不）过渡到双音词（如吃饭、喝水、儿子等），由易到难，由短至长。可给予患者一面镜子，嘱其注意观察他人的口型，然后对着镜子及时矫正。鼓励患者自行练习，必要时采用手势、表情等肢体语言提高患者的理解能力。③当患者读音基本独立时，指导患者听常用词句的前半部分，让其说出后半部分内容。④对语言辨别、理解困难的患者，需进行言语刺激训练，可在患者面前摆放一些图片，然后嘱其按训练者的口令指图，逐个图片进行。当指误率低于30%时，可增加图片数量和词汇量。⑤对于失读症患者，指导其阅读卡片上的字。⑥对于失写症患者，指导其进行抄写、听写和自己书写。

对患者进行言语训练时，应细心、耐心，并不断鼓励患者，帮助其克服困难，理解其急躁心理，并对患者的微小进步及时给予肯定。长期坚持进行语言功能训练，通常可使患者的语言功能得到较好的恢复。

6. 心理护理　脑血管意外往往可导致患者出现肢体瘫痪、失语症、反应迟钝等问题，容易使患者产生严重的心理问题，主要表现为极度自卑、悲观、失望、焦虑、急躁、易怒等，有的患者甚至可产生自杀意念。因此，对患者进行心理护理非常重要。

（1）家庭成员的鼓励和支持：家庭所有成员都应积极关心、体贴、尊重和谅解患者，使其感受到家庭的温暖和关怀。家属应避免在患者面前表现出烦躁、厌恶情绪或随意训斥患者，也不应对患者漠不关心，不予理睬。家属应学会转移患者的注意力，并及时调整自己的情绪，避免在患者面前谈论不愉快的事情或经济问题，以免影响患者的情绪或伤害其自尊。可以向患者介绍康复效果好的成功案例，以鼓励患者，增强战胜疾病的信心。家属应多与患者沟通，并尽量满足其合理需求，帮助患者消除恐惧和悲观等不良情绪。要帮助患者学会主动进行自我心理调节和自我控制，正确对待疾病，以最佳心理状态坚持有效的主动锻炼和被动锻炼。

（2）帮助患者认识客观事物：患者的心理障碍往往是从认知障碍开始的，进一步发展为智能障碍和情感障碍。因此，不能单纯通过药物治疗来恢复患者的脑神经功能，还应根据患者不同的文化程度、生活习惯等，从简到繁，指导患者进行分析、归纳、判断、推理，帮助其重新认识周围客观事物。

（4）创造安静、舒适的环境：应当为患者创造一个安静、舒适的环境，使患者保持良好的心理状态，维护和促进患者的心身健康，促进其情绪稳定，从而保证心理治疗的效果。

（5）鼓励患者表达内心的想法和感受：社区医护人员和家属应鼓励患者表达自己的感受和想法，让患者有更多的机会倾诉自己的困惑和烦恼。可以通过鼓励患者与信任的人交谈、写日记等方式帮助患者表达自己的感受。

（6）帮助患者建立社交网络：可以帮助患者建立社交网络，使患者得到更多的支持和帮助。可在社区组织社交活动，如康复训练营等，提供更多的机会使患者与他人交流互动，从而提高社交能力。

7. 饮食护理　脑血管意外常见的病因包括高血压和动脉硬化等，常见于中老年人。除药物治疗外，合理饮食对患者的康复也具有重要的作用。

（1）平衡膳食：康复期无吞咽困难的患者，宜以清淡、少油、柔软、易消化的平衡膳食为主。

（2）限制动物脂肪和胆固醇的摄入量：为避免血液中胆固醇浓度明显升高而导致动脉硬化。患者的饮食应限制动物脂肪（如猪油、牛油、奶油等）的摄入，以及含胆固醇较高的食物，如蛋黄、动物内脏、肥肉等。可食用植物油，如豆油、茶油、芝麻油和花生油等。

（3）保证适量的蛋白质摄入：指导患者保证适量蛋白质饮食，经常摄入蛋清、瘦肉、鱼类和各种豆类及豆制品，以补充机体所需的氨基酸。一般每日饮牛奶及酸牛奶各一杯，饮用牛奶时可将奶皮去掉。牛奶中含有乳清酸，可抑制体内胆固醇的合成，降低血脂及胆固醇含量。豆类中含有豆固醇，可促进胆固醇的排出。

（4）增加维生素及微量元素的摄入：指导患者多吃新鲜蔬菜和水果，并补充维生素 C 和钾、镁等微量元素。维生素 C 有利于降低胆固醇含量，钾、镁等对血管也具有保护作用。指导患者多吃含碘丰富的食物，如海带、紫菜、虾米等，有利于减少胆固醇在动脉壁沉积，防止动脉硬化的发生。

（5）控制钠盐摄入量：每日食盐摄入量应控制在 5 g 以下，以防止摄入过多的钠离子而导致血容量增加和心脏负担加重，进而导致血液黏滞度增高和血压升高，这对脑卒中患者尤为不利。

（6）注意事项：应告知患者禁止饮用酒、浓茶、咖啡及食用刺激性强的调味品。此外，还应嘱患者避免暴饮暴食。

8. 预防疾病复发

（1）注意观察患者的病情变化：康复训练过程中，应注意观察患者的病情变化。若安静状态下，患者脉搏在 120 次 / 分以上、血压 200/120 mmHg 以上，有心悸、气短、胸闷等不适及精神极差时均应暂停训练。每日监测血压 2 次，若出现持续性血压升高或忽高忽低时，应及时与医生联系，防止脑卒中的复发。

（2）遵医嘱用药：脑卒中恢复前期，患者应服用改善循环的药物，此类药物具有扩张血管、降低血压的作用。因此，应告知患者遵医嘱服药，不随意增减药量，以免引起血压过低而影响血流速度，进而诱发再次脑血栓或脑梗死，或是血压控制不良而诱发再次脑出血。

（3）脑卒中患者的血液多呈高凝状态，平时应注意增加水分摄入。晚餐以多汤饮食为宜，入睡前 2 小时饮水至少 300 ml，以降低夜间血液黏滞度。晨起空腹饮一杯水，以稀释血液，防止脑血栓。夜间张口呼吸或打鼾者，水分丢失较多，血液黏滞度较高，更应注意增加水分的摄入。

（4）注意合理用药：告知患者不滥用药物，以免造成胃、肝、肾损害。指导患者戒除烟、酒，冬季注意防寒、保暖，夏季应保证足够的水分摄入。指导患者平时应注意保持情绪稳定，避免大怒、过喜、过悲等不良情绪刺激。

9. 并发症的预防

（1）定期检查：对于病、伤、残者，应定期进行健康检查，及时发现并处理可能出现的并发症。

（2）保持个人卫生：指导患者注意保持个人的清洁、卫生，防止感染，避免引起不必要的并发症。

（3）适当运动：适当运动有助于患者恢复身体功能，防止肌肉萎缩和骨质疏松等并发症。

（4）合理饮食：指导患者保证足够的营养摄入，合理饮食，以增强机体免疫力，预防并发症的发生。

（5）按时服药：指导患者遵医嘱按时服用药物，控制病情，预防并发症的发生。

（6）避免不良习惯：指导患者避免吸烟、饮酒等不良习惯，以免加重病情或引起其他并发症。

（7）保持情绪稳定：指导患者进行自我心理调节，保持情绪稳定，避免情绪激动。

二、脊髓损伤患者的社区康复护理

（一）概述

脊髓损伤是由各种原因（如外伤、炎症、肿瘤）导致的脊髓结构或功能损害，造成损伤平面以下不同程度的运动、感觉、自主神经功能和括约肌功能障碍或丧失，肌张力异常及病理反射等相应改变的疾病。患者可丧失部分或全部活动能力、生活自理能力和工作能力，严重者可造成终身残疾。

考点提示

何种类型的脊髓损伤可造成高位截瘫？

（二）脊髓损伤患者的功能障碍

1. 运动功能障碍　主要表现为损伤平面以下肌力减弱或消失（如四肢瘫或高位截瘫）、肌张力增高或降低，反射消失、减弱或亢进，病理反射呈阳性。

2. 感觉障碍　主要表现为损伤平面以下的感觉（痛觉、温度觉、触觉、本体觉）异常或减退、消失。

3. 括约肌功能障碍　主要表现为膀胱括约肌和肛门括约肌功能异常，可引起排尿、排便异常，如发生尿潴留、尿失禁、排便失禁等。

4. 自主神经功能异常　可引起直立性低血压、心动过缓或排汗功能异常等。

5. 各系统并发症　脊髓损伤引起的并发症包括运动系统并发症（肌肉萎缩、骨质疏松、关节僵硬），呼吸系统并发症（肺炎、肺不张），循环系统并发症（深静脉血栓、直立性低血压），消化系统并发症（应激性溃疡、便秘）、泌尿系统并发症（尿潴留、尿失禁、排便失禁）等。

（三）康复护理评估

1. 脊髓损伤程度评定　一般采用美国脊髓损伤学会2006年提出的分级标准（表8-2）。

表 8-2　美国脊髓损伤学会脊髓损伤程度分级

分级	脊髓损伤情况
A级，即完全损伤	骶区无任何运动和感觉功能保留
B级，即不完全损伤	脊髓损伤平面以下及骶段 $S_4 \sim S_5$，无运动功能，但存在感觉功能

续表

分级	脊髓损伤情况
C级，即不完全损伤	脊髓损伤平面以下有运动功能保留，但一半以上关键肌的肌力<3级
D级，即不完全损伤	脊髓损伤平面以下有运动功能保留，且一半以上关键肌的肌力≥3级
E级，即正常	运动和感觉功能正常

2. 脊髓损伤平面评定　脊髓损伤平面是指保持正常脊髓生理功能的最低脊髓节段。脊髓损伤平面的判断以运动平面为主，但当 $T_2 \sim L_1$ 损伤时，无法判断运动平面，可通过感觉平面来诊断。感觉和运动的损伤平面可不一致，左、右两侧也可能有所不同。

（1）运动损伤平面：主要通过检查关键性肌肉的肌力来确定，如肱二头肌对应 C_5 节段，股四头肌对应 L_3 节段。

（2）感觉损伤平面：主要通过关键性感觉点的痛觉和触觉来确定，如乳头连线的皮肤感觉区对应 T_4 节段，肛门周围的皮肤感觉区对应 $S_4 \sim S_5$ 节段。

（四）社区康复护理目标

1. 保持功能位　保持患者的脊柱处于功能位。
2. 改善机体功能　改善患者的运动、呼吸、循环、排尿和排便功能。
3. 保证营养和保持清洁　保证足够的营养供应，保持皮肤清洁、干燥、完整。
4. 预防并发症　预防和减少各系统并发症。
5. 保持情绪稳定　使患者保持积极、乐观的心态，保持情绪稳定，能积极配合长期康复。

（五）社区康复护理措施

1. 运动功能的康复护理　此阶段的运动锻炼多在医院内进行。待患者生命体征平稳后，即可帮助其开始进行全身各关节的被动活动，活动范围以能达到最大生理范围为宜，运动过程中应注意动作缓慢、轻柔，避免损伤韧带或肌肉。待脊髓损伤病变部位稳定、神经损害或压迫症状减轻、患者呼吸平稳后，可进行恢复期康复治疗，这需要社区康复人员的护理和指导。

（1）肌肉训练：对于脊髓损伤患者，需要进行上肢支撑力量、肱二头肌和肱三头肌训练及握力训练，以使其适应使用轮椅、拐杖和助行器等。对使用低靠背轮椅的患者，还需要进行腰背肌训练。根据患者损伤程度和部位的不同，可采用徒手抗阻运动、滑板运动或助力运动等训练方法。

（2）垫上运动：主要训练患者躯干和四肢的灵活性和力量，包括垫上支撑、垫上移动、转身和侧卧等训练。

（3）转移训练：是指提高患者体位转换能力的活动训练，包括卧位-坐位、坐位-站位、床-轮椅、轮椅-座椅转移等锻炼方式。

（4）步行训练：在进行坐位和站位的平衡训练后，患者可借助平行杠进行步行练习。训练时，保持身体直立，步伐稳定。待患者耐力提高后，可进行跨越障碍物、上下台阶练习等。

2. 呼吸系统的护理　高位脊髓损伤患者常出现呼吸功能不全，护理人员可采用胸部叩击、体位引流等方法帮助其排出呼吸道分泌物，必要时进行气管插管，并用呼吸机辅助呼吸。待患者情况好转后，可进行呼吸功能训练，包括胸式呼吸（胸腰段脊髓损伤）和腹式呼吸（颈段脊髓损伤）训练及排痰训练，鼓励患者使用腹式呼吸。

3. 排泄护理　对于存在排尿反射的患者，可采用诱导排尿法，如让患者听流水声、用温水冲洗会阴部、予以下腹部按摩等。对上肢有部分功能的患者，可进行间歇导尿；对上肢功能完全丧失的患者，则予以留置导尿管或进行膀胱造瘘术。对尿失禁的患者，需予以留置导尿管，同时保持会阴部干燥、清洁。对于男性患者，可以使用外部集尿器，对女性患者可以使用尿壶或尿袋收集尿液。另外，还应根据患者排便功能的损伤程度进行相应的排便训练。

4. 深静脉血栓的护理　主要以预防为主，应注意保持患者下肢的被动和主动活动。卧床时应抬高下肢，促进静脉血液回流；也可采用弹力绷带或弹力袜进行肢体压迫。必要时可予以抗血小板聚集药物，如阿司匹林；也可采用紫外线照射和超短波理疗。若发现患者已经发生深静脉血栓形成，则应及时处理。

三、重性精神病患者的社区康复护理

（一）概述

社区管理的重性精神病患者主要是精神分裂症患者。我国约有900万精神分裂症患者，其中约有99%生活在社区，精神分裂症是慢性疾病，其复发率和致残率较高，可严重影响患者的生活质量，也对患者家庭造成了沉重的负担。精神分裂症是以基本个性改变，思维、情感、行为的分裂，精神活动与环境的不协调为主要特征的一类常见的精神疾病。精神分裂症的发病原因尚未明确，多在青壮年缓慢或亚急性起病，具有遗传倾向，若父母双方有患病者，则其子女发病危险性可增加。患者的智力基本正常，但部分患者在疾病进展过程中可出现认知功能损害。本病的发病常较为潜隐，病程多迁延，呈反复加重或恶化状态，早期治疗效果好，若转为慢性，则疗效较差。目前，抗精神病药物治疗是精神分裂症首选的治疗措施，药物治疗可使大部分患者的精神病性症状缓解，但不能恢复其日常生活和工作状态。精神分裂症患者的预后与社会、家庭的支持、护理和照顾有密切的联系，需要在患者不同的病程阶段选择不同的康复护理方法。若患者有强烈的自杀意念或患者处于极度抑郁状态，则可采用电休克疗法。在疾病的慢性阶段和患者康复阶段，应将药物治疗与心理治疗和康复训练同步进行。因此，对于此类患者的社区管理及康复护理尤为重要。

（二）精神分裂症患者的功能障碍

1. 感知觉障碍　精神分裂症患者最突出的感知觉障碍是幻觉，以幻听最常见，大多在患者意识清楚时出现。其次是幻视。幻嗅、幻味和幻触不常见，一旦出现，需考虑患者是否存在器质性因素。部分患者可出现内脏幻觉，如大脑烧灼感、血管的冲动感或骨髓切割感等。幻听是精神分裂症患者的重要特征性表现，其内容大多是争论性的，也可是命令性的；有的患者在幻听的影响下可出现辱骂甚至殴打亲人的行为；部分患者为摆脱幻听的困扰而频繁就医，甚至要求有关部门"拆除安装在头脑中的播音器"。

2. 思维障碍

（1）思维联想障碍：主要表现为患者的思维联想过程缺乏连贯性和逻辑性，其特点是患者在意识清楚的情况下，出现思想迟缓、思维奔逸、思维贫乏、病理性赘述、强迫性思维等。最典型的表现是思维破裂。

（2）思维逻辑障碍：患者的思维出现逻辑性障碍，如思维松弛、破裂性思维、象征性思维、语词新作等。凡是涉及概念、判断、推理等方面障碍的症状，均属于思维逻辑障碍。

> **考点提示**
>
> 社区精神分裂症患者功能障碍的主要表现。

（3）妄想：是精神分裂症患者最常见的症状之一，以被害妄想、关系妄想和影响妄想最为常见，内容离奇、荒谬、发生突然，可见于各年龄段。妄想的内容往往与患者的生活经历、教育背景有一定的关联，但患者通常不愿意透露妄想的内容。

3. 情感障碍　主要表现为情感迟钝或淡漠，情感表达减少或缺乏，情感反应与思维内容以

及外界刺激不相符，是精神分裂症的重要特征。少数患者有情感倒错，抑郁与焦虑情绪也较为多见。

4. 意志与行为障碍

（1）意志减退或缺乏：表现为患者在坚持工作、完成学业、料理家务等方面有很大的困难，对自己的未来没有任何规划，或即使有规划也从不实施。

（2）意向倒错：即患者的意向要求与常情相悖，表现为患者常吃一些不能吃的物品（如泥土、棋子、纽扣、肥皂等），或伤害自己的身体。

（3）紧张综合征：主要表现为患者全身肌张力增高，包括紧张性木僵和紧张性兴奋，二者可交替出现，是紧张型精神分裂症患者的典型表现。

（4）行为障碍：患者可出现退缩、无故傻笑、独处、发呆、扮鬼脸等怪异行为。此外，患者还可出现自杀行为，应予以高度重视，约50%的患者有自杀意念，10%～15%的患者最终死于自杀。

（三）社区管理

为避免精神分裂症患者离开医院后流向一些医疗和护理保健不完善的家庭和社区，进而造成严重的社会问题，除需要依靠医院或机构管理外，还须建立有效的社区防治监控网络，以预防和避免患者出现暴力行为。社区精神病康复保健是社区精神医学的重要组成部分。社区精神医学是以社区为单元，研究社区内精神疾病的治疗、预防、康复、就业、安置和管理的精神医学分支学科。通过严密的组织管理，有效地实施精神卫生保健工作，管理社会上散在的精神疾病患者，可延缓精神疾病的复发，维护社会秩序。

"去机构化"管理是西方发达国家近年来大力提倡和推广的精神病治疗和管理体系，主要是逐步关闭大规模的封闭管理式的精神病医院，将患者接回家，通过社区工作人员与家庭成员的管理和照顾，使患者在正常的环境中疗养，帮助患者回归家庭和社区。"去机构化"管理可以改变精神病治疗依赖于大型精神病院治疗的传统模式，大部分精神病患者的治疗和护理改由社区服务提供。澳大利亚是最早采用这种管理模式的国家，该管理模式主要是将管理精神健康的专业机构和人员与照顾患者的组织、患者和家属结成合作伙伴关系，共同制订符合患者和相关各方需求的精神健康服务计划。这种精神健康服务项目主要包括以下几方面内容。

1. 提供临时住宿服务　精神病患者可以申请到该机构管理的住宿中心入住，由专业人员照顾并提供家居服务。

2. 组织自主自救活动　通过规模庞大的服务组织网络，为患者及其家属提供支援。

3. 开展社区宣传教育活动　由工作人员到社区、团体和各级学校演讲，向居民介绍精神健康知识，消除社区居民对精神疾病患者的误解及歧视。

我国精神病"去机构化"管理尚处于起步阶段。目前，社区精神病患者的社区组织管理实施三级管理制，即市级、区县级和基层，这是结合我国国情建立起来的精神卫生保健、群防群治的组织网络。因此，社区精神心理卫生服务是利用精神卫生的技术、方法和理论，处理一定时期或一定人口的心理卫生问题。社区精神心理卫生的服务对象是全体居民，包括目前心理状态正常者和社区中的精神病患者，其服务内容包括健康教育、心理咨询、家庭治疗、危机干预和康复指导服务等。

（四）社区康复护理目标

1. 改善患者的机体功能　改善患者的心理、思维、情感、行为等功能。
2. 预防疾病复发和并发症　预防并减少并发症的发生，预防疾病复发。
3. 提高患者的生活质量　促进患者尽快恢复生活自理能力，提高生活质量。
4. 提高家庭康复护理质量　提高患者及其家属的康复护理技术，提高患者的自我管理能力，提高家庭护理质量。

（五）社区康复护理措施

精神病患者的社区康复护理包括药物治疗和社会、家庭关怀等多个方面。精神病患者复发的原因尽管很多，但最主要的仍然是停止维持治疗和遭受严重的精神刺激。精神病患者在病情发作前，绝大多数都有征兆，如情绪、言语或行为反常。只要家属、监护人或其他密切接触者具备基本的精神卫生常识和防范意识，或在事件可能发生前采取措施对患者加强监护和管理，及时送患者就医，就可以避免恶性事件的发生。

1. 心理护理　主要是为了解决患者的心理冲突，指导患者认识自我和他人，培养并提高患者的自助能力。应当给予患者支持、鼓励和安慰，向患者解释和说明有关的病情。例如，精神分裂症患者容易受到幻听的困扰，护士可以握住患者的手，表示理解其感受，并向患者保证其不会受到伤害，同时设法转移患者的注意力，嘱其大声唱歌或朗读、看电视等；若仍无法奏效，则可指导患者尝试接受幻听的内容，并将其作为日常生活中的一部分，告知患者不用害怕，虽然不能控制幻听的内容，但有权利和能力选择是按幻听的指示去做，还是拒绝。当患者的病情得到控制，自知力恢复时，应指导患者进行自我心理调节，应对生活和工作中的压力、控制情绪、友好地与人交往等，以促进其社会功能的恢复。

抑郁症状明显的精神分裂症患者常会产生自杀意念，需要有人陪伴。陪伴者应体贴、关心患者，并体会患者的心境，通过与患者交谈，引导患者表达内心的想法和感受，并及时帮助患者解决问题。

2. 安全管理　精神分裂症患者在幻觉、妄想的支配下，可出现攻击他人、自杀或毁物等行为。因此，对患者的安全管理十分重要。

（1）专人看护：患者症状明显或病情不稳定时，尤其是对有严重自杀意念和出走念头的患者，需要安排专人看护，注意观察患者的情绪变化及异常言行。尤其是当患者流露出悲观、厌世情绪或者抑郁状态明显好转时，更应严密观察，警惕其出现自杀行为。

（2）注意细节，消除安全隐患：例如，金属类的小刀、剪刀、铁丝、各种玻璃制品、绳索、药物等一切对患者生命有威胁的物品，均不能带入患者的房间或活动场所；避免患者睡眠过程中遮盖口鼻；患者如厕超过5分钟即应注意查看等。

（3）适当控制和约束患者：应保持门窗完好，若患者表现为异常烦躁，不能自控，并且对自己或他人构成威胁时，应予以适当控制和约束。

3. 用药指导　精神病患者的用药护理是家庭康复治疗中的一个关键问题，也是预防病情复发的重要措施。对于不同疾病阶段、不同症状的精神病患者，护理方法也各有不同。

（1）急性发作期：急性发作期患者一般无自知力，不承认自己患病，故大多数患者都不愿意服药。因此，应耐心劝说患者，可请患者最信任或最有权威性的人来劝说。劝说时应注意避免说"你有精神病，应该服药"之类的话，应尽量换一种说法，或更换抗精神病药的包装后再给患者服用。

（2）恢复期：恢复期患者用药护理的重点是加强患者对坚持服药重要性的认识。维持药物治疗的目的是治疗疾病，预防和减少疾病复发。通常，患者病情稳定后需坚持服药2～3年。很多患者出院后往往服用一段时间后就自行停药，其原因是患者认为自己已经康复。有的患者家属因为对坚持服药的重要性缺乏明确的认识，擅自同意患者停药，甚至还有家属反对患者继续服药，担心患者过多服用抗精神药物会影响其智力或肝功能。还有一些患者因为服药后出现不良反应而不愿意继续服药。因此，患者的药物应由家属保管，服药要有专人督促和检查。同时，家属还应注意防止患者将药物藏起来储积后顿服的自杀行为。

护理人员应注意观察患者服药后的反应。服药后出现嗜睡、动作呆板、便秘、流涎和肥胖等属于轻微不良反应，不需要治疗处理。若患者出现头颈歪斜、坐立不安、四肢颤抖等症状，则属于较严重的不良反应，此时需在医生的指导下调整或减少用药剂量。在恢复期维持治疗期间，应指导患者定期就诊检查，遵医嘱服药，并根据病情调整用药方案或药物剂量，尽量避免或减轻不良反应，以利于患者坚持服药。

4. 活动与睡眠的护理 精神病患者的睡眠与其病情有密切关系。因此，指导家属做好精神病患者的睡眠观察非常重要。

（1）向家属讲解失眠的原因及表现：常见的失眠原因包括以下几方面。①精神症状的影响，如兴奋、紧张、恐惧、幻觉等；②躯体不适；③各种环境或气候变化，睡眠条件不良（噪声干扰、强光刺激等）；④睡前服用兴奋剂或咖啡、浓茶等。失眠的表现：夜间睡眠减少、缄默不语、整夜辗转难眠等。例如，抑郁症患者常有早醒，此时情绪抑郁、消极，容易出现自杀行为；恢复期患者若出现连续数日失眠，则预示病情可能复发；患者入睡困难，心神不宁，表示将有意外事件发生，常提示患者出现幻听或被害妄想等症状。

（2）精神病患者的睡眠护理：①为患者创造一个舒适、安静的睡眠环境，房间布置应简单素雅、光线柔和、温度适宜、睡床舒适。②为患者设定适宜的作息时间，如中午安排午睡2小时，晚上9～10时督促患者入睡休息，早上7时左右按时起床。恢复工作的患者最好不要安排轮值夜班。睡前忌饮兴奋性饮料（酒、浓茶、咖啡），尽量戒烟，睡前督促患者排尿。对生活自理能力差的患者应协助就寝时的生活护理。③当患者出现失眠现象时，应了解患者是否有身体不适或饥饿，及时给予安慰，并协助解决。如果患者由于幻听、妄想而产生焦虑、紧张、烦躁情绪，并导致失眠，则应有家人陪伴，在使用抗精神病药的基础上加服镇静催眠药。若患者的睡眠情况仍未好转，则家属应及时送患者到门诊随访治疗，以防止疾病复发。④当精神病症状得到控制后，患者的通常会睡眠好转，应逐渐停用催眠药，以防止出现药物成瘾。

5. 帮助患者自我护理和回归社会 由于受疾病症状的影响，精神病患者活动减少，情感淡漠，生活无规律，甚至不能自理。因此，培养患者良好的生活习惯，需要社会与家庭成员及医务人员共同努力。

（1）帮助患者料理个人生活：其目的是使患者能在家庭和社会中发挥作用，重新回归社会。家属应通过督促检查、卫生指导，使患者在不影响治疗的情况下，学会料理个人生活，能够进行一部分家务劳动，如清洗自己的衣物、打扫房间、协助家人做饭等，并有放松的空余时间。

（2）积极鼓励患者多参加社会交往与社会活动：鼓励患者就外出活动，与他人交谈，从事力所能及的活动等，使其树立回归社会的信念。护理人员应以宽容的态度善待精神病患者，耐心地予以指导和帮助，帮助其回归社会，重新开始正常的工作、学习和生活。

6. 建立家庭成员自助组织 为患者家属提供交流的平台，及时消除或减轻家属的心理困扰。社区护理人员应指导患者家属善待患者，更好地照顾、护理患者。

自　测　题

一、选择题

1. 下列不属于脑卒中急性期康复目标的是
   A. 预防压疮　　　　　　　B. 防止出现异常运动模式
   C. 诱发肢体的随意运动　　D. 提高手部精细运动能力
   E. 预防呼吸道感染

2. 关于脊髓损伤患者疼痛常见的诱因，下列描述错误的是
   A. 痉挛　　　　　　　　B. 压疮　　　　　　　　C. 感染
   D. 饮水偏少　　　　　　E. 膀胱和肠道问题
3. 鼓励急性期脑卒中患者经常运用健侧上肢帮助患侧上肢完成充分的上举活动的目的是
   A. 预防失用综合征　　　　B. 预防肩关节半脱位
   C. 预防痉挛　　　　　　　D. 预防肩 - 手综合征
   E. 预防误用综合征

（4～6题共用题干）

患者，男，58岁，平时工作压力大，生活不规律，喜好吸烟、饮酒，患高血压10余年，未予以特殊处理；1个月前因突发脑出血被送至医院治疗，病情稳定后出院。目前，患者遗留左侧肢体肌力下降，无法站立。进食时有吞咽障碍。

4. 合并吞咽障碍的脑卒中患者，进食训练时宜采取的体位是
   A. 躯干前倾，颈部稍前屈　　　　　　　B. 躯干前倾，颈部稍后仰
   C. 躯干后倾，颈部稍前屈　　　　　　　D. 躯干后倾，颈部稍后仰
   E. 躯干直立，颈部正中位
5. 对脑卒中偏瘫患者的康复护理，应注意保持良肢位。以下关于仰卧位的描述不正确的是
   A. 将患侧整个上肢放置于枕头上，以防止肩关节内收
   B. 患侧掌心朝下，手指屈曲
   C. 患足背屈90°
   D. 患侧臀部下方垫枕，以防止髋关节外旋畸形
   E. 患侧肘、腕关节均伸展
6. 对该患者进行运动功能评估，评估方法不包括
   A. Brunnstrom 评估法　　B. MAS 法　　　　　　C. 上田敏法
   D. Fugl-Meyer 评估法　　E. Barthel 指数

7. 王某，男，货车司机，最近因严重车祸而受伤，其脊髓损伤平面为 T_5，损伤级别为 B 级，代表的是
   A. C_5 为最低的正常脊髓平面，C_5 以下存在感觉功能，无运动功能
   B. T_5 为最低的正常脊髓平面，T_5 以下存在感觉功能，无运动功能
   C. T_5 为最低的正常脊髓平面，T_5 以下存在运动功能，无感觉功能
   D. L_5 为最低的正常脊髓平面，L_5 以下存在感觉功能，无运动功能
   E. L_5 为最低的正常脊髓平面，L_5 以下存在运动功能，无感觉功能

（8～9题共用题干）

患者，女，25岁，未婚，平时性格孤僻，不与他人交流，不能按时完成上级领导分配的工作；经常怀疑领导、同事陷害自己，经常与同事发生口角；之后发展至不能正常工作，在街上流浪，并时常做出各种怪异行为；被家人送至医院诊断为"精神分裂症"。

8. 该病最具有特征性的思维障碍是
   A. 思维迟缓　　　　　　B. 思维破裂　　　　　　C. 思维散漫
   D. 思维贫乏　　　　　　E. 思维奔逸

9. 该病的特征性症状是
    A. 牵连观念 B. 被害妄想 C. 矛盾意向
    D. 幻听 E. 疑病妄想

二、简答题

简述脑卒中偏瘫患者患侧卧位的注意事项及优点。

（吴羽楠　洪　燕）

第九章 社区灾害事件的应急管理与护理

第九章数字资源

学习目标

1. 叙述灾害的概念及其特征。
2. 能完成社区灾害伤病员的预检分诊和现场救护。
3. 具备社区灾害救援能力。
4. 建立社区灾害事件的风险管理、应急管理及预警处置意识。
5. 能说出社区灾害应急管理的原则和流程;伤病员现场救护的原则与技术。
6. 列举常见的灾后心理问题及其对不同人群的影响。
7. 能运用 START 流程对灾害伤病员进行预检分诊。

案例导入 9-1

2008 年 5 月 12 日,四川省汶川县发生 8.0 级地震,共造成 69 227 人死亡,374 643 人受伤,17 923 人失踪。这是中华人民共和国成立以来破坏力最大的一次地震,也是继唐山大地震后伤亡最严重的一次地震。

问题与思考:
1. 作为一名社区护士,应如何对伤病员进行预检分诊?
2. 应如何配合医生进行现场救护及转运?
3. 对于幸存者、罹难者家属等人群出现的心理行为反应,该如何进行心理疏导?
4. 你认为从事灾害救援工作的社区护士应具备哪些能力?

近年来,由于全球气候变暖,我国极端天气事件逐渐多发,高温、暴雨、洪涝、干旱等自然灾害也日益增多。随着城镇化、工业化的持续推进,基础设施、高层建筑、城市综合体、水电油气管网等建设加快,产业链、供应链日趋复杂,各类承灾体暴露度、集中度、脆弱性不断增加,多灾种集聚和灾害链效应日益突出,灾害风险的系统性、复杂性持续加剧,对人民生活和生产影响极大。目前,防灾减灾应急管理已成为全球关注的热点问题。自 20 世纪 90 年代联合国提出"国际防灾减灾十年"理念以来,灾害护理逐渐受到社会各界的认可和关注。护士作为守卫人民卫生健康的主力军,是突发灾害紧急医学救援的重要力量。同时,灾害急救管理也是社区卫生服务的重要职责之一。社区护士在院外灾害救护中的积极作用及重要性也日益凸显。本章以社区灾害事件的应急管理与护理为主线,介绍社区灾害、社区灾害的风险管理与应急管理、社区灾害的救护以及社区灾害后的常见心理问题与干预。

第一节 概 述

一、灾害

(一) 灾害的定义与特征

灾害是一种突发性的或不可控制的、对个人或社会造成严重危险或损害的、实际或威胁性的事件。世界卫生组织将灾害定义为：任何能引起设施破坏、经济严重受损、人员伤亡、健康状况恶化的事件，如果其规模已超出事件发生社区的承受能力而不得不向外部寻求专门援助，即称为灾害。联合国"国际减灾十年"专家组对灾难的定义是：一种超出受影响社区现有资源承受能力的人类生态环境破坏。总体而言，灾害具有以下两个典型特征：

1. **破坏性** 破坏性是灾害首要的、最基本的特征，且灾害的规模和强度超出了灾害发生地区的自救或承受能力。某些灾害会对局部地区甚至整个国家及全世界的生存环境造成毁灭性的破坏，使人类生命、财产遭受巨大的损失，同时也会延缓人类社会的发展进程。鉴于不同地区对灾害的承受能力不同，灾害的破坏性是相对的，即相同的灾害对某些地区可构成灾害，而对其他一些地区可能并不构成灾害。

2. **突发性** 虽然灾害的发生过程不同，但是大多数灾害的发生往往几乎没有征兆，对其发生时间、地点、强度和范围等无法做到完全事先预警。因此，大部分灾害的发生非常突然，且进展迅速，其造成的危害也是猝不及防的。

(二) 社区灾害

社区灾害是指在社区发生的所有危及居民生命安全或导致人员伤亡的突发灾难事件，包括各种自然灾害（如水灾、火灾等），或人为因素造成的灾害（如工厂大型爆炸、毒物泄漏等），通常无法预料。

(三) 灾害护理

灾害护理是指在灾害的整个过程中，为遭受灾害而无法解决自身健康问题的服务对象提供医疗服务。灾害护理一般分为准备阶段、应对阶段和恢复阶段的护理。对这三个阶段的护理工作进行循环管理，不仅可以降低遇难者的受灾害程度，而且有助于灾后重建工作。

 课堂互动

根据灾害的分类，请列举近年来危害较大的自然灾害与人为灾害。

(四) 灾害的分类

可按灾害的发生原因、发生速度、发生地区的特点和发生规模等对其进行分类。

1. **按灾害的发生原因分类** 主要分为自然灾害和人为灾害。

(1) 自然灾害：是指给人类生存带来危害或损害人类生活环境的自然现象。森林草原火灾和重大生物灾害等。自然灾害的形成必须具备两个条件：一是有自然异变作为诱因，二是有受到危害或损害的人、财产、资源作为承受灾害的客体。自然灾害主要包括气象灾害（干旱、洪涝、台风、冰雹、雪、沙尘暴等），火山、地震灾害，地质灾害（山体崩塌、滑坡、泥石流等），海洋灾害（海啸、风暴潮等），以及森林灾害（森林病虫害、森林火灾、草原火灾等）。

(2) 人为灾害：则是指在社会经济建设和生活活动中各种不合理、失误或故意破坏性行为所造成的灾害。人为灾害的种类很多，主要包括自然资源耗竭性灾害、环境污染和生态破坏、火灾、交通事故、袭击事件、核灾难以及各类安全事故等。

无论是自然灾害还是人为灾害，都会威胁人民群众的生命安全，造成巨大的经济损失以及自然和社会环境的破坏，引发诸多灾后社会心理问题。

2. 按灾害的发生速度分类　根据灾害发生的速度、所提供的健康服务与时限不同，可将灾害分为以下几种类型。

（1）非常紧急型灾害：多见于人为因素所致的灾害，如瓦斯爆炸、中毒事故和大型交通事故等，需要现场尽快实施紧急、有效的救护，及时、准确地对伤员进行分类与转运。

（2）紧急型灾害：多见于自然因素所致的灾害，如地质灾害、地震灾害和气象灾害等，需要在灾害发生后5天内对伤员进行紧急救护与现场相关处理。

（3）长期型灾害：多见于洪水灾害、旱灾、传染病暴发流行等灾害，需要在灾情发生后2~3个月内或更长时间内，对伤员及灾民进行持续的救护与管理。

3. 按灾害发生地区的特点分类

（1）地方型灾害：多见于通信、交通等问题受到影响的偏远地区，救灾工作开展不便，可直接影响伤员的救护与转运。

（2）城市型灾害：多见于各种建筑与产业设施复杂、居住人口密集的地区，灾害的发生可造成水、电、煤气等供应中断，加大当地医院的救灾难度。

4. 按灾害的发生规模分类

（1）一级灾害：是指利用灾害发生地区的内部资源能够恢复该地区原状的灾害。

（2）二级灾害：是指规模比较大，需要邻近地区的帮助才能恢复的灾害。

（3）三级灾害：是指需要国家之间救助的大规模灾害。

二、灾害医学及护理人员应具备的能力

（一）灾害医学

灾害医学研究在各种自然灾害和人为事故造成的灾害性损伤条件下，实施紧急医学救治、疾病防治和卫生保障的一门学科。其研究内容包括人员伤亡情况及其规律，制订防灾减灾应急预案及各类灾害的紧急救援、院外急救与复苏、伤员的检伤分类、分级和治疗等。因此，灾害医学涉及灾害预防、灾害现场急救、救援的组织管理和灾后重建与恢复，它是集公共卫生、急诊医学和灾害管理于一体的一门多学科相互交叉、渗透的新兴边缘学科。灾害医学起源于20世纪下半叶。1976年，德国成立了专门研究灾害和急救的组织——"急救和灾害医学俱乐部"，1985年更名为"世界急救和灾害医学协会"。1984年7月，美国科学家弗兰克·普雷斯（Frank Press）提出了世界性防灾减灾的战略构想。1989年12月，第44届联合国大会做出决议，决定从1990年至1999年开展"国际减轻自然灾害十年"活动，并规定每年10月的第二个星期三为"国际减轻自然灾害日"（简称"国际减灾日"），借此唤起国际社会对防灾减灾工作的重视、敦促各地区和各国政府把减轻自然灾害作为工作计划的一部分、推动国家和国际社会采取各种措施以减轻各种灾害的影响。

我国于1989年成立了中国国际减灾十年委员会，2005年更名为国家减灾委员会。1992年，中华医学会急诊医学会成立了灾害医学专业组，致力于研究防灾、减灾问题。1995年，国家卫生部颁布了《灾害事故医疗救援工作管理办法》。2005年，国家及各省市卫生行政部门设立灾害应急办公室，标志着灾害医疗工作正式纳入国家卫生行政管理。2011年12月7日，中华医学会灾难医学分会在上海成立，标志着中国灾难医学学科的建立与灾难医学事业的起步。

灾害救援需要科学地组织管理，尤其需要政府有关部门与相关机构密切配合，统一指挥，协同运作，充分利用现有资源，使灾害救援工作顺利进行。因此，灾害救援实际上是一项社会系统工程，需要全社会多方的参与。我国自然灾难频发且强度逐渐升级，人为灾难也在不断衍

生和发展,尤其需要提高全民的抗灾防灾意识,更需要对医务人员进行灾害医学专业知识教育。新世纪的合格医学人才必须接受灾害医学相关专业培训,掌握灾害事故的特征规律、各项卫生防疫应急处理的基本技能以及急救的基本知识,从而提高对各种灾害和突发事件的应急反应能力和医疗救援水平。

(二)灾害救援中护士应具备的能力

社区护士是社区灾害救护的主要成员之一,在预防和应对社区灾害方面也发挥着重要作用。社区护士的个人素质、相关社区灾害救护知识和技能、自身所具备的灾害应对能力等对于社区灾害救护而言至关重要。社区护士应具备以下能力,才能胜任灾害救援工作。

1. 良好的身体和心理素质 良好的身体素质是社区护士最基本的要求。灾害的发生往往是非常突然的,并且造成的伤亡人员多,伤情严重、复杂。当发生强震等自然灾害时,医疗救援设施破坏,医疗通道受阻,医疗救援工作的开展会十分艰难;加之救援现场环境艰苦、生活物质匮乏、工作强度大、作息不规律等特点,良好的身体素质就是社区护士实施灾害救援的先决条件。灾害发生后,受灾人员不仅受到生理创伤,也会存在因失去至亲、家庭骤变、伤残、财产损失等造成的心理创伤。因此,社区护士还需对救援对象进行心理疏导。同时,面对灾害现场惨重的伤亡场景,救援人员自身承受的心理冲击也是巨大的。因此,社区护士还需要具备稳定、乐观、积极的心理素质。

2. 专业的灾害救援综合能力 护士作为灾害急救医疗体系的中坚力量,在灾害发生的不同时期,承担着不同的任务。在灾害预防阶段,护士需要进行防灾预警训练,对社区居民进行灾害自救与互救相关防灾知识健康教育等。在灾害应对阶段,护士需要参与伤病员的寻找、救护、运送和疏散等工作,如对伤员进行预检分诊、骨折固定、气道异物清除,对重症患者实施现场急救(心肺复苏、气管插管等),以及清创、止血和包扎等外伤处理工作。在灾害恢复阶段,护士需要参与受灾人群的灾后心理辅导、灾后卫生防疫等工作。因此,灾害救援护士必须经过专业理论和技能培训,具备先进的管理理念和能力,具备防灾能力、应急评估与协调能力、应急搜救与救援能力,以及较强的适应能力等灾害救援综合能力。

知识链接

全国防灾减灾日

自2009年起,经国务院批准设立全国防灾减灾日,定于每年的5月12日。设立"防灾减灾日"一方面顺应社会各界对中国防灾减灾关注的诉求;另一方面也提醒国民更加重视防灾减灾,努力减少灾害损失。

防灾减灾日的图标以彩虹、伞、人为基本元素,雨后天晴的彩虹寓意着美好、未来和希望,伞的弧形形象具有保护、呵护之意,两个人代表着一男一女、一老一少,两人相握之手与下面两个人的腿共同构成一个"众"字,寓意为大家携手,众志成城,共同做好防灾减灾。整个标识体现出积极向上的思想和保障人民群众生命财产安全之意。上图为防灾减灾日的图标。

2023年5月12日是中国第15个全国防灾减灾日,主题是"防范灾害风险 护航高质量发展",5月6日至12日为防灾减灾宣传周。

第二节　社区灾害的风险管理与应急管理

一、社区灾害风险管理

（一）灾害风险管理

灾害风险是指一定时间和区域内可能会灾害的类型及其概率，灾害的活动程度及其对人类生命财产的危害程度。灾害风险可由于致灾因子、承灾体脆弱性等因素的不同而存在差异。灾害风险管理是运用风险管理的原理和方法，为减小灾害的潜在危害及其造成的生命、经济和环境损失，对不确定性灾害事件进行系统管理，并试图找出导致灾害的根源，降低灾害对人类社会及经济财产造成的影响。

灾害风险管理机制的形成和发展，一方面拓展了灾害科学的内容，使人们培养防患于未然的风险管理理念；另一方面也促进了灾害管理学的发展。这对于降低灾害风险，实现人类社会的可持续发展具有重大的理论与现实意义。近年来，国际防灾减灾实践表明，灾害风险管理在灾害预防中的重要性日益凸显。

（二）社区灾害风险管理的程序

社区是社区灾害的直接受体，同时也是抗击社区灾害的主体。面对社区灾害时，社区具有反应慢、抵抗力弱、恢复力差等缺点，但作为社会的基本单元、现代城市的基础，社区在灾害风险管理中的积极作用也绝不可忽视。只有使社区居民充分了解灾害风险并积极参与防灾减灾工作，才能以最低的成本，最大限度地降低灾害造成的危害或损失。

社区灾害风险管理（community-based disaster risk management，CBDRM）是一种以人为本（鼓励社区公众自觉参与防灾减灾工作）、自下而上（以社区为基本单位，依靠国家行政组织层级结构设立相应的风险管理机构，负责本辖区内的灾害风险管理工作）的灾害管理模式，主要包括社区灾害风险评估、社区减灾应急预案的制订、执行和监督、评价和反馈等程序。

（三）社区灾害风险管理的内容

现阶段，各类灾害风险与日俱增，社区灾害风险管理在有效控制灾害风险中的作用日益凸显。我国在借鉴国际先进社区风险管理理念及实践的基础上，对社区灾害风险管理的政策、技术和财政支持力度逐步加大。综合来看，我国社区灾害风险管理主要包括以下几方面内容。

1. 鼓励社区居民积极参与灾害风险管理　社区居民的参与程度不仅可对灾害损失造成直接影响，而且会严重影响灾后的社会稳定和重建进程。在社区灾害风险管理中，应深入探讨各利益群体的参与激励机制，尤其应积极吸纳社区居民等直接利益相关体，鼓励社区居民普遍参与讨论社区灾害的风险评估、应急方案制订和灾后重建等工作，充分挖掘社区居民在灾害管理中的潜能，保障社区防灾减灾工作顺利开展。社区护士应积极参与社区灾害风险管理，充分运用自身的专业知识和技能，为社区灾害风险管理贡献力量。

2. 加强社区灾害风险规划管理　社区的灾害风险规划主要包括两部分工作，一是加强社区中居住场地、休闲娱乐场地等基础硬件设施的维护与加固，提高建筑物的防灾性能，确保社区用电安全，改善社区排水功能等，降低各种致灾因子的危险性。同时注重社区减灾设施建设，但要注意社区防灾减灾设施的建设需要与当地的发展规划相结合。二是关注社区中的弱势群体。灾害发生时，老年人、妇女（包括孕妇）、儿童、患者、伤残者等均属于弱势群体，他们不仅对灾害的抵御能力弱，而且更容易受到灾害的威胁，对此可建立社区安全巡视预警机制，或者安排社区减灾志愿者与弱势群体结对，以保障弱势群体的安全。社区护士应积极采取措施，深入社区一线调研、了解并评估社区环境，根据所掌握的调查资料向相关部门和政府提出建设性意见。灾害发生时，社区护士应积极配合组织安排，及时协助保障社区弱势群体的安全。

3. 加强社区公众防灾减灾知识宣传教育　针对不同的灾害种类及社区不同的群体开展内容丰富的防灾减灾宣传教育活动，普及社区居民的防灾观念，强化安全意识，提高灾害警觉。同时，加强社区居民的灾害应急自救与互救能力培训，开展社区居民的灾害应急反应演练。社区护士应积极发挥公共卫生服务职能、增强社区居民的灾害防护意识和避灾自救技能。例如，可以通过开展全国防灾减灾日知识和技能培训，讲解全国防灾减灾日的由来、防灾减灾安全知识，普及应对自然灾害、消防安全、公共卫生等突发事件的应急措施，使社区居民掌握人工呼吸、心肺复苏技术以及压迫止血等基本技能。同时，社区护士也应不定期地组织灾害医学救援和防灾减灾专题讲座，开展相关防灾减灾模拟演练，不断增强社区居民的自我保护意识，逐步提高公众应对自然和突发灾害的能力。

二、社区灾害应急管理

美国联邦应急管理署将应急管理定义为面对紧急事件时的准备、缓解、反应和恢复过程，包含四个主要环节，分别是应急预防与准备、监测与预警、应急响应与处置、恢复与重建。社区应急管理是指在社区范围内进行的应急管理活动的总和，即在基层政府的统一指挥下，动员社区组织及辖区内的居民，对辖区内发生的各类突发事件进行预防与准备、监测与预警、应急处置与救援、恢复与重建等活动的总称。

（一）社区灾害应急管理的组织保障

灾害应急管理离不开健全的组织保障体系。我国已初步建立"政府-社会-社区"三位一体的社区灾害应急管理体系，即政府提供灾害管理的政策引导、财政支持、法律法制规范、应急指挥，社会参与协作，提供资源支持与服务（如应急物资的整合、调拨、配送及应急专业医疗卫生队伍的组建等），社区组织协调并实施灾害应急管理，如社区可成立社区灾害应急管理委员会，下设由社区各组织部门（如政府应急职能部门、社区志愿服务组织、社区医院、社区企业、社区学校、社区媒体等）参与的灾害风险评估中心、灾害宣传教育中心、灾害应急预警中心、灾害应急救援中心、灾害应急保障中心和灾后恢复与重建中心。

发生灾害时，不同的职能部门需要相互配合与协作，摒弃消极、被动的理念，树立积极、主动的社区应急管理理念，做好社区灾害应急管理的组织保障工作。

1. 社区灾害应急管理与社区基层工作有机融合　找准社区灾害应急管理工作与基层党建、产业发展、平安社区等重点工作的最佳结合点，自觉将灾害应急管理工作融入各项社区中心工作中。

2. 升级社区应急组织管理　调动社区居民参与防灾减灾工作的积极性，拓展社区居民参与应急工作的途径；加强志愿者的选拔和培训，建立完善的志愿者应急服务体系；加强社区居民的应急培训演练，推进社区应急专业队伍的建设，充分发挥公安、消防以及各类专业应急队伍在抗灾救灾中的重要作用；重点加强和提升灾害高风险区域内各部门的设防水平和承灾能力。

3. 优化并整合社会资源，积极应对灾害　保障防灾抗灾资金、物资、宣传、培训到位，同时加强抗灾基础设备、设施及避难场所建设，可利用学校、公园等基础设施因地制宜地建设、改造应急避难场所，制定应急避难场所建设、管理、维护相关技术标准和规范，提高社区自身的防灾抗灾能力，最大限度地保证社区居民的生命财产安全。

4. 健全灾后重建工作规划管理体系　在灾后重建工作中，坚持中央统筹指导、地方作为主体、灾区群众广泛参与的原则。在中央政府根据灾害损失情况确定政策与资金支持的基础上，地方政府统一协调，充分调动受灾群众重建家园，有效组织社会志愿者及各种公益组织等社会力量共同参与灾后恢复与重建工作。

（二）社区灾害应急管理的基本原则

依据国家减灾委员会印发的《"十四五"国家综合防灾减灾规划》，社区灾害应急管理遵循以下几项基本原则。

1. 坚持党的全面领导　充分发挥地方各级党委和政府的组织领导、统筹协调、提供保障等重要作用，把党的集中统一领导的政治优势、组织优势和社会主义集中力量办大事的体制优势转化为发展优势，推动树牢灾害风险管理和综合减灾理念，落实"两个坚持、三个转变"要求，形成各方齐抓共管、协同配合的工作格局，为防灾减灾救灾工作凝聚力量、提供保障。

2. 坚持以人民为中心　坚持人民至上、生命至上，把确保人民群众生命安全作为首要目标，强化全灾种全链条防范应对，保障受灾群众基本生活，增强全民防灾减灾意识，提升公众安全知识普及和自救互救技能水平，切实减少人员伤亡和财产损失。

3. 坚持主动预防为主　坚持源头预防、关口前移，完善防灾减灾救灾法规标准预案体系，将自然灾害防治融入重大战略、重大规划、重大工程，强化常态综合减灾，强化风险评估、抗灾设防、监测预警、隐患排查，统筹运用各类资源和多种手段，增强全社会抵御和应对灾害能力。

4. 坚持科学精准　坚持系统思维，科学把握全球气候变化背景下灾害孕育、发生和演变规律特点，优化整合运用各类科技资源，有针对性地实施精准治理，实现预警发布精准、预案实施精准、风险管控精准、抢险救援精准、恢复重建精准。

5. 坚持群防群治　坚持人民主体地位，坚持群众观点和群众路线，充分发挥群团组织作用，积极发动城乡社区组织和居民群众广泛参与，强化有利于调动和发挥社会各方面积极性的有效举措，筑牢防灾减灾救灾人民防线。

三、社区突发公共卫生事件预警处置机制

突发公共卫生事件是指突然发生、造成或者可能造成社会公众健康严重损害的重大传染病疫情、群体性不明原因的疾病、重大食物中毒和职业中毒以及其他严重影响公众健康的事件。突发公共卫生事件预警是指收集、整理、分析突发公共卫生事件的相关信息资料，评估事件发展的趋势与危害程度，在事件发生之前或早期发出警报，以便相关责任部门及事件影响目标人群及时做出反应，预防或减少事件的危害。由于突发卫生公共事件具有事发突然、种类多样、成因复杂、涉及面广、危害严重等特点，建立健全的突发公共卫生事件预警系统对科学、规范、有序、高效地处置各类突发公共卫生事件具有重要的意义。各地区应根据《国家突发公共卫生事件应急预案》的规定做出及时、正确的应急处理。

（一）突发事件应急预案

根据国务院发布的《突发公共卫生事件应急条例》，突发事件应急预案主要内容包括：突发事件应急处理指挥部的组成和相关部门的职责；突发事件的监测与预警；突发事件信息的收集、分析、报告和通报制度；突发事件应急处理技术和监测机构及其任务；突发事件的分级和应急处理工作方案；突发事件的预防、现场控制，应急设施、设备、救治药品和医疗器械以及其他物资和技术的储备与调度；突发事件应急处理专业队伍的建设和培训。

（二）突发公共卫生事件预警分级与标识

按照《国家突发公共卫生事件应急预案》，一般根据突发公共卫生事件可能造成的危害程度、波及范围、影响力大小、人员及财产损失等情况，可将突发公共卫生事件由高到低划分为特别重大事件（Ⅰ级）、重大事件（Ⅱ级）、较大事件（Ⅲ级）和一般事件（Ⅳ级）四个级别，并依次采用红色、橙色、黄色和蓝色表示。其中，特别重大突发公共卫生事件主要包括以下几种情况。

1. 肺鼠疫、肺炭疽在大、中城市发生并有扩散趋势，或肺鼠疫、肺炭疽疫情波及2个以上的省份，并有进一步扩散趋势。

2. 发生传染性非典型肺炎、人感染高致病性禽流感病例,并有扩散趋势。

3. 涉及多个省份的群体性不明原因疾病,并有扩散趋势。

4. 发生新传染病或我国尚未发现的传染病发生或传入,并有扩散趋势,或发现我国已消灭的传染病重新流行。

5. 发生烈性病菌株、毒株、致病因子等丢失事件。

6. 周边以及与我国通航的国家和地区发生特大传染病疫情,并出现输入性病例,严重危及我国公共卫生安全的事件。

7. 国务院卫生行政部门认定的其他特别重大突发公共卫生事件。

（三）突发公共卫生事件报告制度

为进一步加强对突发公共卫生事件监测的工作,确保各级卫生行政部门及时、准确地掌握各类突发公共卫生事件的相关信息,有效地开展预测、预报、预警工作并及时采取有效的公共卫生措施,我国实施突发公共卫生事件报告制度。依据《国家突发公共卫生事件相关信息报告管理工作规范（试行）》的规定,突发公共卫生事件报告制度主要包括以下几方面内容。

1. 报告方式与时限　获得突发公共卫生事件相关信息的责任报告单位和责任报告人,应在2小时内以电话或传真等方式向属地卫生行政部门指定的专业机构报告,具备网络直报条件的应同时进行网络直报。若不具备网络直报条件,责任报告单位和责任报告人应以最快的通讯方式将《突发公共卫生事件相关信息报告卡》报送属地卫生行政部门指定的专业机构。在接到《突发公共卫生事件相关信息报告卡》后,相关专业机构应先审核信息的真实性,并于2小时内进行网络直报,同时以电话或传真等方式报告同级卫生行政部门。

接到《突发公共卫生事件相关信息报告卡》的卫生行政部门应尽快组织有关专家进行现场调查,如确认属实,则应根据突发公共卫生事件的级别,及时组织并采取措施,在2小时内向本级人民政府报告,同时向上一级人民政府卫生行政部门报告。对尚未达到《国家突发公共卫生事件应急预案》分级标准的突发公共卫生事件,应由专业防治机构密切跟踪事态发展并随时报告事态变化。

2. 报告内容　对突发公共卫生事件的发生、发展及控制过程等信息,通常以初次报告、进程报告和结案报告三种形式进行报告。

（1）初次报告：应包括事件的名称与类别、发生时间与地点、发生患者人数与死亡人数、主要症状与体征、可能的原因、已经采取的措施、事件的发展趋势、报告人员与通讯方式、下一步工作计划等。

（2）进程报告：应报告事件的发展与变化、处置进程、事件的诊断和原因或可能因素、势态评估、控制措施等内容。同时,对初次报告内容进行补充和修正。特别重大及重大突发公共卫生事件至少按日进行报告。

（3）结案报告：在达到《国家突发公共卫生事件应急预案》分级标准的突发公共卫生事件结束后,应由相应级别的卫生行政部门组织评估,在确认事件终止后2周内,对事件发生和处理情况进行总结,分析其原因和影响因素,并提出今后对类似事件的防范和处置建议。

第三节　社区灾害的救护

一、社区灾害的预检分诊

（一）预检分诊的概念

预检分诊又称伤情分类,是指根据伤者的主观感觉和客观情况,评估伤病员的身体状况和病情危急程度,确定伤病员救治的先后顺序,使急危重症患者得到及时、有效的救治,以降低伤病员死亡和残障的可能性,提高救治效率。

在灾害发生后的紧急救援过程中,由于受灾人员数量多、病情重且复杂,加之现场救援条件有限,对伤病员进行预检分诊是灾害救援的首要步骤。预检分诊主要是通过对伤情等级进行划分,对伤病员按伤情的轻重缓急有条不紊地展开现场医疗急救和梯队顺序后送,从而提高灾害救援效率,确保以有限的医疗资源救治更多的受灾者。同时,预检分诊还有助于救援人员对现场伤亡人数、伤情程度及发展趋势进行全面评估,以便及时、准确地向有关部门汇报灾情,组织调度医疗增援力量,指导灾害救援。

 课堂互动

根据预检分诊的定义,简述预检分诊在灾害救援中的意义。

(二)预检分诊的分类标识

根据国际公认的标准,通常将灾害伤情分为以下四个等级:轻伤、中度伤、重伤和死亡。对四个伤情等级分别使用四种不同的颜色进行标识,进行预检分诊时,应针对伤病员的伤情为其佩戴对应颜色的伤情识别卡。

1. 黑色 代表伤病员已死亡或伤情非常严重,生存的希望渺茫,包括头颈离断、躯干分离、脉搏停止时间超过20分钟(冷水溺水或极度低体温者除外)、没有呼吸、高处坠落且有多处受伤及骨折、内脏完全脱出者。

2. 红色 代表重伤,应第一优先救治。它表示伤情威胁生命,且伤病员已休克,伤情非常紧急,需要立即予以生命支持,并在1小时内紧急运送到附近医疗救治机构,包括心搏和呼吸骤停、呼吸道阻塞、动脉损伤或无法控制的出血、稳定性颈部受伤、严重头部受伤伴昏迷、开放性胸腹部损伤、大面积烧伤等情况。

3. 黄色 代表中度伤,可第二优先救治。它表示生命体征稳定的严重损伤,伤病员有潜在危险,但尚未休克,伤情紧急,需要在4~6小时内尽快送往附近医疗救治机构,包括背部受伤(无论是否有脊髓损伤)、中度流血(少于2处)、中度烧伤或烫伤、开放性骨折或多处骨折、稳定的腹部损伤、眼部伤、稳定性的药物中毒等。

4. 绿色 代表轻伤,可第三优先救治。它表示伤情较轻,伤病员意识清醒,生命体征平稳,可配合检查,能自行行走,伤病员重要脏器部位未受损伤,伤情通常不会立即危及生命,可以延后救治,包括轻度挫伤或软组织损伤、轻度骨折、肌肉扭伤等。

伤情识别卡应系在每一位伤病员身体的醒目部位(如胸前、手臂上),置于塑胶封套内,并且耐撕、耐磨、防水、防污损、不褪字、不掉色。伤情识别卡上除应对伤情有颜色标识外,还应包括伤病员的基本信息(如姓名、性别、年龄、联系方式等)、生命体征、身体评估、初步判断、处置措施、处置时间以及下一步的治疗意见等。伤情识别卡最好一式两联,并按顺序编号(同联同号)。在卡片上填写有关内容后,应将一联卡系在伤病员身上,另一联卡放置于现场留底,以便随后登记和统计。

(三)预检分诊的方法和流程

目前,预检分诊的方法较多,不同的预检分类方法各有其优、缺点。目前,国际上尚无统一的预检分诊方法。实际工作过程中还应根据灾害种类、现场伤亡情况、救援条件等因素进行具体问题具体分析。以下主要介绍目前普遍使用的一种伤情分类方法,即简单分类与快速治疗法(simple triage and rapidly treatment,START),其特点是简单、实用。这种伤情分类方法主要是根据伤病员的呼吸、循环、意识等指标判断其伤情,然后根据伤情的不同以不同的颜色进行标识。对每一位伤病员的评估时间一般不超过60秒。具体流程包括以下几个步骤（图9-1）。

1. **集中安置伤病员**　将可以自行移动或轻伤的伤病员集中安置在指定地点，并为其系上绿色伤情识别卡（第三优先救治）。

2. **评估伤病员的呼吸状况**　若伤病员的呼吸＞30次/分或＜10次/分，则为其系上红色伤情识别卡（第一优先救治）；若伤病员没有呼吸，则需再次评估其呼吸状况。如果再次评估伤病员仍没有呼吸，则为其系上黑色伤情识别卡（死亡）；若伤病员的吸次数为10～30次/分，则进入下一步评估流程。

3. **评估伤病员的循环状况**　若伤病员无脉搏或桡动脉搏动微弱、毛细血管充盈时间＞2秒，则为其系上红色伤情识别卡（第一优先救治）；若伤病员有脉搏，且毛细血管充盈时间＜2秒，则进入下一步评估流程。

4. **评估伤病员的意识状态**　若伤病员无法遵从简单指令，则为其系上红色伤情识别卡（第一优先救治）；若伤病员可遵从简单指令，则为其系上黄色伤情识别卡（第二优先救治）。

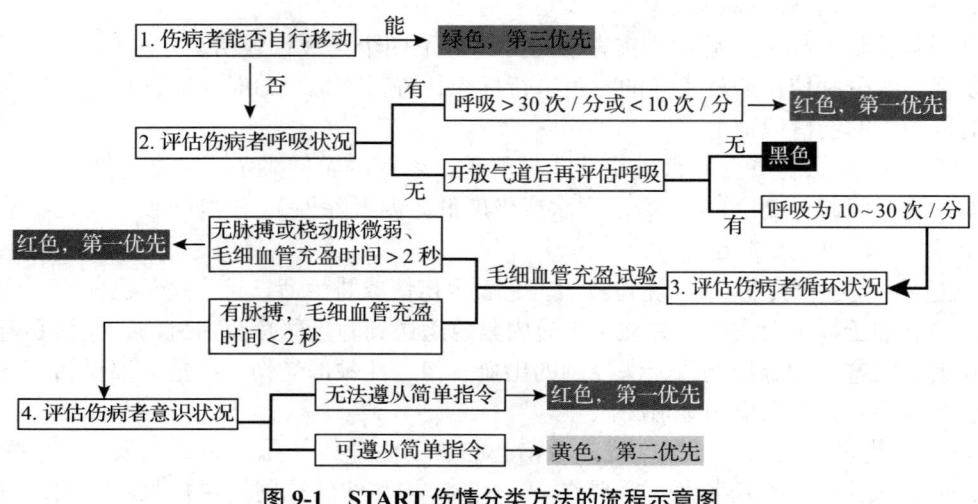

图9-1　START伤情分类方法的流程示意图

二、社区灾害的现场救护

（一）现场救护的原则与技术

1. **现场救护原则**　现场救护应遵循的原则是：先排险情后施救助、先抢救生命后治伤病、先治重伤后治轻伤、先救活人后处置尸体。对生存希望渺茫的濒死者，应视现场具体情况而定，条件允许的情况下也应全力抢救。

2. **现场救护技术**　常用的现场救护技术有：保持呼吸道通畅、提供呼吸支持、维持循环功能、心肺复苏、保护受伤颈椎、止血、包扎和骨折固定等。正确掌握并合理运用现场救护技术，可降低死亡率、伤残率，为后续的治疗争取宝贵时间。现场救护可按院前急救"VIPCIT"程序进行有序、规范的现场救治。具体内容包括以下几方面。

（1）呼吸支持：V代表呼吸支持，即通气（ventilation）。主要是清除口鼻及呼吸道异物，保持患者呼吸道通畅，充分给氧。若患者呼吸已经停止或自主呼吸无效，则应行人工呼吸、气管插管等。

（2）补充血容量：I代表补充血容量，即输液（infusion）。在条件允许的情况下，应建立静脉通道，通过输血、输液扩充血容量，或补充细胞外液，以防止休克的发生和恶化。

（3）维护和监测心泵功能：P代表维护和监测心泵功能（pulsation）。创伤后，如果出现心脏压塞、张力性气胸、肋骨骨折所致连枷胸等情况，均可造成心脏泵血能力的减退，甚至导致心力衰竭。因此，应及早采取心包穿刺、胸膜腔穿刺抽气、胸腔闭式引流等措施，使心泵功能尽快恢复。

（4）紧急控制出血：C代表紧急控制出血（control bleeding）。控制出血的方法主要有：压迫止血、抬高患肢，或在伤口处覆盖敷料予以加压包扎，通常不建议使用止血带。对于骨盆骨折及下肢开放性骨折伴出血性休克的患者，可在现场应用抗休克裤控制大出血，以改善患者的全身情况并固定骨折断端。

（5）可靠制动：I代表可靠制动（immobilization），即通过各种方法限制骨折端的移位，限制关节、肌肉等的活动，从而达到止血、止痛以及保护神经、血管的目的。

（6）安全转运：T代表安全转运（transportation），是指为防止患者再次受伤，将其脱离受灾地点并立即转移到安全之处或转运至进一步治疗的医疗机构。转运过程中应保证不加重伤病员的伤情，并注意密切观察其病情变化，必要时予以紧急治疗和护理。

（二）灾害现场伤病员的转运

经过预检分诊或灾害现场紧急救护之后，需将伤病员转运到进一步治疗的医疗机构，予以持续性专科救护。能否迅速、安全地转运伤病员是衡量救治工作有效性的一项重要标准。转运时，应做到有序转运。根据预检分诊的结果，首先转运已经危及生命，需要立即治疗的严重创伤者；其次是可能有生命危险，需要急诊救治的患者；再次是需要医学观察的非急性损伤患者；最后是不需要医疗救治或现场已经死亡者。转运方式应根据伤病员的人数、伤情种类与程度、转运距离、灾害现场地理条件、交通状况、气候条件、医院应急接受能力等因素综合决定。转运工具应同时具有运输功能、监护功能及抢救功能，一般有救护车、救护艇和直升机等可供选择。转运过程中应做到科学搬运伤病员，以免造成二次损伤。同时，在转运途中，医护人员还应密切观察伤病员的病情变化，监测生命体征，保证治疗持续进行，并随时做好急救准备。将伤病员转运至医疗机构后，为方便尽快开展救治，随行医护人员需要与接诊医护人员做好口头与书面病情交接工作。

 课堂互动

根据你所学的急救知识，简述在转运伤病员的过程中应如何防止二次伤害。

第四节 社区灾害后的常见心理问题与干预

案例导入9-2

2022年9月5日12时52分，在四川省甘孜藏族自治州泸定县发生6.8级地震。此次地震灾害使许多受灾者失去了亲人和家庭，他们的精神受到极大的影响，表现为整日呆坐，甚至部分救护人员也受到灾害的影响而产生焦虑、抑郁心理，并出现了一系列躯体症状，如心率加快、血压升高、难以入睡、食欲减退、表情淡漠、感觉迟钝、头痛、背痛和胸痛等。

问题与思考：
1. 受灾者和救护人员出现的情况是否正常？
2. 应如何处理上述情况？

一、社区灾害后的常见心理问题

面对突如其来的灾害及其威胁性和后果的不确定性，个体通常会产生一系列生理、心理、认知和行为方面的应激反应。其中,心理应激反应表现为恐惧、沮丧、忧郁、悲痛、绝望、无助、否认、孤独、烦躁、内疚等负性情绪,可影响个体的身体健康、日常生活和学习,以及社会交往。随着灾害的结束和时间的推移,大部分受灾者可逐渐恢复正常的生活状态,但是某些应对能力不佳的个体不仅会出现心理失衡,还会出现冲动行为、药物或酒精依赖行为、自伤或自杀行为,严重影响生活质量。灾害造成的心理应激反应主要有以下两种类型。

(一)急性应激障碍

急性应激障碍(acute stress disorder,ASD)又称急性应激反应,是指对创伤等严重应激因素的一种异常快速的精神反应。其直接原因是急剧、严重的创伤性事件。通常患者在创伤性事件发生后数分钟或数小时内出现一过性精神障碍。如果应激因素消除,则症状常在48~72小时后缓解,持续时间一般不超过4周。根据中国精神障碍分类与诊断标准(第3版),急性应激障碍的诊断标准是:以异乎寻常的和严重的精神刺激为原因,并至少有以下症状中的1项:①有强烈恐惧体验的精神运动性兴奋(如恐惧、激越、呼吸急促、心率加快、躁动不安、肢体动作无目的性、事后记忆缺失),行为有一定的盲目性;②有情感迟钝的精神运动性抑制(如反应性木僵、不言不语、神情呆滞、表情淡漠、反应迟缓、疲乏无力),可有轻度意识模糊。如果患者的社会功能受损,则为严重标准。

(二)创伤后应激障碍

创伤后应激障碍(post-traumatic stress disorder,PTSD)又称延迟性应激反应,是指个体经历极大威胁、创伤性事件或一系列应激事件后,延迟出现和持续存在的精神障碍。这种心理应激障碍常见于灾难性精神创伤性事件发生后的数月或数年。若急性应激障碍的症状持续超过4周,则可考虑为创伤后应激障碍。创伤后应激障碍的核心症状包括三种:创伤性事件的再体验、回避症状和警觉性增高。

1. **创伤性事件的再体验** 主要表现为患者在其思维、记忆或梦中反复地、不自主地涌现出与创伤有关的事件或情境,有时也表现为严重的触景生情反应,甚至感觉创伤性事件历历在目,好像再次发生一样。

2. **回避症状** 主要表现为患者长期或持续地回避与创伤性事件有关的刺激,回避创伤的地点或与创伤有关的人、事件、感受和话题等,拒绝参加有关的活动。有的患者甚至出现选择性遗忘,不能回忆起与创伤性事件有关的细节。

3. **警觉性增高** 主要表现为过度警觉、持续焦虑、惊跳反应增强,可伴有注意力不集中、易激惹、头痛、睡眠障碍等,做事容易分心,同时也可伴有心悸、气促等自主神经症状。部分患者可有自伤或自杀行为、滥用成瘾物质、攻击他人等行为。

课堂互动

应如何区分急性应激障碍与创伤性应激障碍?

二、社区灾害后的心理干预

灾害作为一种强社会心理应激源,对各类人群都会产生较大的心理冲击。灾害后的早期紧急心理干预与早期躯体医疗救援同等重要,有助于相关人群在可控情况下减轻急性应激障碍,降低创伤后应激障碍的发生率。

(一)心理干预对象

灾害发生后,需要进行心理干预的人群主要包括四类,分别是灾后幸存人员、罹难者家属、救援人员和社会大众。

1. 灾后幸存人员　这是灾后心理干预的重点人群。经历灾难后，大部分幸存者通常会对眼前的一切有一种不确定感、不真实感，短时间内难以接受残酷的现实，可伴有意志消沉、不知所措、精疲力竭、愧疚自责、悲痛欲绝、空虚无助、回避退缩、迟钝麻木、睡眠困难等一系列的身心变化。若不及时加以疏导，则有可能演变为长期的心理创伤。

2. 罹难者家属　与遇难者或受伤人员有密切联系的个人和亲属也是灾后心理干预的重点人群。面对伤亡的亲人、破碎的家庭以及财产损失，他们通常难以置信，随后产生悲痛、绝望心理，伴有强烈的失落感和孤独感，表现为持续情绪低落、哀恸哭泣、郁郁寡欢、寝食难安。因此，帮助罹难者家属宣泄内心的悲伤情绪、恢复心理平衡、开始新的生活，也是灾后心理干预的重要内容。

3. 救援人员　参与灾害救援的消防和武警官兵、指挥人员、医护人员、志愿者等，通常需要亲临各种灾害现场。他们既无法逃避，又不可避免地在灾害现场对受灾人员产生共情。在重大灾害面前，救援人员往往因无法挽回罹难者的生命而出现愧疚感、挫败感。面对惨烈的伤亡场景，救援人员心理上往往遭受巨大的冲击，很多救援人员会出现烦躁、焦虑等负面情绪。此外，救援现场往往条件艰苦，救援任务艰巨，救援人员常常身心俱疲。因此，灾后也需要通过心理干预来帮助救援人员消除负面情绪，从而使其尽快恢复正常生活和身心健康。

4. 社会大众　灾害不仅会对亲身经历的人员造成严重的心理创伤，也会给社会大众造成潜在的心理损害。得知灾害发生后，普通群众也可能会产生焦虑、恐惧心理，还会由于灾害的不可预知性和不确定性对未来感到迷茫，丧失希望和信心，甚至导致行为改变。同时，重大的灾害还会干扰正常的社会生活，严重影响社会秩序。

（二）**心理干预措施**

1. 对灾后幸存人员的心理干预　灾后幸存人员在经历灾害后，可能会出现严重的心理创伤。

（1）分阶段进行针对性的心理疏导：心理干预人员应根据灾害后的时间推移分阶段地对灾后幸存人员进行针对性的心理疏导。应耐心、细心，帮助灾后幸存人员逐步治疗心理创伤。

（2）纠正错误认知：对灾后心理应激障碍者，干预人员应耐心倾听其内心的想法和感受，使其负面情绪得以宣泄，并增进干预双方的情感交流，帮助灾后幸存人员认清灾害的现实，纠正其错误认知，调整心态，乐观应对，增强信心，逐步回归社会。

（3）争取家庭和社会支持：干预人员应当为灾后幸存人员争取更多的家庭和社会支持，如家人、朋友的关心、陪伴与支持，社会志愿者、单位、社区、政府、媒体等的援助，帮助灾后幸存人员缓解心理压力。

2. 对罹难者家属的心理干预　对于罹难者家属来说，由于灾害对其家庭造成的影响，往往会产生歇斯底里、内疚、震惊、麻木等不同的心理应激反应。对于不同的心理反应，干预人员都应予以理解，并鼓励其诉说内心的想法和感受，避免一味地逃避现实，耐心倾听罹难者家属在灾后物质、心理、社会生活等方面的顾虑，帮助其宣泄不良情绪，同时协助其处理罹难者的后事。

3. 对救援人员的心理干预　对于灾害救援人员而言，心理干预的目的是使其避免因情感波动过大而造成心理失衡，尽快恢复心理平衡，回归正常生活。

（1）救援人员的选拔：在灾害救援人员的选拔方面，除应考虑专业技术能力外，还应重视人员的心理素质。

（2）合理安排救援工作：救援指挥者应合理安排救援人员的救援任务、工作项目和工作时间，任务结束后应合理安排休息，避免救援人员身心始终处于过度紧张的应激状态。

（3）理解和支持救援人员，辅以心理疏导：对于救援人员出现的心理变化，心理干预人员应予以理解，同时鼓励救援人员及时向同事、战友、家人和朋友倾诉自己内心的想法和感受，争取得到亲友的理解和社会支持。同时，还可结合转移注意力、积极心理暗示等方法对救援人员予以心理疏导。

4. 对社会大众的心理干预

（1）积极宣传灾害救援工作：对于灾害对社会大众造成的心理恐慌，可通过网络、电视等媒体使公众了解灾害的相关信息，及时关注灾害的救援进展。通过积极宣传，凸显战胜灾害的信心和决心，并由此转变公众的思维定式，及时消除负面情绪。

（2）积极推动社区防灾减灾教育工作的开展：让公众对灾害做到知其然亦知其所以然，增强公众对灾害的抗御能力及心理抗挫能力。

自 测 题

选择题

A1 型题

1. 以下属于自然灾害的是
   A. 恐怖袭击　　　　　B. 严重车祸　　　　　C. 群体中毒
   D. 地震　　　　　　　E. 传染病

2. 在灾害现场，对于已经死亡的患者，应使用的伤情识别卡的颜色是
   A. 红色　　　　　　　B. 黄色　　　　　　　C. 蓝色
   D. 黑色　　　　　　　E. 绿色

3. 在灾害现场，对伤病员进行预检分诊的时间一般不超过
   A. 30 秒　　　　　　　B. 60 秒　　　　　　　C. 2 分钟
   D. 90 秒　　　　　　　E. 5 分钟

4. 现场转运伤病员时，下列伤病员的情况应该优先转运的是
   A. 已经危及生命，需要立即治疗的严重创伤者
   B. 可能有生命危险，需要急诊救治的患者
   C. 需要医学观察的非急性损伤患者
   D. 不需要医疗救治者
   E. 现场已经死亡者

5. 对于突发卫生公共事件，网络报告时限是
   A. 1 小时　　　　　　B. 2 小时　　　　　　C. 3 小时
   D. 4 小时　　　　　　E. 5 小时

6. 创伤后应激障碍通常发生在灾害后的
   A. 当时　　　　　　　B. 4 周以后　　　　　　C. 1 周内
   D. 2 周内　　　　　　E. 数小时内

7. 第 44 届联合国大会作出决议，从 1990 年 1 月 1 日起，将 20 世纪最后 10 年的主题确定为
   A. 紧急救援十年　　　B. 国际减灾十年　　　C. 创伤救治十年
   D. 抗灾救援十年　　　E. 防灾抗灾十年

8. 转运伤病员时，以下做法是错误的是
   A. 转运过程中，医护人员必须密切观察伤病员的病情变化，并确保治疗持续进行
   B. 合理分流伤病员或按现场医疗卫生救援指挥部指定的地点转运，任何医疗机构不得以任何理由拒诊、拒收伤病员
   C. 对已经预检分诊待转运的伤病员，转运前不需要再检伤

D. 转运后与接诊医护人员做好病情交接

E. 认真填写转运卡，并将其提交给接收医疗机构，然后报现场医疗卫生救援指挥部汇总

9. 下列情况不属于中度伤的是
   A. 头、颈、胸、腹部或脊柱任一部位的开放性损伤，但生命体征稳定
   B. 单纯长骨骨折
   C. 稳定的药物中毒
   D. 肢体断离
   E. 中度流血

10. 在灾害现场，对于多发伤患者的现场急救，预检分诊的评估内容不包括的是
    A. 受伤部位   B. 行动能力   C. 呼吸
    D. 循环   E. 意识

A2 型题

11. 2010 年，某学校食堂发生恶性投毒事件，导致学校教职工共计 40 人中毒，未出现死亡案例。根据突发公共卫生事件预警制度，该事件的预警级别应是
    A. 红色   B. 黄色   C. 蓝色
    D. 橙色   E. 黑色

12. 在地震现场，某一伤员被诊断为张力性气胸，为及时解除威胁伤员生命的相关因素，稳定其生命体征，救护人员应重点进行的现场救护原则是
    A. V，呼吸支持   B. I，补充血容量
    C. P，维持和监测心泵功能   D. C，控制出血
    E. I，可靠制动

13. 在某大型车祸现场，一名伤员出现严重头部损伤并且已经昏迷，应送往当地医院进行救治的时间是
    A. 1 小时内   B. 2 小时内   C. 3 小时内
    D. 4 小时内   E. 5 小时内

14. 在地震现场，一名伤员发生中度失血，失血量少于 1000 ml，应为患者悬挂的伤情识别卡的颜色是
    A. 红色   B. 黄色   C. 蓝色
    D. 黑色   E. 绿色

A3 型/A4 型题

（15～17 题共用题干）

王女士，35 岁，5 年前在某次地震中同时失去儿子、公公、婆婆三位亲人。5 年来，王女士总是会因为一点小事就出现攻击行为，易激惹，经常打骂现在的孩子，与丈夫发生争吵，甚至有自杀意念。由于地震当天是她将儿子送到公公、婆婆家，所以她总觉得是自己导致了家人死亡，总是回忆起地震当天送孩子的情景，有内疚、负罪感、无能感，伴有焦虑、睡眠障碍，常做噩梦，严重影响到现在孩子的正常教育及与丈夫的正常沟通。

15. 王女士出现的应激障碍是
    A. 抑郁   B. 创伤性应激障碍   C. 急性应激障碍
    D. 焦虑   E. 躁郁发作

16. 这种应激障碍常出现在灾害发生后的时间是
    A. 数分钟内   B. 数小时内   C. 1 周内

D. 2周内　　　　　　　　E. 4周以后

17. 这种应激障碍的三个主要临床表现是
    A. 创伤性事件的再体验、抑郁症状、回避症状
    B. 抑郁症状、警觉性增高、回避症状
    C. 创伤性事件的再体验、焦虑症状、回避症状
    D. 创伤性事件的再体验、警觉性增高、回避症状
    E. 烦躁症状、警觉性增高、回避症状

（18～21题共用题干）

伤员，男，25岁，在地震现场被救出。现被安置在临时救护点进行救护。

18. 在地震灾害现场，该伤员被诊断为股骨骨折，护士应对其悬挂的伤情识别卡的颜色是
    A. 红色　　　　　　　　B. 黄色　　　　　　　　C. 蓝色
    D. 黑色　　　　　　　　E. 绿色

19. 为及时解除威胁伤员生命的相关因素，稳定其生命体征，救护人员应重点进行的现场救护原则是
    A. V，呼吸支持　　　　　　　　　　　　　B. I，补充血容量
    C. P，维持和监测心泵功能　　　　　　　　D. C，控制出血
    E. I，可靠制动

20. 对于该伤员，应尽快送往附近医院救治的时间是
    A. 1小时内　　　　　　B. 2小时内　　　　　　C. 3小时内
    D. 4小时内　　　　　　E. 7小时内

21. 救灾护士首次访视该伤员时，了解到其父母在地震中全部遇难，自己虽然获救，但却从此孤身一人。该伤员不言不语，神情呆滞，表情淡漠，拒绝与他、交流。经过专业人员的心理疏导，该伤员的上述不良心理症状在1周后有所缓解。请问该伤者出现的应激障碍是
    A. 抑郁　　　　　　　　B. 创伤性应激障碍　　　C. 急性应激障碍
    D. 焦虑　　　　　　　　E. 惊吓

B型题

（22～25题共用备选答案）
    A. 红色　　　　　　　　B. 黄色　　　　　　　　C. 绿色
    D. 黑色　　　　　　　　E. 紫色

22. 社区灾害预检分诊中，患者发生肱骨骨折，应对其悬挂的伤情识别卡的颜色是
23. 社区灾害预检分诊中，患者发生张力性气胸，应对其悬挂的伤情识别卡的颜色是
24. 社区灾害预检分诊中，患者发生肌肉扭伤，应对其悬挂的伤情识别卡的颜色是
25. 社区灾害预检分诊中，患者发生头颈离断，应对其悬挂的伤情识别卡的颜色是

（邹银婷　尹雅娟）

实训一　参观社区卫生服务中心、走访社区

【实训目的和要求】
1. 观察和了解社区卫生服务中心的工作程序。
2. 了解社区卫生服务中心的护理理念、对护士的素质要求。
3. 了解社区卫生服务中心的结构、配置及任务。
4. 运用社区护理程序对社区做出护理诊断，找出社区存在的健康问题。
5. 综合运用所学知识，对走访社区收集的资料进行分析。

【实训内容】
1. 社区卫生服务中心的结构、配置及任务。
2. 社区卫生服务中心的工作程序。
3. 社区护理评估及诊断。
4. 社区护理计划与实施。
5. 社区护理评价。

【实训方法】
1. 分组带队参观社区卫生服务中心，了解其结构、配置及任务。
2. 给学生提供一个社区卫生服务的案例，让学生分组进行角色扮演，模拟走访社区，收集资料，进行社区护理评估及诊断，找出社区存在的健康问题。
3. 根据社区存在的健康问题，制订社区护理计划，实施社区护理计划，并进行社区护理评价。

（刁文华）

实训二　社区健康教育

【实训目的和要求】
1. 了解社区健康教育的方法。
2. 熟悉社区健康教育的内容。
3. 掌握社区健康教育计划的设计。
4. 掌握社区健康教育计划的实施。
5. 掌握社区健康教育指导方法。
6. 要求学生认真配合，开展社区健康教育活动。

【实训内容】
1. 社区健康教育的方法及内容。
2. 社区健康教育计划的设计。
3. 社区健康教育计划的实施。
4. 社区健康教育指导方法。

【实训方法】
1. 先给学生一个案例，让学生收集资料。
2. 根据收集到的资料制订健康教育计划。
3. 让学生分组进行角色扮演（社区护士和居民），实施健康教育计划，然后进行角色互换。
4. 带教老师指导学生进行健康教育。
5. 学生讨论本次角色扮演的感受，并进行自我评价。
6. 带教老师进行总结，肯定优点，并指出不足。

（吴　俊）

实训三　社区慢性病患者的管理与护理

【实训目的和要求】

掌握社区慢性病的三级管理方法，鉴别住院护理与居家护理，掌握社区居家的护理评估、护理诊断、护理措施的制订与实施。掌握社区慢性病患者居家护理的方法，具备解决居家护理问题的能力。

【实训内容】

1. 根据案例进行社区慢性病患者的评估，确定护理问题。
2. 制订慢性病的社区三级护理计划，并实施护理计划。
3. 制订慢性病的健康教育方法及指导内容。
4. 进行慢性病患者家庭访视及护理问题指导。

【实训方法】

1. 案例准备　教师提前准备案例，全体同学以小组为单位进行社区慢性病三级预防。
2. 学生分组，进行小组配对　学生按班级人数进行分组，一般5～6人为一组，每两组配为一对，其中一组扮演社区护士，另一组扮演社区成员，进行社区慢性病三级预防。
3. 总结　通过实训内容，制订本社区某种慢性病的健康宣传教育方法和居家护理管理方案。

〔杨先芬〕

实训四　社区偏瘫患者的康复训练

【实训目的和要求】
1. 通过康复训练最大限度地恢复偏瘫患者受损的功能，达到生活自理，回归社会。
2. 防止并发症，减少后遗症。

【实训内容】
1. 床上翻身训练。
2. 卧位与坐位转换训练。
3. 从椅坐位到站立位训练。
4. 进食训练。
5. 穿脱衣服训练。
6. 个人卫生训练。
7. 轮椅转移训练。
8. 步行训练。

【实训方法】
1. 床上翻身训练
（1）主动向患侧翻身：患者取仰卧位，双侧髋、膝关节屈曲，Bobath 握手，伸肘，肩部上举约 90°，以健侧上肢带动患侧上肢先摆向健侧，再反方向摆向患侧，借助摆动的惯性使身体翻向患侧。

（2）主动向健侧翻身：患者取仰卧位，健侧足置于患侧足下方，Bobath 握手，伸肘，肩部上举约 90°，向左右两侧摆动，借助躯干旋转和上肢摆动的惯性向健侧翻身。

（3）被动向患侧翻身：患者取仰卧位，护士向健侧移动枕头和患者头部，并将患者的肩部、腰部和臀部分段抬起移向健侧床边。然后，护士站在患者患侧，协助患者将患侧上肢外展 90°。嘱患者健侧屈膝，向患侧转动头颈部。然后，嘱患者用健手握住患侧护栏。护士一手扶住患者健侧肩部，另一手扶住其患侧髋部，双手同时用力，协助患者翻向患侧。

（4）被动向健侧翻身：患者取仰卧位，护士向患侧移动枕头和患者头部，并将患者的肩部、腰部和臀部分段抬起移向患侧床边。然后，护士站在患者健侧，患者用健侧手握住患侧手放在胸前，双下肢交叉，患侧足放在健侧足上方。嘱患者向健侧转动头、颈部。护士一手扶住患侧肩部，另一手扶住患侧髋部，双手同时用力将患者翻向健侧。

2. 卧位与坐位转换训练
（1）从卧位到坐位
1）主动从健侧坐起：患者取健侧卧位，健侧足置于患侧足下方。用健侧前臂支撑自身体重，头、颈部和躯干向上方侧屈。用健侧腿带动患侧腿移到床缘下，改用健侧手支撑，使躯干直立。

2）主动从患侧坐起：患者取患侧卧位，用健侧手将患侧上肢置于胸前，以健侧手作为支撑点。头、颈部和躯干向上方侧屈，健侧腿跨过患侧腿，在健侧腿的帮助下将双腿置于床缘下。然后，健侧上肢横过胸前置于床面上支撑，侧屈抬起躯干、坐直。

（2）从坐位到卧位

1）主动从患侧躺下：患者坐于床边，患侧手置于大腿上。健侧手从前方横过身体，置于患侧髋部旁的床面上。患者将健侧腿置于患侧腿下方，利用健侧腿将患侧腿抬至床面。当双腿置于床上后，逐渐将患侧身体放低，最后躺在床面上。

2）主动从健侧躺下：患者坐于床边，患侧手置于大腿上，健侧腿置于患侧腿后方。躯干向健侧倾斜，以健侧肘支撑床面，利用健侧腿将患侧腿抬至床面。当双腿置于床上后，逐渐将身体放低，最后躺在床面上。

3）被动从坐位到卧位：患者坐于床边，患侧手置于大腿上，健侧腿置于患侧腿下方。护士站于患者患侧，一手托住患者的颈部和肩部，另一手置于患者的腘窝处，帮助其将双下肢抬至床面。然后，护士转到床的另一侧，将双侧前臂置于患者的腰部及大腿下方。患者用健侧足和健侧手用力向下支撑床面，同时护士向床的中央拉患者的髋部。最后帮助患者调整好姿势，取舒适卧位。

3. 从椅坐位到站立位训练

（1）主动从椅坐位到站立位：患者坐于床边，双足分开与肩同宽，双足跟落后于双膝，患侧足稍靠后，以利于负重及防止健侧代偿。双手 Bobath 握手，双臂前伸。躯干前倾，使重心前移，患侧下肢充分负重。臀部离开床面，双膝向前移，双腿同时用力缓慢站起，站立时双腿同等负重。

（2）被动从椅坐位到站立位：患者坐于床边，健侧足在后，躯干前倾。护士屈膝，身体前倾，双手托住患者臀部或抓住其腰带，将患者向前上方拉起，与患者同时用力完成抬臀、伸膝至站立的动作。调整患者站立位的重心，使双下肢承重，维持站立平衡。

4. 进食训练　患者保持直立的坐姿，身体靠近餐桌，患侧上肢放置于桌面上。卧床患者取健侧卧位。将食物及餐具放在便于使用的位置，并防止其滑动，必要时在餐具下面安装吸盘或防滑垫。使用盘挡，以免饭菜被推出盘外。用健侧手持食物进食，或用健侧手把食物放在患侧手中，用患侧手进食。对于视空间失认、全盲的患者，食物应按顺时针方向摆放并告知患者；对于偏盲患者，应将食物放在健侧。对丧失抓握能力、协调性差或关节活动受限者，可将餐具进行改良，如使用加长、加粗的叉、勺或橡皮餐具持物器等协助进食。对存在吞咽障碍的患者，必须先进行吞咽训练，再进行进食训练。

5. 穿脱衣物训练

（1）穿、脱套头上衣：先将患侧穿好衣袖，并将衣袖拉到肘部以上，再穿健侧衣袖，最后套头、整理。脱衣时，先将衣服脱至胸部以上，再用健侧手将衣服拉住，从背部将头脱出，脱出健侧手后再脱患侧手。

（2）穿、脱开襟上衣：先穿患侧，再穿健侧。具体步骤为：将衣袖穿至患侧手臂上，继而将衣领拉至患侧肩部上方。健侧手转到身后，将衣服沿患侧肩拉至健侧肩，然后将健侧手臂穿入另一侧衣袖，把衣服拉好，系好衣扣。脱衣顺序与穿衣顺序相反，先脱健侧，再脱患侧。

（3）穿、脱裤子：穿裤时，应将患侧腿屈髋、屈膝放在健侧腿上，套上裤腿后拉至膝部以上。然后放下患侧腿，全足掌着地，将健侧腿套上裤腿后拉至膝部以上。继而抬臀或站起将裤子向上拉至腰部，然后整理系紧。脱裤顺序与穿裤顺序相反，先脱健侧，再脱患侧。

（4）穿、脱袜子和鞋：穿袜子和鞋时，先将患侧腿抬起放在健侧腿上，用健侧手为患侧足穿袜子和鞋，然后放下患侧足，双足着地，使重心转移至患侧；再将健侧腿放到患侧腿上方，穿好健侧袜子和鞋。脱袜子和鞋时，顺序相反，先脱健侧，再脱患侧。

6. 个人卫生训练

（1）洗脸、洗手训练：患者坐在洗脸池前，用健侧手打开水龙头放水，调节水温，洗脸、患侧手和前臂；洗健侧手时，患侧手贴在水池边伸展放置或将毛巾固定在水池边缘，用健侧手及前臂在患侧手或毛巾上搓洗；拧毛巾时，可将毛巾套在水龙头上，然后用健侧手将毛巾两端合拢，使毛巾向一个方向旋转拧干。

（2）刷牙训练：借助身体将牙膏固定（如用膝夹住），用健侧手将盖旋开，刷牙由健侧手完成。也可采用辅助器具协助进行，如用环套套在手掌，将牙刷插入套内使用。

（3）剪指甲：将指甲剪固定在桌子上，一端突出桌沿，伸入需修剪的指甲至剪刀口内，然后用患侧手掌下压指甲剪柄，即可剪去指甲。双手力量均较差者，可用下颌操作指甲剪。

（4）洗澡

1）盆浴：患者坐在浴盆外的座椅上（最好是木制座椅，高度与浴盆边缘相同），脱去衣物。先用健侧手将患侧腿置于浴盆内，再用健侧手扶住盆沿，健侧腿撑起身体前倾，臀部抬起并移至浴盆内的座椅上，再将健侧腿放于浴盆内。另一种方法是患者将臀部移至浴盆内的横板上，先将健侧腿放入浴盆内，再将患侧腿放入浴盆内。洗浴完毕，出浴盆的顺序与入浴盆的顺序相反。

2）淋浴：患者坐在座椅上，先开冷水管，再开热水管调节水温。洗澡时，可用健侧手持毛巾或用长柄海绵刷协助擦洗背部和肢体远端。如果患侧上肢肘关节以上有一定的控制能力，则可将毛巾一侧缝上布套，套于患侧手臂上协助擦洗。将毛巾压在腿下或夹在患侧腋下，用健侧手拧干。

7. 轮椅转移训练

（1）从床移到轮椅：将轮椅置于患者健侧，面向床尾，与床呈30°~45°角，关好轮椅闸。患者按照床上体位转移训练方法坐起。坐稳后，用健侧手抓住护栏并支撑身体，将身体大部分重量放在健侧腿上。健侧手扶住轮椅远侧扶手，以健侧腿为轴心旋转身体，缓慢而平稳地坐在轮椅上。调整位置，用健侧足抬起患侧足，用健侧手将患侧腿放在脚踏板上，松开轮椅闸，轮椅后退即可离床。

（2）从轮椅移到床：将轮椅移动至患者健侧靠近床边，朝向床头，与床呈30°~45°角，关好轮椅闸。患者用健侧手提起脚踏板并将其移向一边，身体前倾并向下撑而移至轮椅前缘，双足下垂，使健侧足略靠后于患侧足。健侧手抓住病床扶手，身体前移，用健侧上、下肢支撑身体站立，然后转向坐到床边，推开轮椅，双足收回放置于床上。

8. 步行训练

（1）准备活动：指导患者在辅助下（他人扶持或靠墙）完成步行的分解动作，包括重心转移练习、患肢负重练习、交叉侧方迈步、前后迈步，以及加强膝、髋部控制能力的练习等。

（2）平行杠内训练或扶持步行训练：步行训练初期，为保证安全，最好让患者在平行杠内进行向前行走、向后倒走以及转身、侧方行走等。偏瘫患者扶持行走时，护士应站在患者偏瘫侧，一手握住患者的患侧手，使其拇指在上，掌心向前；另一手从患侧腋下穿出置于患者胸前，手背靠在其胸前处，使患侧手伸直，然后与患者一起向前缓慢步行。

（3）室内步行训练：当在平行杠内不用扶杠能行走时，即可进行室内步行训练。开始应在室内平坦的地面上短距离行走，可使用助行器、拐杖等，但某些有可能恢复功能的患者应尽量不使用助行器具。

（4）上下台阶训练：通常情况下，偏瘫患者应按照健侧足先上、患侧足先下的原则上下台阶。上台阶：双足站齐，用健侧手抓住扶手，健侧足上台阶，利用健侧手和健侧足将身体重心引向上一级台阶，患侧下肢尽量以内收、内旋的状态上抬，与健侧足站在同一级台阶上。下台阶：健侧手抓住前下方的扶手，用健侧手和健侧足支撑身体，将患侧足移至下一级台阶上，然后将健侧足下到与患侧足同一级台阶上。当患者熟练掌握上述方法后，可练习一足一阶法。

（吴羽楠）

实训五　社区灾害的救护

【实训目的和要求】

通过对社区灾害事件救护相关知识的学习，能够针对各类灾害的特点、进程等采用适当的方式在社区开展防灾减灾知识宣传教育，有效组织开展灾害应急演练活动；能针对模拟灾害场景及案例，实施预检分诊及现场救护，并妥善转运伤病员，同时；能采用适当的方式对灾后各类人群出现的不同心理应激反应进行针对性的心理干预。

【实训内容】

1. 针对灾害的类型及特点设计制作宣传画报、挂图等进行防灾减灾教育。
2. 正确对灾害伤病员进行预检分诊。
3. 针对伤病员的伤情类型、程度等特点，在急救技术的基础上，进行模拟现场救护。
4. 对不同伤情的伤病员选择合适的转运方式，注重转运技巧。
5. 针对伤病员及家属出现的心理应激反应进行心理疏导。

【实训方法】

1. 防灾减灾知识宣传教育　教师给出几种常见的灾害类型（如地震、泥石流、火灾、交通事故等），对学生进行分组，以小组为单位发放任务。要求每组同学协作收集相应灾害类型的相关防灾减灾知识，以小组为单位进行汇报，组间进行相互讨论学习。

2. 模拟灾害现场应急演练　教师给出灾害模拟场景，由一组学生扮演社区灾害伤病员及其家属，将其余学生分为预检分诊组、现场抢救组、转运陪检组、心理救援组，以情景模拟法进行灾害应急演练。

（邹银婷）

主要参考文献

1. 李春玉. 社区护理学. 北京：北京大学医学出版社，2017.
2. 乌建平. 社区护理学. 北京：北京大学医学出版社，2019.
3. 尤黎明，吴瑛. 内科护理学. 7版. 北京：人民卫生出版社，2022.
4. 李小寒，尚少梅. 基础护理学. 7版. 北京：人民卫生出版社，2022.

中英文专业词汇索引

C

促进健康行为（health promoted behavior） 35

G

过程评价（process evaluation） 24

J

健康促进（health promotion） 33
健康教育（health education） 33
健康相关行为（health-related behavior） 35
健康信念模式（health belief model，HBM） 38
结果评价（effectiveness evaluation） 24

K

康复护理（rehabilitation nursing） 143

Q

求医行为（health-seeking behavior） 36

S

社区护理评价（community nursing evaluation） 23
社区健康促进（community health promotion） 49
社区健康教育（community health education） 33
社区康复（community-based rehabilitation） 143
社区康复护理（community-based rehabilitation nursing） 143
社区卫生服务（community health service，CHS） 3
生活方式（life style） 36

W

危害健康行为（health-risky behavior） 36

Z

遵医行为（compliance behavior） 36